Comptabilisez vos succès

Le guide à la rédaction de cas

Comptabilisez vos succès
Le guide à la rédaction de cas

par

Sylvie Deslauriers, PhD

MSc CPA FCA FCMA CGA

professeure en sciences comptables

Université du Québec à Trois-Rivières

AB + Publications

Comptabilisez vos succès
Le guide à la rédaction de cas
par Sylvie Deslauriers

© 2010 AB + Publications

Conception graphique et infographie : Sabina Kopica et Maxim Regnaud
Couverture : Sabina Kopica
Lecture commentée : Émilie Portelance CA MBA

B. P. 38
St-Alban, Québec
Canada
G0A 3B0
418-268-3099 (téléphone)
418-268-3044 (télécopieur)
info@ABplusPublications.com
www.ABplusPublications.com

ISBN 978-0-97380-383-9

Dépôt légal : 2010
Bibliothèque nationale du Canada
Bibliothèque et Archives nationales du Québec

Imprimé au Québec, Canada

Version anglaise de ce volume :
Accounting for Success The Guide to Case Resolution, AB + Publications, 271 pages.
© 2010   ISBN 978-0-97380-384-6

PRÉFACE

Mon volume s'adresse aux étudiants et candidats qui doivent résoudre des cas intégrés multidisciplinaires au cours de leurs études en comptabilité.

Mes écrits sont le fruit de plus de vingt-cinq ans d'expérience dans la résolution de cas; expérience issue de l'enseignement universitaire, de la consultation offerte à des bureaux d'experts-comptables ou de la correction d'examens professionnels. Les idées que j'y présente découlent de travaux, réponses, questions ou commentaires réels d'étudiants qui ont croisé mon chemin.

La rédaction initiale du volume *Comptabilisez vos succès* s'est étalée sur plus de cinq ans. J'ai d'abord accumulé un grand nombre d'observations, puis j'en ai fait une analyse poussée. Mon objectif est de faciliter le processus d'apprentissage par cas à travers une démarche pratique et structurée. Je sais, par expérience, que la résolution d'un cas multidisciplinaire, dans un contexte spécifique, constitue l'un des plus grands défis des études en comptabilité.

En adoptant un style direct, clair et précis, j'ai cherché à présenter les éléments clés de façon dynamique et intéressante, en y ajoutant une note d'humour à l'occasion. J'ai préféré m'adresser à chacun de vous à l'aide d'illustrations plutôt que de me limiter à présenter une liste de concepts. C'est pourquoi vous remarquerez la présence de nombreux conseils, exemples et tableaux qui soutiennent mes propos.

La résolution et l'analyse de cas vous permettent d'apprendre à exercer votre jugement en diverses circonstances, ce qui sert indéniablement à bonifier toute formation en comptabilité. Les bénéfices qu'on peut en retirer sont nombreux, et je vous souhaite d'apprécier la rédaction de vos cas.

Sylvie Deslauriers, PhD

GLOSSAIRE

- *Cadre du cas.* Il est défini par les paramètres du cas : travail à faire, rôle à jouer, axe de toute demande importante et particularités du contexte.

- *Concept théorique.* Cela englobe tout fondement de base à notre profession : normes, règlements, lois, principes, etc.

- *Énoncé du cas.* Il s'agit du texte (incluant les annexes), soit le questionnaire d'une simulation ou d'un examen.

- *Guide d'évaluation.* Il présente les critères nécessaires à l'obtention de chacun des niveaux de performance des diverses compétences évaluées, entre autres au niveau de passage ou seuil de réussite.

- *Indice du cas.* Il s'agit d'un fait provenant du cas (texte et annexes) pouvant être utilisé à titre d'argumentation ou de justification dans toute analyse de la réponse.

- *Plan de réponse.* Il présente la liste des problèmes ou enjeux à traiter dans la réponse, par ordre d'importance.

- *Solution proposée.* Cette solution « officielle » d'un cas contient habituellement suffisamment d'idées nouvelles et pertinentes pour atteindre le niveau de passage ou seuil de réussite à toutes les compétences évaluées.

RUBRIQUES

POINT DE VUE

Observations découlant de l'expérience personnelle de l'auteure sur la lecture, la rédaction, la présentation et l'analyse d'un cas, de même que sur l'évaluation de la performance.

Commentaire clé à retenir.

Observations de l'auteure sur le processus d'évaluation d'une réponse à un cas.

TABLE DES MATIÈRES

Partie 1 Lecture d'un cas

Partie 2 Contenu de la réponse à un cas

Partie 3 Présentation de la réponse à un cas

Partie 4 Analyse d'un cas

Partie 5 Analyse de l'ensemble des cas

Partie 1
Lecture d'un cas

Aperçu de la demande et du rôle à jouer
Lecture détaillée du texte
Lecture détaillée des annexes
Annotations
Aide-mémoire
Planification de la réponse

La lecture active d'un cas est cruciale dans tout processus de simulation ou d'examen. Vous devez comprendre la demande, puis planifier correctement la résolution des divers problèmes ou enjeux. La lecture est l'étape où le candidat retrace les divers indices et aspects pertinents du cas qui l'aideront à le résoudre. Comme ils sont souvent dispersés en désordre dans l'énoncé du cas, une lecture méthodique est nécessaire pour arriver à bien saisir ce qu'il faut faire.

Personnellement, je crois que l'étape de la lecture exige au moins le quart, et parfois même jusqu'au tiers, du temps alloué au cas. Par exemple, la lecture peut prendre de 21 à 28 minutes pour un cas de 84 minutes (35 points), de 60 à 80 minutes pour un cas de 4 heures (100 points) et de 75 à 100 minutes pour un cas de 5 heures (100 points).

POINT DE VUE

Il existe une situation où le temps de lecture est généralement diminué : lorsque le texte d'un cas est séparé en deux parties remises aux candidats à deux moments différents. Dans cette situation, un « document de base » contenant divers renseignements sur l'entreprise et son secteur d'activité est distribué en premier. La deuxième partie, qui consiste en une dizaine de pages de « renseignements supplémentaires », est distribuée dans la salle de simulation ou d'examen. Lorsque cette stratégie est adoptée, le « document de base » est remis aux candidats, disons 48 heures avant l'examen proprement dit. Puisque les candidats ont eu l'occasion de prendre connaissance d'une partie de l'information à l'avance, il leur faudra moins de temps pour identifier et comprendre les problèmes ou enjeux à discuter. Le jour de la simulation, la lecture de l'énoncé d'un tel cas sera plus courte, c'est-à-dire de 50 à 60 minutes pour un cas de 4 heures. Je reviendrai sur les particularités d'un cas « en deux parties » à la page 44.

Au début, il peut arriver que vous dépassiez le temps de lecture maximal suggéré ci-dessus, question d'apprendre à faire une lecture adéquate d'un cas et à mieux établir le plan de réponse. Naturellement, le temps consacré à la lecture varie d'une situation à l'autre. Il dépend de la complexité du contexte, du travail à faire, à savoir si celui-ci est dirigé ou non, et de la difficulté à déterminer les problèmes ou enjeux à traiter.

Voici les trois principales étapes de lecture de l'énoncé d'un cas, étapes qui feront l'objet de plus amples explications dans les différentes sections de la première partie du présent volume.

1. Aperçu de la demande et du rôle à jouer

2. Lecture détaillée du texte et des annexes en se servant d'annotations et d'un aide-mémoire

3. Planification de la réponse

Aperçu de la demande et du rôle à jouer

Lorsque vous décidez de simuler la rédaction d'un cas, vous devez rapidement en déterminer les paramètres. Dès les premières minutes, il est important de saisir les repères clés qui vous guideront tout au long de votre lecture. À mon avis, cette première partie de la lecture d'un cas ne devrait pas prendre plus de 5 minutes, un peu plus s'il s'agit d'un long cas de 4 ou 5 heures.

Voici les principales étapes de la démarche à suivre lors de la réception d'un cas.

Lire le travail à faire

En premier lieu, je suggère de lire le travail à faire ou travail à effectuer lorsque le cas présente distinctement une telle mention. Habituellement identifié comme tel, le travail à faire est court et situé entre le texte et les annexes. Il contient les énoncés généraux de la demande, qui vous guideront tout au long de la lecture dans le choix et l'utilisation des indices du cas. Personnellement, je prends le temps de lire attentivement et de réécrire l'essentiel du travail à faire sur une page distincte. Cela me permet de mieux en saisir le sens et de porter une attention accrue à chacun des mots mentionnés.

Chercher les paragraphes explicatifs

Il faut par la suite rechercher le ou les paragraphes expliquant le travail à faire. Au nombre de un à quatre, parfois même cinq ou six, ils précisent ou complètent la demande. Ces explications supplémentaires sont souvent situées dans les paragraphes juste avant le travail à faire, c'est-à-dire à la toute fin de la partie texte de l'énoncé du cas. Il faut donc regarder d'abord à cet endroit. Sinon, il faut chercher plus tôt, à la suite de la description de l'historique de l'entreprise, avant l'énumération du contenu des annexes ou après un bref compte rendu des personnes concernées par le dossier. Ces paragraphes explicatifs peuvent également être situés avant ou après une énumération de divers points à considérer.

Avec l'expérience, il vous sera de plus en plus facile de repérer ces paragraphes qui vous amèneront rapidement sur la bonne piste. D'ailleurs, ils sont habituellement regroupés ensemble, l'un à la suite de l'autre.

Voici quelques indices pouvant vous permettre de retracer ces paragraphes clés.

- Ils commencent parfois par des guillemets puisque le travail demandé est dicté par l'employeur ou le client, qui sont cités littéralement.

- Leur formulation fait également allusion à votre rôle. Ils débutent, par exemple, de la façon suivante : « Vous occupez depuis peu le poste de directeur des services comptables et vous faites face à… », ou encore, « M. Vitale fait appel à vos services de conseiller en gestion pour… ».

- Le problème ou enjeu à discuter est parfois clairement signalé au début du paragraphe. À titre d'exemple, cela peut débuter comme suit : « Le financement du nouveau produit reste à déterminer… », ou encore, « Josée ne sait pas à quel prix elle doit vendre son usine de fabrication. »

☞ La forme interrogative est parfois utilisée pour signaler clairement à quelle question vous devez répondre. Il peut s'agir d'une lettre comprenant une demande explicite : « Me suggérez-vous d'entreprendre des démarches pour faire inscrire ces titres en Bourse? »

Puisque les paragraphes explicatifs complètent l'énoncé du travail à faire, il est préférable de les lire en même temps que celui-ci afin de les analyser simultanément. Vous obtenez ainsi un aperçu plus complet de la demande et pouvez mieux préciser le cadre de référence qui guidera votre lecture. Éventuellement, la détermination de « l'Objet » du cas sera un résumé précis et succinct de la demande.

Déterminer précisément le rôle à jouer

Il est très important de déterminer précisément le rôle à jouer, car cela influera sur toute la lecture du cas. Si vous êtes conseiller en gestion, par exemple, il faudra être à l'affût des décisions de gestion en suspens. Si, par contre, vous êtes auditeur externe ou interne, il faudra identifier les éléments plus risqués qui exigent davantage d'attention. Le fait de comprendre le rôle à jouer guidera la lecture dans le sens voulu et facilitera la détermination des problèmes ou enjeux à résoudre. C'est comme un jeu de rôles où vous devez, le temps d'un cas, adopter la personnalité appropriée.

Le rôle à jouer influe sur la lecture d'un cas.

Voici l'exemple d'une phrase, tirée d'un cas, qui sera examinée sous un angle différent selon le rôle à jouer.

INFLUENCE DU RÔLE À JOUER SUR L'UTILISATION D'UN INDICE DU CAS

Phrase extraite de l'énoncé du cas : « Le directeur de la division reçoit un pourcentage du résultat (bénéfice net) à titre de prime. »

Rôle à jouer	Aspects pouvant être traités dans la réponse
Conseiller en gestion	– Le résultat (bénéfice net) n'est pas nécessairement le meilleur moyen d'évaluer un dirigeant, car il peut contenir des éléments que celui-ci ne contrôle pas. – Il est préférable d'intégrer des éléments qualitatifs à l'évaluation du rendement d'un directeur, telle la qualité des produits.
Auditeur externe (ou interne)	– Augmentation du risque inhérent. – Possibilité que les méthodes comptables aient été choisies afin d'augmenter le résultat (bénéfice net).

Rôle à jouer	Aspects pouvant être traités dans la réponse
Fiscaliste	– La prime est une dépense déductible dans la période où elle est gagnée par le directeur. – Elle doit être payée dans les 180 jours suivants la clôture de l'exercice pour être déductible.
Comptable interne ou contrôleur ou chef comptable	– Charge de la période courante à estimer et à comptabiliser (régularisation). – Inscription d'un passif courant (à court terme) à l'état de situation financière (bilan).
Responsable des contrôles internes ou contrôleur	– Établir des contrôles permettant l'obtention d'une information fiable aux fins du calcul. – S'assurer que le directeur ne manipule pas l'information financière à son avantage.
Arbitre d'un différend	– Il faut déterminer si la prime fait partie des charges admissibles compte tenu des clauses contractuelles.

Remarquez que l'aspect qui pourra éventuellement être traité dans la solution varie passablement selon le rôle à jouer, d'où l'importance de bien le préciser dès le départ.

> **POINT DE VUE**
>
> Ne pensez surtout pas qu'il n'y a qu'un rôle unique par cas. Il arrive fréquemment que l'on doive examiner les problèmes ou enjeux sous des angles différents; dans une perspective multidisciplinaire. Mon objectif ici est de vous sensibiliser à l'effet du rôle à jouer sur l'attitude à adopter en cours de lecture.

On peut toutefois dire qu'il existe un rôle majeur attribué à chaque cas, bien que d'autres aspects (importants et moins importants) puissent également être demandés.

Examiner brièvement le contenu des annexes

Vous pouvez maintenant examiner brièvement le contenu des annexes, s'il y en a. L'objectif est de prendre connaissance du matériel mis à votre disposition pour résoudre le cas. Par exemple, la présence d'états financiers *pro forma*, d'une annexe portant sur un projet de coentreprise ou sur une offre de financement est un indice clé. Je suggère, à cette étape, de feuilleter chacune des annexes (et non de les lire en détail) afin d'en avoir une vue d'ensemble. Pour un long cas, de 4 ou 5 heures, il existe habituellement une Table des matières énumérant les diverses annexes. Il faut prendre note du contenu.

Il est intéressant, lors du survol du texte et des annexes, de s'attarder aux titres et sous-titres qui sont souvent révélateurs : « problème de livraison des stocks », « préoccupations de la banque », « fraude d'un employé », « courriel du directeur de la production », « lettre du principal fournisseur », « extraits du dossier d'audit », « notes tirées d'une conversation téléphonique avec le contrôleur », etc. Cela donne un bref aperçu des problèmes ou enjeux qui devront probablement être discutés. En remarquant le « problème de livraison des stocks » énoncé à l'annexe III, par exemple, vous serez plus enclin à faire des liens avec d'autres éléments d'information situés ailleurs. Lorsque, par la suite, vous lirez le texte du cas, le fait que la rapidité de livraison soit un facteur clé de succès dans le secteur retiendra davantage votre attention.

Lecture détaillée du texte

Lorsque le candidat a bien déterminé le travail à faire ainsi que le rôle à jouer, il peut envisager la lecture détaillée de la partie du texte de l'énoncé du cas. Lors d'une simulation, il faut être conscient que le temps est limité et que plusieurs aspects du texte du cas ne seront lus qu'une seule fois. Bien qu'il soit souvent nécessaire de revenir sur des aspects déjà lus, la contrainte de temps empêche de tout relire deux fois.

Voici les principales étapes de la démarche à suivre lors de la lecture détaillée du texte.

Prendre connaissance de l'historique de l'entreprise

Le texte d'un cas fournit souvent l'historique de l'entreprise ou de son marché. On y présente, par exemple, un bref aperçu des changements de propriétaires au fil du temps, un rappel des principales étapes de sa croissance, une description de son créneau de marché, etc. Cet historique figure normalement au début du texte et peut s'étendre jusqu'à deux pages dans un cas de 4 ou 5 heures.

L'information de ce type n'est pas nécessairement utile à la résolution du cas. Il faut donc discerner ce qui peut éventuellement servir à l'argumentation en se rappelant que la solution porte sur le temps présent ou futur. En effet, l'analyse des événements antérieurs à l'année courante est rare, à moins que ce ne soit explicitement demandé. Il ne serait pas pertinent, par exemple, de faire état des oublis ou des lacunes de la convention collective récemment renouvelée. Vous ne pouvez pas réécrire le passé.

Voici des exemples d'éléments pertinents à relever au cours de la lecture détaillée du texte d'un cas.

ÉLÉMENTS À RELEVER LORS DE LA LECTURE

Éléments pertinents	Exemples d'indices du cas
Facteurs clés de succès (FCS) de l'entreprise ou du secteur	– Qualité du produit – Pas d'erreur à la livraison – Adaptation continuelle à l'évolution du marché – Stabilité des ventes

Éléments pertinents	Exemples d'indices du cas
Forces / Faiblesses / Possibilités / Menaces de l'entreprise ou du secteur	FO : coûts fixes maintenus à un bas niveau FA : système informatique désuet PO : développement du marché brésilien ME : arrivée d'un concurrent européen sur le marché
Objectifs de la direction ou du conseil d'administration; Politiques de l'entreprise	– Avoir recours, le moins possible, au financement par dette externe – Refuser tout projet dont le délai de récupération excède quatre ans – Effectuer un premier appel public à l'épargne d'ici deux ans – Présenter un résultat (bénéfice net) en croissance soutenue
Caractéristiques du comportement des dirigeants	– Manque d'organisation – Aversion marquée au risque – Pas de vision à long terme – Plusieurs opérations entre parties liées (apparentées) – Décentralisation efficace de la prise de décisions

---

POINT DE VUE

Il est important de relever les « biais » des divers intervenants d'un cas. Par exemple, un directeur ayant comme objectif de présenter un résultat (bénéfice net) en croissance aura probablement le biais de choisir des méthodes comptables qui vont dans ce sens. Cela est courant et votre rôle, en tant que comptable, consiste surtout à bien comprendre – et non à juger – les biais des parties en présence afin d'en minimiser les conséquences négatives. Vous ne serez certainement pas surpris, par exemple, de constater le « conflit » entre les objectifs de l'acheteur et du vendeur d'une même entreprise. Dans le cadre de cette relation d'affaires, chacun maximise ses intérêts. C'est normal.

Préciser le travail à faire

Le texte d'un cas fournit également plusieurs indices permettant au candidat de préciser davantage le travail à faire. Il faut donc être attentif à toute phrase pouvant contribuer à cette précision. Plus vous comprendrez clairement la demande, plus votre réponse sera susceptible d'être pertinente. On ne peut passer outre au fait qu'il faudra ultérieurement répondre à toutes les questions importantes posées dans le cas. Compte tenu du rôle à jouer, il faut s'assurer de répondre adéquatement à l'employeur ou au client. On devra donc également faire attention aux mots ou expressions qui caractérisent leurs préférences, besoins et objectifs.

La pertinence de la réponse est en relation directe avec la compréhension de la demande.

POINT DE VUE

Personnellement, à la lecture d'un cas, j'utilise des trucs afin de faciliter tout retour éventuel au texte lu. Comme tout ce qui concerne le travail à faire ou la demande est très important, j'utilise un système d'annotation particulier. Je vais, par exemple, utiliser un crayon marqueur bleu pour mettre en évidence tout ce qui précise le travail demandé et changer de couleur pour les autres informations. Ainsi, peu importe l'endroit où l'idée est exprimée dans le texte, la couleur bleue signifie qu'il s'agit d'une composante du travail à faire. Comme ces idées sont susceptibles d'être relues plusieurs fois en cours de rédaction, cela me facilite la tâche lorsque vient le temps de les retrouver.

Il est parfois utile de faire le diagramme des diverses entreprises du cas, des divisions ou des personnes concernées. On y remarquera, par exemple, la présence d'un actionnaire non résident. Cela permet également de situer précisément chacune des parties lorsque vient le temps de rédiger la réponse. De même, le dessin d'une ligne de temps retraçant les événements clés est parfois profitable, surtout lorsque le suivi des dates est indispensable ou compliqué.

Voici quelques exemples d'indices précisant le travail à faire.

- Personne dans l'entreprise ne sait si ce nouveau produit est rentable.

- Christian se demande si les contrôles internes sur la trésorerie sont adéquats.

- Plusieurs événements inhabituels survenus au cours de la période ont été comptabilisés par le teneur de livres, qui a fait de son mieux.

- Les dirigeants ont besoin d'aide pour évaluer cette société.

- On ne sait pas quelle option de financement est la plus avantageuse.

- La nature des activités de la société a grandement évolué au cours de la période et l'associée désire un compte rendu des conséquences sur l'audit des états financiers.

- Karine ne comprend pas le rôle éventuel d'un comité d'audit.

- Les membres du conseil d'administration vous demandent de leur présenter, avant la prochaine réunion, un rapport écrit dans lequel vous leur expliquerez les conséquences du nouveau mode de calcul des subventions de l'État (aide gouvernementale) pour leur organisme.

@ La question portant sur le respect ou non des conditions du contrat par le fournisseur n'est toujours pas réglée.

@ Il faudra renégocier le contrat des deux locataires allemands.

@ Est-ce qu'Alice devrait être promue au poste de vice-présidente, finances?

Faire ressortir les problèmes ou enjeux actuels

À la lecture active du texte, il faut également être attentif à toute information pouvant faire ressortir les problèmes ou enjeux actuels, ou encore, qui permet d'en préciser la teneur. Les éléments majeurs de la demande sont habituellement abordés ou présentés dans le corps même de l'énoncé du cas. Nous verrons plus loin que les annexes viennent les compléter et, plus rarement, ajouter des problèmes ou enjeux supplémentaires. Toutefois, la plupart du temps, ces derniers seront de moindre importance.

Vous vous êtes peut-être déjà rendu compte que ce sont les **problèmes ou enjeux nouveaux** qui doivent être recherchés. En effet, il faut être attentif à tout ce qui est différent ou nouvellement arrivé, particulièrement au cours de la période courante. Votre solution au cas sera une réponse à ces événements. En lisant, il faut constamment vous demander : « Quels sont les problèmes ou enjeux à régler? », « Quelles questions n'ont pas été résolues? », « Qu'est-ce qui ne va pas dans l'entreprise? », « Qu'est-ce qui est en voie de changement? ».

La résolution d'un cas exige la discussion des problèmes ou enjeux actuels ou prévus.

Dans l'identification des problèmes à régler, il faut bien distinguer le problème en lui-même des situations qu'il a créées. Malheureusement, il arrive souvent que les candidats traitent des symptômes (ou des indices), mais pas de la maladie (problème ou enjeu). Par exemple, supposons qu'une entreprise offre annuellement un voyage toutes dépenses payées à ses deux meilleurs vendeurs. Supposons également que l'on se rende compte que des ventes ont été inscrites aux livres vers la fin de la période courante, même si les marchandises n'ont été livrées qu'au début de la période suivante. L'inscription anticipée de ces ventes amène donc une surévaluation de la marge brute à l'état des résultats.

Un réflexe trop rapide, sans suffisamment d'analyse, pourrait être de dire que le problème consiste à octroyer un boni aux vendeurs sous la forme d'un voyage. Or, ce n'est pas vrai. Fondamentalement, il s'agit d'un problème de contrôle interne puisque la séparation des opérations entre les périodes n'a pas été correctement faite. Le fait de payer un voyage aux meilleurs vendeurs répond probablement très bien à l'objectif d'encourager les ventes. Lorsque vous désirez vous assurer d'avoir bien identifié le problème ou enjeu, posez-vous la question suivante : « Si l'entreprise cesse d'accorder un voyage aux meilleurs vendeurs, est-ce que tout est réglé? » Ici, la réponse est non, car d'autres erreurs quant à la séparation des opérations entre les périodes peuvent subsister.

Voici des exemples de problèmes ou enjeux à relever lors de la lecture d'un cas.

- Analyse d'un projet d'investissement;
- Évaluation des déficiences du contrôle interne;
- Détermination du prix d'achat;
- Analyse des questions comptables;
- Évaluation du travail de l'auditeur interne;
- Établissement du montant à réclamer à l'assureur à la suite d'un sinistre;
- Évaluation du plan d'implantation d'un système informatique;
- Évaluation de la rentabilité par division;
- Calcul de la prime de rendement aux dirigeants;
- Discussion de la comptabilisation, de l'audit et de la fiscalité de diverses opérations;
- Calcul du bénéfice imposable;
- Discussion sur le prix de cession interne;
- Retraitement du résultat (bénéfice net);
- Répartition de la capacité de production entre les différents produits;
- Calcul des flux de trésorerie liés aux activités opérationnelles (d'exploitation).

POINT DE VUE

Certains professeurs suggèrent d'inscrire, au fur et à mesure de la lecture, chacun des problèmes ou enjeux relevés en tant que titre sur autant de pages distinctes. Ils « ouvrent » ainsi une page par sujet. À la fin de la lecture, le candidat a donc partiellement planifié sa réponse puisqu'il a déjà fait, en quelque sorte, la liste des questions qui doivent être discutées. Cela l'aide également à ne pas oublier de traiter de tous les problèmes ou enjeux importants du cas.

À mon avis, il s'agit d'une bonne idée, qui aide le candidat à se structurer et surtout à focaliser sur les problèmes ou enjeux du cas à résoudre. Toutefois, je me dois de mentionner que le candidat a la responsabilité de s'assurer que la liste des sujets relevés est complète. Il doit également être attentif à la présence de problèmes ou enjeux implicites, ou qui ne sont pas aussi clairement avancés que les autres dans le texte. De plus, il faudra que les sujets à traiter soient classés par ordre d'importance avant de commencer l'élaboration de la réponse. Finalement, rappelez-vous qu'il faut avoir une vue d'ensemble des sujets à discuter afin de bien intégrer le tout dans votre réponse.

> **POINT DE VUE (suite)**
>
> Par expérience, je sais que les candidats ont une tendance naturelle à remplir la page réservée à un sujet donné. Je m'explique. En prévoyant une page par problème ou enjeu, certains candidats, souvent inconsciemment, se sentent obligés d'utiliser toute la page disponible, ni plus ni moins. Or, une page ne suffit pas toujours pour les sujets principaux tandis que c'est souvent trop pour les sujets de moindre importance. J'ai remarqué cette faiblesse surtout lors de la rédaction d'un long cas, où la résolution de plusieurs problèmes ou enjeux peut exiger plus d'une page. Le candidat averti saura éviter ce genre de piège.

Il n'est pas toujours facile de discerner les problèmes ou enjeux d'un cas. Certains ressortent clairement et d'autres sont plus implicites.

Voici des exemples d'indices du cas qui permettent l'identification de problèmes ou enjeux implicites.

EXEMPLES D'INDICES DU CAS RÉVÉLANT UN PROBLÈME OU ENJEU IMPLICITE

Problème ou enjeu implicite	Indices du cas
Intégrité de la direction mise en doute	– La direction se défile devant les questions posées. – On remarque plusieurs opérations « louches », à des conditions inhabituelles. – Les propriétaires drainent la trésorerie de l'entreprise (ex.: dépenses personnelles inscrites dans les charges administratives).
Manipulation de l'information financière	– Toutes les méthodes comptables retenues ont le même effet sur le résultat (bénéfice net) – généralement une augmentation. – Le contrôleur a changé quelques méthodes comptables, sans raison valable, au cours de la même période.
Continuité d'exploitation mise en doute	– La société n'a pas suffisamment de trésorerie pour s'acquitter de ses dettes. – Les fournisseurs exigent le paiement des marchandises à la livraison (envoi *COD*). – L'état des résultats présente des pertes depuis deux périodes (ou plus).
Insuffisance de la trésorerie (à relier à la continuité d'exploitation)	– La position de la trésorerie et des équivalents de trésorerie est déficitaire. – Le ratio de liquidité immédiate est inférieur à 1,0. – Les flux de trésorerie liés aux activités opérationnelles (d'exploitation) ne couvrent pas ceux liés aux activités d'investissement et de financement.

Problème ou enjeu implicite	Indices du cas
Gestion de la capacité de production	– La demande excède l'offre sur le marché. – Le carnet de commandes est rempli plusieurs mois à l'avance. – Les produits n'offrent pas tous la même rentabilité.
Manque d'indépendance de l'auditeur externe	– Plusieurs services différents ont été fournis, tels l'audit des états financiers et le choix des méthodes comptables. – Les dirigeants et l'auditeur sont des parties liées (apparentées). – Les honoraires d'audit sont impayés depuis deux ou trois ans.

Ici, il faut que je fasse une mise au point importante. Il y a régulièrement des problèmes ou enjeux implicites dans un cas, que vous devez identifier à l'aide d'indices relevés à la lecture. Toutefois, il n'y a pas de demande implicite. En d'autres mots, un problème ou enjeu implicite n'est pas la même chose qu'une demande implicite.

Un employeur peut demander, par exemple, de discuter de la comptabilisation des nouvelles opérations de la période. Il s'agit d'une **demande explicite**. C'est au candidat de trouver quels sont les sujets à traiter, de les classer par ordre d'importance, puis de les discuter. Parmi eux se trouve peut-être un **problème ou enjeu implicite**, tel un doute quant à la continuité d'exploitation ou une difficulté d'estimation des coûts de garantie. La demande, quant à elle, est explicite et dirigée vers un rôle précis, soit celui d'établir des méthodes comptables. Autre exemple : le travail à faire est d'évaluer le prix d'achat d'une entreprise d'après les flux de trésorerie futurs. Dans cette situation, il faut aussi estimer les résultats (bénéfices) futurs parce que le vendeur doit remettre 10 % de ceux-ci à l'inventeur du brevet. Cette étape du calcul des résultats (bénéfices) futurs est donc indispensable, quoique implicite, dans le cadre de la demande explicite d'estimer les flux futurs afin d'évaluer le prix d'achat.

Un problème ou enjeu implicite fait toujours partie d'une demande explicite, dans le cadre du rôle à jouer.

L'erreur que font certains candidats est de changer la demande. Par exemple, ils écrivent : « Puisque je relève plusieurs déficiences dans le contrôle interne de la société, il est superflu de parler de comptabilité. Je fournis plutôt une liste de nouveaux contrôles à mettre en œuvre. » Agir de la sorte est une grave erreur puisque le candidat vient de changer la demande… ce qu'il ne doit jamais faire. Il faut donc chercher les problèmes ou enjeux explicites et implicites à discuter, sans changer la demande ou le rôle à jouer.

**Répondre à la demande est un préalable
absolument nécessaire pour réussir un cas.**

On remarque très souvent que les candidats aux examens professionnels sont portés vers la gestion et qu'ils discutent alors des problèmes ou enjeux de ce point de vue sans tenir compte des paramètres de la demande. Dans certaines circonstances, je comprends qu'il soit facile de penser – et même de justifier – que la gestion des flux de trésorerie est plus appropriée qu'une discussion sur la planification de l'audit. Toutefois, si le rôle à jouer est celui d'auditeur, c'est uniquement ce qu'il faut faire. L'évaluation de la réponse ne tiendra pas compte de la gestion sauf, bien entendu, si cela fait également partie du travail à faire, ou encore, que cela ait un impact sur l'audit. Le candidat n'a pas à changer la demande d'un cas. En le faisant, ses propos deviennent non pertinents et ne seront pas pris en compte par le correcteur.

Il m'arrive fort souvent de parler du cadre d'un cas lorsque j'enseigne. Le cadre est tracé par les paramètres du travail à faire ou de la demande, compte tenu du rôle à jouer. Tant que vos propos demeurent à l'intérieur de ce cadre, il y a de fortes chances que votre réponse soit pertinente. Plus vous vous en éloignez et moins votre réponse sera appropriée. Il est donc inutile de sortir du cadre créé par la demande d'un cas. C'est du temps perdu, pour vous et pour le correcteur. D'où l'importance de déterminer cette demande le plus précisément possible dès le départ, par une lecture attentive du travail à faire et des paragraphes qui le décrivent.

Lorsqu'elle est présente, la dernière partie du texte proprement dit de l'énoncé d'un cas est le travail à faire, comme cela a été mentionné précédemment. Je vous suggère de relire cette partie qui sera encore plus claire suite à la lecture détaillée du texte.

Déterminer l'axe d'une demande

À ce point-ci de votre lecture, je vous conseille de bien identifier l'axe de toute demande importante du cas. Il est important de le déterminer clairement puisqu'il s'agit d'un guide à la rédaction qui permet d'établir la pertinence et l'importance des sujets à discuter.

L'axe d'une demande est un fil conducteur de la solution.

14   Prenons l'exemple de la détermination du prix d'achat d'une entreprise : en ayant déterminé que l'axe de cette demande est le calcul du bénéfice normalisé, il est plus facile de préciser ce qui doit être discuté. Ainsi, tout sujet n'ayant pas ou peu d'impact sur ce bénéfice n'est pas pertinent dans le calcul du prix. Ce sera peut-être un point qualitatif à relever dans l'analyse de l'investissement, mais sans plus. Le candidat qui n'a pas clairement précisé l'axe ou le fil conducteur de la demande risque de traiter de tous les aspects rencontrés, sans distinction quant à leur pertinence ou leur importance. Dans ce contexte, il perdra peut-être du temps à discuter de la présentation d'un événement inhabituel ou des moyens pour améliorer la gestion des comptes clients, alors que cela n'influe pas sur le bénéfice normalisé ni sur le prix d'achat. Rien n'empêche que la gestion des comptes clients puisse être un problème ou enjeu à discuter un peu plus loin dans la solution, mais ce sera en dehors de l'enjeu qu'est la détermination du prix d'achat. Sa pertinence dépendra alors des indices du cas qui s'y rattachent plus particulièrement.

L'identification de l'axe d'une demande dirige la rédaction d'un cas vers l'essentiel.

Il ne faudrait pas croire qu'il n'existe qu'un seul et unique axe par cas. Il y en a plus d'un puisqu'il y a souvent plus d'une demande importante. Chaque demande est caractérisée par son propre fil conducteur. Ainsi, il se peut que le cas vous demande de discuter du traitement comptable et fiscal de chaque opération présentée. Dans cette situation, les états financiers et le bénéfice imposable sont les axes respectifs de ces demandes. Il faut, par exemple, discuter de la période d'amortissement des frais de développement dans la section comptabilité et des crédits d'impôts afférents dans la section fiscalité. Évidemment, si un seul aspect est demandé, tel le calcul du bénéfice imposable, on ne discute pas de l'amortissement comptable, même si on y relève une erreur, car cela ne fait pas partie du travail à faire. La détermination de l'axe d'une demande aide le candidat à rédiger une réponse pertinente, demeurant essentiellement dans les limites du travail à faire, autrement dit à l'intérieur du cadre du cas.

Les pages suivantes contiennent des exemples supplémentaires établissant le lien entre le problème ou enjeu et l'axe de la demande. Compte tenu de cette relation, j'y présente quelques exemples de l'implication, sur la rédaction de la réponse, de certains indices du cas relevés à la lecture.

POINT DE VUE

Certains étudiants ont de la difficulté à déterminer l'axe d'une demande, du moins *a priori*, c'est-à-dire au cours de la lecture d'un cas. Je les encourage à persévérer dans leurs efforts pour le déterminer, même s'il faut parfois attendre de consulter la solution proposée! Le temps d'une simulation est court et précieux et le fait d'avoir bien déterminé l'axe ou le fil conducteur en maximise l'usage.

RELATION ENTRE LE PROBLÈME OU ENJEU, L'AXE DE LA DEMANDE ET LA RÉDACTION DE LA RÉPONSE

Problème ou enjeu	Axe de la demande	Indices du cas	Implications sur la rédaction de la réponse
Respect du contrat avec les employés quant au calcul de leur part dans le résultat (bénéfice)	**Clauses contractuelles** L'axe est le **résultat (bénéfice net)** – ou autre chiffre de l'état des résultats – déterminé à partir des clauses du contrat.	a) Le contrat mentionne que les immobilisations incorporelles ne doivent pas être amorties.	a) Point à respecter même si cela va à l'encontre de la norme comptable qui demande d'amortir les immobilisations incorporelles à durée de vie limitée. Ici, les clauses contractuelles sont la base de référence.
		b) La société a transféré des profits à sa filiale mexicaine au cours de la période, par l'intermédiaire d'un prix de cession interne inférieur à la juste valeur.	b) Non pertinent de discuter de l'impact fiscal d'une telle opération. On ne discute pas du choix du prix de cession interne si la part des employés est calculée sur le résultat (bénéfice net) consolidé.
Préparation d'une offre de services	**Prix de soumission** On utilise une **comptabilité de trésorerie**; qui tient compte des **coûts marginaux**.	c) Advenant l'obtention du contrat, la société doit cesser la vente d'une certaine catégorie de produits.	c) Point pertinent à titre de coût d'opportunité, car il s'agit d'une rentrée de fonds qui ne surviendra plus.
		d) La direction s'interroge actuellement sur la possibilité d'améliorer l'efficience du processus de fabrication.	d) Non pertinent, car cela n'est pas indispensable au projet actuel. L'économie de coûts qui pourrait en résulter est hypothétique.
Évaluation des déficiences et recommandations d'amélioration du contrôle interne	**Procédures de contrôle interne**	e) La même personne reçoit le courrier, effectue les dépôts et prépare le rapprochement bancaire.	e) Point pertinent, car il y a une déficience dans le contrôle interne où la même personne effectue des fonctions incompatibles.
		f) La société a d'importants surplus de trésorerie qu'elle laisse en permanence dans le compte d'opérations courantes.	f) Point secondaire, car il s'agit de gestion interne et non de contrôle interne. La trésorerie est mal gérée, mais pas nécessairement mal contrôlée. Il faut s'en tenir à l'axe de la demande.

Problème ou enjeu	Axe de la demande	Indices du cas	Implications sur la rédaction de la réponse
Évaluation d'une entreprise que le client désire acquérir	Prix d'achat déterminé comme étant égal à cinq fois le **bénéfice normalisé**	g) L'âge moyen des employés du vendeur est élevé.	g) Point mineur ou qualitatif, car cela ne touche pas le bénéfice normalisé ni le calcul du prix d'achat.
		h) Le propriétaire - vendeur se verse exclusivement des dividendes.	h) Point à considérer, car l'embauche d'un nouveau gestionnaire diminue le bénéfice normalisé.
		i) Le vendeur a reçu une subvention de l'État pour l'acquisition d'un terrain.	i) Point non pertinent, car il ne concerne pas le bénéfice normalisé mais l'actif. On n'amortit pas un terrain. C'est une opération isolée qui ne se répétera pas.
Maintien d'un fonds de roulement supérieur à 1,5 à la clôture de la période	**Ratio du fonds de roulement**	j) Le teneur de livres a, par erreur, comptabilisé des coûts d'entretien au poste Équipements.	j) Non pertinent, car cette erreur n'affecte aucun poste de l'actif courant (à court terme).
		k) Un nouveau produit lancé par un concurrent est plus perfectionné et moins dispendieux.	k) Point pertinent à discuter, car une dépréciation des stocks est probablement nécessaire. Cela affecte directement le fonds de roulement.
Évaluation du travail d'un autre auditeur ou évaluation des travaux de l'audit interne	**États financiers** L'axe concerne l'erreur qui peut résulter de la présentation d'une information financière erronée.	l) L'auditeur ou le contrôleur a adopté une nouvelle méthode comptable qui anticipe la comptabilisation des produits.	l) Point pertinent, car cela a augmenté le résultat (bénéfice net). Un utilisateur des états financiers a pu être lésé par ce changement de méthode comptable qui n'a pas été justifié ni appliqué rétroactivement.
	Risque d'audit	m) La note aux états financiers concernant les dettes non courantes (à long terme) est incomplète. On a omis de mentionner les taux d'intérêt.	m) Point secondaire si le traitement comptable des dettes non courantes (à long terme) est adéquat. Il est alors improbable qu'un utilisateur ait pu avoir été lésé de manière importante par cet oubli.

Problème ou enjeu	Axe de la demande	Indices du cas	Implications sur la rédaction de la réponse
Calcul du montant qui peut être réclamé à l'assureur à la suite d'un feu	**Clauses contractuelles** L'axe concerne le **montant qui peut être réclamé**, compte tenu des clauses du contrat.	n) Le contrat mentionne que les immobilisations destinées au développement des produits ne sont pas couvertes par la police d'assurance.	n) Il n'est donc pas pertinent de discuter de ces actifs. On peut tout au plus suggérer l'ajout de cette clause au prochain contrat. (Remarque : À faire brièvement, car ce n'est pas dans l'axe de la demande.)
		o) Le contrat couvre la perte de revenus entre la date du feu et la date où les activités reprennent un rythme normal.	o) Il faut discuter de la manière dont la perte de revenus peut être calculée (ex.: considération ou non des frais fixes).
Détermination du bénéfice imposable de 20X7	**Bénéfice imposable**	p) Le contrôleur estime que la garantie de trois ans sur ses produits coûtera 20 % des ventes. Le quart du montant estimé a été dépensé en 20X7.	p) Seuls les frais encourus en 20X7 sont déductibles en 20X7. Une discussion sur le montant de la provision à comptabiliser n'est pas pertinente, car cela n'affecte pas le bénéfice imposable.
		q) Aux livres, le brevet est amorti sur quarante ans.	q) Le brevet doit être amorti selon les règles fiscales. Une discussion sur la durée exagérée de l'amortissement comptable n'est pas pertinente.
Discussion des questions comptables d'une société de placement	**États financiers** L'état de situation financière (bilan) est plus important que l'état des résultats; l'axe est donc plus particulièrement la **juste valeur des placements**.	r) À la création de la société, un actionnaire lui a transféré ses placements personnels en guise d'apport.	r) La détermination de la juste valeur des placements dans les livres de la nouvelle société est à discuter. L'imposition du gain sur disposition pour l'actionnaire est en dehors du mandat puisqu'il s'agit d'une partie distincte de la société.
		s) Le chef comptable se demande s'il doit utiliser la méthode de la mise en équivalence (valeur de consolidation) pour comptabiliser un placement dans une entité sous influence notable.	s) Cette discussion n'est pas pertinente, car les placements d'une société de placement sont tous comptabilisés à la juste valeur. Et ce, même si la société de placement est en position d'exercer une influence notable.

18   Les exemples d'axe de la demande ou de fil conducteur présentés dans les pages précédentes semblent, *a priori*, de nature quantitative et peuvent, à tort, vous laisser croire que je fais uniquement référence aux calculs nécessaires à la rédaction d'une réponse. Ce serait une interprétation trop étroite de mes propos. Effectivement, il se peut fort bien que le sujet à discuter soit presque exclusivement qualitatif, mais que l'axe soit tout de même quantitatif. Par exemple, il arrive que le cas demande une discussion sur les éléments à prendre en compte lors de l'acquisition d'une entreprise. Même dans la situation où vos propos demeurent strictement qualitatifs, vous devez garder en tête les implications éventuelles sur la détermination d'un prix d'achat. S'il n'y en a pas, quelle est la pertinence d'en discuter longuement? Dans ce contexte, iriez-vous perdre du temps à discuter de la présence d'un gain ne découlant pas des activités ordinaires (normales)?

Supposons, par exemple, que vous devez discuter de la comptabilisation des nouvelles opérations comptables de la période. Cette discussion est en bonne partie, voire en totalité, qualitative. Le traitement comptable des opérations qui apparaîtra aux états financiers de la période courante sera l'axe de cette demande. Les écritures de journal en soi sont peu importantes. Certes, c'est le cumul de ces écritures qui compose les états financiers, mais c'est l'impact final, en terme de dollars, qui compte. Autrement dit, il faut discuter de la façon de rendre compte des opérations à l'état des résultats ou à l'état de situation financière (bilan). Si un événement quelconque n'a pas ou a peu d'influence sur ceux-ci, sa discussion sera moins pertinente. En d'autres mots, le traitement comptable est plus important que la simple présentation de l'information. Par exemple, le classement d'une opération à titre de charge administrative ou de charge commerciale est un sujet peu important. En contrepartie, un choix comptable pouvant influer les états financiers de manière significative, telle la comptabilisation à l'actif ou non de certains coûts, devra être discuté plus en profondeur. Il n'est donc pas surprenant de constater que la discussion du contenu d'une note aux états financiers fait rarement partie de la solution proposée d'un cas.

Voici maintenant d'autres exemples de l'axe d'une demande ou d'un fil conducteur pouvant découler directement des paramètres d'un cas.

- Juste valeur de la part d'une associée ou des actions d'un actionnaire;
- Prime à verser aux dirigeants;
- Ratio d'endettement ou ratio du capital investi;
- Contrepartie conditionnelle à verser à la suite d'un regroupement d'entreprises;
- Résultat (bénéfice) avant activités abandonnées;
- Marge brute et contribution marginale;
- Flux de trésorerie;
- Juste valeur des actifs donnés en garantie;
- Coût des diverses options de financement;
- Solde dû selon les clauses d'un contrat d'approvisionnement;
- Redevances à verser à un auteur ou à un franchiseur;
- Coût de diverses options d'approvisionnement;
- Profit (gain) ou perte à la suite d'une restructuration;
- Montant à recevoir à titre de subvention publique (aide gouvernementale);
- Résultat (bénéfice) par action.

Pour que ce soit un guide efficace, il est important que l'axe d'une demande soi[...]
précis. Ainsi, « rendre la gestion plus efficace » ou « se préoccuper davantage des [...]
sont des concepts trop vastes et généraux. La discussion sera plus facile à dirig[...]
plutôt « minimiser les coûts fixes » ou « définir les modalités d'un régime de pa[...]
aux bénéfices ». La détermination concrète et précise d'un fil conducteur vous aide[...]
constamment focalisé sur ce qui est demandé dans le cas. L'axe d'une demande i[...]
dit ce qu'il est : omniprésent dans chaque aspect de la rédaction de la solution. Il serait donc
maladroit de le déterminer lors de l'établissement du plan de réponse pour l'oublier par la
suite.

**L'axe d'une demande doit
être à la fois concret et précis.**

Il est certainement plus difficile d'identifier l'axe de la demande lorsque le sujet est
essentiellement qualitatif. Dans ces circonstances, il est d'autant plus important de préciser
quel est cet axe afin de guider la rédaction de votre réponse. Par exemple, il peut arriver que
l'identification des déficiences, accompagnées de recommandations sur le contrôle interne,
ou que l'amélioration du processus de recrutement soit l'axe de la demande. Pour que la
réponse demeure pertinente, il ne faudra pas s'éloigner de ce cadre. Toute discussion doit
donc aboutir sur des recommandations ou des améliorations.

Lecture détaillée des annexes

Au moment de lire les annexes, nous avons déjà une bonne idée des problèmes ou enjeux
importants à discuter. Nous savons quel est le travail à faire, le rôle à jouer et l'axe de toute
demande importante. La lecture détaillée des annexes est donc un processus qui survient
lorsque les paramètres du cas sont essentiellement connus et compris. En conséquence, cette
lecture est davantage dirigée vers la demande.

Voici les principales étapes de la démarche à suivre lors de la lecture détaillée des annexes.

Examiner les états financiers

Le cas comprend souvent les états financiers de l'entité faisant l'objet de votre travail. Vous
devez prendre le temps de les examiner afin de faire ressortir les aspects clés. Cela pourra
servir à déterminer ou mieux comprendre les sujets à traiter, ou encore, à justifier certaines
idées. D'ailleurs, je crois que l'annexe contenant des états financiers est celle qui devrait être
lue en premier. Ce sera par la suite plus facile de faire le lien entre les chiffres des annexes et
les idées émises ailleurs dans le cas, quitte à revenir aux états financiers pour compléter la
lecture. Au premier coup d'œil, on devrait noter la date de clôture, pour la comparer à la date
du mandat, remarquer la mention « non audité », s'il y a lieu, puis se faire une idée de la
situation financière de l'entreprise. Il est important, par exemple, de relever que les activités
ordinaires (normales) génèrent des revenus élevés depuis deux ans.

Il faut surtout chercher « ce qui cloche » ou « ce qui ne va pas » en relevant les postes inhabituels ou ceux qui ont varié de manière importante ou inusitée. Essayez d'identifier ce qui semble différent d'une entreprise « standard » en vous arrêtant un peu plus longtemps sur les postes particuliers au secteur d'activité. L'année courante est la première cible de vos observations, quoique la comparaison à l'année précédente soit souvent révélatrice.

**Il faut repérer les indices permettant
de déceler les problèmes ou enjeux.**

Il faut certes relever les indices présents dans les états financiers. Toutefois, une simple observation ne fera habituellement pas l'objet d'un problème ou enjeu important si elle n'est pas accompagnée d'autres indices dans le texte du cas. Par exemple, on peut observer que le poste Stocks a doublé depuis l'an dernier alors que les ventes sont demeurées relativement stables. Il faudra néanmoins qu'il y ait d'autres indices dans l'énoncé du cas pour que la « gestion des stocks » devienne un enjeu à discuter. Cela suppose évidemment que le sujet est pertinent, compte tenu du travail à faire. De toute façon, la discussion sera courte et demeurera sur le plan théorique ou général si elle se base sur la seule observation des états financiers.

Lors de l'examen des états financiers, vous avez également besoin de tenir compte du travail à faire. Par exemple, si vous savez que l'entreprise désire réaliser deux projets d'investissement, vous porterez attention aux placements à l'actif et à la structure actuelle du financement non courant (à long terme). De même, si vous recevez les états financiers d'une société que votre client désire acheter, il faudra vous intéresser aux actifs productifs des opérations ordinaires (normales) ainsi qu'aux éléments récurrents de l'état des résultats. Finalement, vous observerez les frais de développement, les brevets et le niveau des stocks si vous savez que le président a décidé d'abandonner une de ses lignes de produit. Tout indice permettant de déceler les problèmes ou enjeux est donc à repérer.

À la page suivante, vous trouverez des exemples d'éléments à relever lors de l'examen des états financiers.

ÉLÉMENTS À RELEVER DES ÉTATS FINANCIERS

Éléments à relever

Exemples

Les postes les plus importants en pourcentage et en termes de variations

- Les stocks représentent 54 % de l'actif courant (à court terme).
- Le solde des comptes clients a doublé depuis l'an dernier et les ventes sont constantes.

Les postes les plus risqués
(ceux dont les avantages futurs sont plus incertains ou qui exigent un estimé de la situation)

- Les frais de développement comptabilisés à l'actif augmentent régulièrement et la société n'offre aucun nouveau produit depuis trois ans.
- Toutes les charges estimées (amortissement, retours sur ventes, coûts de garantie, etc.) ont diminué de moitié depuis l'an dernier.

Les éléments inhabituels

- « À recevoir » ou « Dû à » des parties liées (apparentées) d'un montant important.
- Tous les placements vendus au cours de la période ont donné lieu à une perte.

Les incohérences et contradictions

- La charge d'intérêts diminue mais le passif non courant (à long terme) a augmenté.
- La provision pour dépréciation des comptes clients est à 4 % des ventes depuis plusieurs années, mais on mentionne que certains clients importants ont récemment connu des difficultés financières.
- Aucune dépréciation sur immobilisations n'est inscrite, car le propriétaire est « confiant » de louer les locaux vacants d'ici trois mois. Toutefois, le taux de vacances d'immeubles semblables est encore très élevé.

Les dérogations aux normes, lois ou politiques de l'entreprise

- La politique de l'organisme sans but lucratif est de comptabiliser les immobilisations à l'actif. Toutefois, une acquisition importante d'équipements figure en résultat net.
- Il n'y a pas d'impôts différés (futurs) aux états financiers malgré la présence de différences temporelles (écarts temporaires) importantes.
- Le taux d'imposition utilisé à l'état des résultats est trop bas.

Les ratios clés
(particulièrement ceux qui intéressent un créancier ou la direction)

- Le fonds de roulement est négatif ou a grandement diminué.
- Le ratio d'endettement est tout près du maximum permis par la banque.
- La marge brute a diminué de 8 % depuis l'an dernier et le marché est en plein essor.

Les opérations louches

- Certains actifs ont été vendus à une autre entreprise de l'actionnaire majoritaire à un prix qui diffère de leur juste valeur.
- Conditions salariales très avantageuses aux membres de la famille du président.

Lecture d'un cas

Lire attentivement le contenu des annexes

Certaines annexes ne comportent qu'un seul sujet. Le titre est alors assez précis et fait directement référence à un problème ou enjeu à traiter. Il s'agit, par exemple, d'informations sur le projet de construction d'une usine, d'une liste de questions comptables à discuter, des conditions de renouvellement du prochain contrat de location, de renseignements sur les options de financement disponibles ou d'extraits du dossier d'audit de l'an dernier. L'avantage de ce genre d'annexe est que la majorité des éléments d'information nécessaires à la résolution d'un problème ou enjeu est située au même endroit. Cela facilitera éventuellement la rédaction de votre réponse.

POINT DE VUE

Certains professeurs suggèrent à leurs étudiants de ne pas lire tout de suite ce genre d'annexe puisque celle-ci porte sur un seul sujet, bien défini. Le contenu de l'annexe est donc lu tout juste avant ou au fur et à mesure que la réponse sur ce sujet est rédigée. Il y a alors économie de temps puisque le même texte ne sera pas lu deux fois, à deux moments différents.

J'ai beaucoup de réticences avec cette façon de procéder. À mon avis, on ne peut pas être totalement certain que l'annexe ne comprend aucune autre information que le sujet en titre. Malheureusement, on ne le sait qu'après avoir presque tout lu. De plus, il y a souvent des liens à faire entre les différents sujets. Si l'un d'entre eux n'est pas lu au complet, son intégration éventuelle aux autres sera plus difficile à faire. Ainsi, il est possible d'apprendre que la société s'est portée acquéreur de nouveaux brevets au cours de la période dans l'annexe portant sur un projet de coentreprise. Cette information pourrait également être utile à la préparation d'un flux de trésorerie ou à la discussion de questions comptables. Je recommande donc la lecture quasi complète de toutes les annexes avant le début de la rédaction de la réponse.

Dans de rares circonstances, j'admets qu'on puisse faire une lecture rapide de certains aspects d'un sujet, comme la projection détaillée des ventes pour les cinq prochaines années. On y reviendra plus tard, lors du calcul de la valeur actualisée nette. De même, la description des contrôles actuels sur les stocks peut être lue en diagonale, en attendant d'être prêt à suggérer de nouvelles procédures de contrôle interne.

Fort souvent, vous allez trouver une ou plusieurs annexes « pêle-mêle », c'est-à-dire qui contiennent des idées sur différents sujets. Ces annexes sont habituellement placées vers la fin de l'énoncé d'un cas. Vous devez lire attentivement chacun des paragraphes qui s'y trouvent, car ils viennent compléter votre compréhension de la situation. Au fur et à mesure de la lecture, je vous suggère d'identifier par écrit le ou les problèmes ou enjeux traités dans chaque paragraphe. Cela m'apparaît indispensable si l'on veut minimiser les pertes de temps lors de la rédaction de la réponse. Je reviendrai sur ce point dans la section suivante portant sur les annotations.

**Il faut lire l'essentiel des annexes
avant la planification de la réponse.**

Vous devez faire particulièrement attention lorsqu'il y a plusieurs annexes à lire puisqu'il est naturel d'accélérer la lecture des derniers paragraphes ou des dernières annexes. Cela est d'autant plus tentant que le temps passe vite et qu'on a plein d'idées de solution que l'on a hâte d'écrire par crainte de les oublier. En outre, il se peut même que votre voisine de droite « pitonne » frénétiquement sur sa calculatrice alors que celle de gauche a déjà rempli trois feuilles ou tape énergiquement sur son clavier depuis une dizaine de minutes. Le fait d'avoir l'impression d'être en retard peut alors vous amener à lire trop vite. Il faut éviter de le faire parce que, par expérience, je peux vous dire que certaines informations importantes sont placées dans les derniers paragraphes des dernières annexes. Les auteurs de cas semblent le faire exprès afin de pouvoir évaluer votre capacité d'intégrer toutes les informations disponibles. Il est d'ailleurs fréquent de trouver des indices importants sur un problème ou enjeu implicite à ces endroits, par exemple : « Le contrôleur a visité trois banques qui ont toutes refusé d'avancer les fonds. » ou « Une poursuite de 2 000 000 $ vient d'être déposée contre la société ». Finalement, je vous rappelle que celui qui commence à rédiger sa réponse le premier ou celle qui la termine la première n'obtient pas nécessairement le meilleur résultat…

Il faut faire le lien entre le texte et les annexes. Ceci, parce qu'il arrive souvent qu'un problème ou enjeu soit énoncé dans le texte, mais que les informations qui le concerne soient présentées en annexe. Deux annexes distinctes peuvent également fournir des données sur le même sujet. C'est à la lecture que vous devez relever ces divers emplacements afin de pouvoir éventuellement présenter une réponse plus complète. Quoique les éléments d'information d'un même sujet soient le plus souvent complémentaires, il arrive aussi qu'ils soient contradictoires. Dans cette situation, lorsque le problème ou enjeu est important, il faudra y revenir lors de l'élaboration de la réponse.

**À la lecture d'un cas,
il faut faire le lien entre les éléments d'information
qui concernent un même sujet.**

Lorsque je remarque que deux sections différentes traitent d'un même problème ou enjeu, j'inscris directement sur le texte de l'énoncé du cas le lien à faire entre l'une et l'autre. Si l'information est très courte, il m'arrive même de la recopier dans l'autre section. De cette manière, je m'assure de considérer tous les indices disponibles lors de la rédaction de la réponse. Je fais également un effort pour chercher des similitudes, des synchronismes, des incohérences, des contradictions ou des éléments à regrouper. Si l'annexe II mentionne que le taux horaire des employés de la production est de 12 $ aux États-Unis et que l'annexe IV révèle que le taux est de 14 $ au Canada, je note une référence commune à ces deux faits. Il se peut que ce recoupement d'informations ne soit pas utile, mais, si tel est le cas, je serai avantagée puisque la réponse présentée sera plus complète et intégrée. Autrement dit, je cherche à indiquer les liens entre les divers éléments d'information afin de les retracer plus facilement lors de la résolution du cas. Autre exemple : si je remarque que tous les coûts sont exprimés en mètres carrés, je peux déduire de cet indice que le calcul de la contribution marginale sera fort probablement effectué en mètres carrés.

La lecture d'un cas n'est pas strictement linéaire, car il faut souvent revenir en arrière pour retracer une information déjà lue ou pour en évaluer la teneur à la lumière de ce qu'on vient tout juste de lire. Autrement dit, on peut lire une information et ne pas en voir l'utilité avant d'être rendu plus loin dans la lecture. Ainsi, le fait de lire, à la page 2, que la division des jouets est la plus rentable peut être une information « en suspens » jusqu'à ce qu'on apprenne, à la page 8, qu'une société concurrente de jouets va s'implanter dans la région au cours des prochains mois. D'où la nécessité d'être à l'affût des similitudes et des différences, de la présence d'arguments de même nature, des points communs de l'information, etc.

Annotations

Jusqu'ici, j'ai surtout insisté sur ce qu'il faut lire et retenir de la lecture d'un cas. Je désire maintenant vous expliquer la manière de faire des annotations. Bien que j'en fasse une section distincte, les annotations et la préparation d'un aide-mémoire ou de feuilles de brouillon (section suivante) font partie intégrante de la lecture détaillée du travail à faire, du texte et des annexes.

Dans cette section, je vous fais part de mon expérience personnelle au sujet des annotations. Plusieurs approches sont possibles et vos professeurs vous feront certainement part de la leur. C'est à vous de retenir la stratégie avec laquelle vous êtes le plus à l'aise et ce qui vous sera le plus utile. Je vous suggère d'exercer votre jugement professionnel en essayant diverses approches afin de trouver ce qui correspond le mieux à votre personnalité. Cela abouti souvent sur un heureux mélange de divers trucs et conseils.

Il existe plusieurs façons d'annoter un cas. Peu importe celle que vous choisirez, ce qui compte c'est que vos annotations vous permettent de **repérer l'information rapidement** lorsque vous en êtes à rédiger votre réponse. Il est donc indispensable de se donner, dès la lecture, des moyens d'annoter le texte et les annexes de façon claire et efficace.

> **Les annotations doivent faciliter le repérage des indices pertinents de l'énoncé du cas pendant la rédaction de la réponse.**

> Que le cas soit rédigé dans le cadre d'un cours universitaire ou dans le cadre d'un examen professionnel, le correcteur ne lit pas ce qui est écrit sur le cas lui-même ou sur le questionnaire. D'ailleurs, dans la plupart des situations, le candidat conserve l'énoncé du cas après sa simulation ou son examen. Par conséquent, il faut être conscient que les idées de résolution des problèmes ou enjeux écrites sur l'énoncé du cas lui-même seront perdues si elles ne sont pas reprises dans la réponse. Ces idées doivent donc essentiellement être inscrites dans un aide-mémoire ou sur une page distincte de brouillon.

> **Dans son évaluation, le correcteur ne considère pas ce que le candidat écrit sur l'énoncé d'un cas.**

Voici quelques aspects à considérer au sujet des annotations faites à la lecture d'un cas.

Préciser l'Objet du cas

J'ai déjà insisté sur l'importance de bien lire le travail à faire ainsi que les paragraphes l'expliquant. J'ai même déjà suggéré de prendre le temps de recopier la demande afin de mieux s'en imprégner. À mon avis, cette information doit figurer sur une page distincte et rester à portée de main tout au long de la simulation. Cette réécriture de l'essentiel du travail à faire peut également servir de première page ou de page d'introduction à la réponse d'un cas. Plus précisément, les rubriques – Date, À, De, Objet – sont habituellement utilisées pour débuter une réponse. En écrivant dès maintenant les problèmes ou enjeux principaux à discuter dans l'Objet du cas, vous allez faciliter la rédaction ultérieure de votre réponse. Il faut également identifier dès que possible l'axe de toute demande importante.

Entourer les mots importants

Personnellement, à la lecture d'un cas, j'entoure les mots et les expressions qui sont importants. Cela m'aide à rester concentrée. D'autres vont préférer les surligner en couleur ou simplement les souligner. Les mots entourés sont ceux qui permettent de cerner le problème ou enjeu lui-même ou qui fournissent des indices ou des arguments quant à leur résolution.

EXEMPLE D'ANNOTATIONS À LA LECTURE

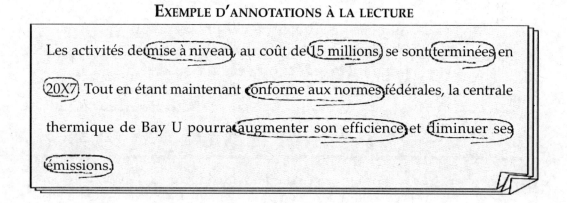

Dans ce paragraphe, l'expression « mise à niveau » est importante, car cela signifie qu'on a remplacé ou rehaussé les actifs vers une version plus perfectionnée. Cela positionne l'enjeu à discuter, à savoir s'il s'agit d'un entretien ou d'une amélioration. L'ampleur du coût de « 15 millions » justifie certainement l'importance du sujet. De plus, puisque les travaux sont « terminés en 20X7 », cela signifie qu'il s'agit d'un nouveau sujet de la période courante. Notons ensuite que le fait d'être « maintenant conforme aux normes » est un argument favorisant l'inscription des coûts en résultat net – du moins en partie – puisqu'il a fallu les encourir pour respecter les normes gouvernementales. Les changements étaient devenus nécessaires pour continuer les opérations. Par contre, le fait « d'augmenter l'efficience » et de « diminuer les émissions » sont des arguments en faveur de la comptabilisation à l'actif.

L'exemple précédent attire l'attention sur un fait significatif : le cas contient de nombreux indices à utiliser dans la réponse, à titre d'argument, de justification et parfois même de recommandation. Dans cet exemple, on trouve deux idées allant dans le sens de la comptabilisation à l'actif. Malheureusement, les candidats ne se rendent pas suffisamment compte de toute la richesse de l'information qui se trouve dans l'énoncé d'un cas. Si ce n'est pas déjà fait, cela devrait vous convaincre une fois pour toutes de la nécessité de faire une lecture attentive et active du cas, de relever tous les indices pertinents et d'établir des liens entre eux. La réponse présentée n'en sera que davantage intégrée au contexte particulier de l'entreprise à l'étude.

POINT DE VUE

Afin de rendre les annotations efficaces, je vous suggère de lire un paragraphe en entier (ou plus rarement de le séparer en parties) avant d'entourer les mots importants. Cela vous permet de prendre un peu de recul pour vous demander ce qui est réellement important parmi toute l'information fournie. Les candidats qui soulignent ou surlignent au fur et à mesure qu'ils lisent ont tendance à trop en mettre. Si tout est encerclé ou marqué en rose, à quoi servent vos annotations?

Dans le but d'acquérir une compréhension complète de la manière d'annoter un cas, vous trouverez ci-dessous d'autres exemples d'annotations à la lecture.

> Au cours des derniers mois, le prix des actions de Réacto a chuté d'environ 20 %. Pendant la même période, l'indice boursier du marché a grimpé d'environ 3 %.

La « chute » des actions est un aspect important à relever puisqu'elle signifie que les investisseurs évaluent subitement et négativement la performance de Réacto. Dans ce paragraphe, les « pourcentages » permettent de souligner davantage la contre-performance de Réacto face au marché. Le chiffre « 20 % » vient signaler son importance.

> Aux fins du présent contrat, le chiffre du résultat (bénéfice net) n'a pas à être identique à celui calculé selon les normes comptables ou à celui qui sert au calcul des impôts exigibles.

La référence au « contrat » rappelle au candidat qu'il doit en suivre les clauses dans la résolution de chaque sujet. La mention d'un chiffre qui « n'a pas à être identique » est majeure ici, car cela signifie qu'on peut et qu'on va probablement arriver à un chiffre différent de celui de l'état des résultats (« normes comptables ») et de la déclaration fiscale (« impôts exigibles »).

> Par ailleurs, la sécurité du système d'information de gestion pose un réel problème. Il y a eu accès non autorisé à certains fichiers du serveur et des renseignements confidentiels ont été obtenus par l'intermédiaire du système de courrier électronique.

28 Ici, le texte précise clairement que le problème se situe sur le plan de la « sécurité » du système d'information de gestion. Nul besoin de sortir de ce sujet et de discuter des divers rapports générés par ce système, par exemple. La nature « confidentielle » des renseignements qui ont été obtenus est un indice du fait qu'il s'agit d'un problème ou enjeu important. La source de l'« accès non autorisé » au système est précisée et concerne le « courrier électronique ». L'analyse et les éventuelles recommandations devront donc essentiellement porter sur la transmission des courriels à l'interne et à l'externe. Il n'est donc pas nécessaire de traiter de tous les types de contrôle d'accès à un système informatique.

> Notre organisme de charité ne sait plus où il en est. Avec la baisse prévue des subventions de l'État, nous ne savons pas combien de temps l'organisme va pouvoir opérer. Faites vos calculs et n'oubliez pas que toute suggestion sera la bienvenue.

Savoir de « combien de temps » on dispose est un aspect important. Les calculs devront donc mener à une réponse claire, à savoir le nombre de semaines ou de mois pendant lesquels l'organisme peut encore opérer. Les « calculs » seront vraisemblablement des flux de trésorerie, car on réfère à la continuité de l'organisme. Ils devront tenir compte du fait que les sommes à recevoir de l'État seront réduites (« baisse anticipée »), peut-être après avoir émis une hypothèse quant à l'ampleur de cette réduction. Finalement, il faudra présenter une liste de « suggestions » afin d'améliorer la situation financière de l'organisme.

> Après maintes discussions et réunions entre les deux parties, le prix d'achat de Biblo a été fixé à 50 millions plus quatre fois le résultat (bénéfice net) moyen des années 20X5 et 20X6.

Il n'est pas évident ici d'entourer les mots importants, car il s'agit d'une phrase clé du cas, où la dernière partie mérite presque d'être entièrement entourée. Le terme « fixé » doit être relevé, car il signifie que les deux parties sont d'accord. Le candidat n'a donc pas à discuter d'autres possibilités de calcul du prix de vente. Il faudra suivre précisément les modalités prévues et s'attarder à tout élément ayant un impact important sur les résultats (bénéfices) de « 20X5 » et de « 20X6 ».

> Le coût d'approvisionnement de la matière première est en moyenne de
>
> 1 000 $ la tonne. Toutefois, pour la division de l'Ouest, ce coût est de 800 $
>
> compte tenu du contrat d'approvisionnement signé l'an dernier.

Le « 1 000 $ » est important à souligner, car il sera utile lors des calculs, tel celui de la contribution marginale. Le fait que ce soit « par tonne » est un indice à relever. Si la plupart des informations sont exprimées en tonnes, cela signifie que les calculs de la solution devront être effectués en tonnes. De plus, le fait de savoir que la « division de l'Ouest » bénéficie d'un coût inférieur est une information pertinente si l'on doit effectuer des comparaisons entre les divisions, par exemple. L'idée de signer un « contrat d'approvisionnement » est à retenir, car elle a permis de faire des économies. Cela pourrait devenir un argument qualitatif ou faire l'objet d'une recommandation.

> Depuis quelques mois, la société effectue autant de ventes à des particuliers
>
> qu'à des entreprises. Cette année, l'auditeur a procédé à une confirmation
>
> des comptes clients des particuliers. Son échantillon a été exclusivement
>
> constitué de comptes dûs depuis moins de 30 jours.

Les termes « quelques mois » et « autant de ventes » signalent qu'il y a eu un changement récent dans la composition des ventes, ce dont il faut tenir compte dans la planification de l'audit. On mentionne que seuls les comptes « des particuliers » ont été confirmés, ce qui signifie que ceux des entreprises ne l'ont pas été. Il importe donc de retenir que, dans un cas, **ce qui n'est pas écrit n'est pas fait**. On remarquera que seuls les comptes de « moins de 30 jours » ont été confirmés. Cependant, ceux de plus de 30 jours sont tout aussi importants et même davantage, puisque leur recouvrement est moins assuré.

Dans tous les exemples ci-dessus, j'ai insisté sur l'importance de lire le cas objectivement, c'est-à-dire sans prêter aux mots une signification qu'ils n'ont pas. Ainsi, je m'en tiens à ce qui est écrit : noir sur blanc. Par exemple, je ne peux pas dire que « la baisse anticipée des subventions » signifie automatiquement « une baisse anticipée des revenus de dons ». Sans indice, ce serait tout simplement de la spéculation. De même, si des « activités de mise à niveau » ont eu lieu à la centrale Bay U, je ne dois pas en déduire que les autres centrales devront assurément encourir les mêmes coûts et discuter de la comptabilisation d'une provision pour restructuration.

La lecture d'un cas ne se fait pas « entre les lignes ».

Faire des annotations dans les marges

En plus d'entourer les mots importants, je me sers des marges afin de situer le paragraphe. J'utilise la marge de gauche dans un objectif de classement. J'y indique à quelle partie de la demande ou du travail à faire se rapporte l'information du paragraphe. Dans la marge de droite, j'identifie succinctement le sujet du paragraphe en question. Lorsque des idées de résolution du problème ou enjeu me viennent à l'esprit, je me garde de les écrire sur le cas lui-même. Quand je crains de les oublier, je les écris dans l'aide-mémoire ou sur une page distincte (brouillon) que je remettrai avec la réponse du cas. Ne perdons pas de vue que nous en sommes encore à l'étape de la lecture.

**Les annotations doivent être succinctes
et permettre le repérage rapide de l'information.**

Voici plusieurs exemples illustrant les annotations dans les marges.

EXEMPLES D'ANNOTATIONS DANS LES MARGES

Marge de gauche	Énoncé du cas	Marge de droite
compt. - fisc. - audit imp. - 25 % actif	Les activités de mise à niveau, au coût de 15 millions, se sont terminées en 20X7. Tout en étant maintenant conforme aux normes fédérales, la centrale thermique de Bay U pourra augmenter son efficience et diminuer ses émissions.	mise niveau (actif?)
financ. qual. risque audit	Au cours des derniers mois, le prix des actions de Réacto a chuté d'environ 20 %. Pendant la même période, l'indice boursier du marché a grimpé d'environ 3 %.	prix des actions

Marge de gauche	Énoncé du cas	Marge de droite
calcul redev.	Aux fins du présent contrat, le chiffre du résultat (bénéfice net) n'a pas à être identique à celui calculé selon les normes comptables ou à celui qui sert au calcul des impôts exigibles.	≠ normes ≠ impôt
quest. 2c		
contrôle interne enjeu opér.	Par ailleurs, la sécurité du système d'information de gestion pose un réel problème. Il y a eu accès non autorisé à certains fichiers du serveur et des renseignements confidentiels ont été obtenus par l'intermédiaire du système de courrier électronique.	sécurité SIG
flux : quant. qual.: liste sugg. question ii)	Notre organisme de charité ne sait plus où il en est. Avec la baisse prévue des subventions de l'État, nous ne savons pas combien de temps l'organisme va pouvoir opérer. Faites vos calculs et n'oubliez pas que toute suggestion sera la bienvenue.	baisse des subv.
calcul prix quant. enjeu strat.	Après maintes discussions et réunions entre les deux parties, le prix d'achat de Biblo a été fixé à 50 millions plus quatre fois le résultat (bénéfice net) moyen des années 20X5 et 20X6.	50M + 4x rés. (bén.) 20X5 et 20X6
analyse de rentabilité div. Ouest	Le coût d'approvisionnement de la matière première est en moyenne de 1 000 $ la tonne. Toutefois, pour la division de l'Ouest, ce coût est de 800 $ compte tenu du contrat d'approvisionnement signé l'an dernier.	coût d'approvis. mat. prem.
éval. audit rapport à l'associée	Depuis quelques mois, la société effectue autant de ventes à des particuliers qu'à des entreprises. Cette année, l'auditeur a procédé à une confirmation des comptes clients des particuliers. Son échantillon a été exclusivement constitué de comptes dûs depuis moins de 30 jours.	confirm. des clients

Évidemment, il faut annoter l'énoncé du cas avec efficience. Ainsi, une simple accolade pour deux ou trois paragraphes qui présentent les mêmes caractéristiques peut suffire. Si l'une des annexes ne se rapporte qu'à une seule demande ou ne présente qu'un seul sujet, il ne sera pas nécessaire de réécrire la même chose dans la marge de chaque paragraphe. Il faut être efficient et s'adapter à la situation. Vous pouvez naturellement décider d'abréger davantage les mots que ce qui est présenté dans le tableau ci-dessus. Par exemple, « rent. » peut facilement remplacer « rentabilité » et « $ » ou « calc. » peuvent faire référence au « quant. ». Les annotations ne sont utiles à personne d'autre qu'à vous-même. Il faut tout simplement que vous soyez capable de reconnaître les abréviations, les termes et les symboles utilisés!

Certains candidats ont une façon bien personnelle de faire leurs annotations. Ils vont, par exemple, inscrire « WOW » à côté d'une phrase qui mérite une attention particulière ou inscrire d'autres signes, tels « ! », « +/- », « * » ou « ? ». Finalement, certains termes clés sont également efficaces pour annoter un texte : « biais », « conflit », « louche », « manque d'objectivité », « faiblesse », « risqué », « impossible », « à changer », « erroné », « pas clair », etc. Pour être vraiment utiles, les notes en marge doivent être courtes et claires.

> **Les annotations ne sont utiles qu'au candidat lui-même;**
> **il les personnalise de façon**
> **à ce qu'elles soient significatives pour lui.**

Comme l'illustrent les exemples ci-dessus, la marge de gauche sert principalement à signaler la nature de la demande à laquelle le texte se réfère. Vous avez probablement déjà constaté qu'un paragraphe peut contenir de l'information utile à deux aspects différents. Ainsi, la baisse du prix des actions de Réacto est à considérer dans l'analyse du financement et dans la détermination du risque d'audit. Vous devez bien sûr relever tous les aspects auxquels l'information d'un paragraphe peut être utile. Les annotations ont donc pour tâche de classer ou de faire un tri préliminaire de l'information. Il est alors plus facile de revenir ultérieurement au texte (y compris celui des annexes) et de repérer tous les paragraphes qui touchent la même demande ou le même sujet.

Voici des exemples d'annotations que j'utilise comme points de repère.

POINTS DE REPÈRE POUR LA CLASSIFICATION DE L'INFORMATION

Annotations	Explications
problème – enjeu	À l'étape de la lecture, l'identification du problème ou enjeu concerné par le texte sera clairement un atout. Par exemple, on peut inscrire « risque » dans la marge de tous les paragraphes qui contiennent des éléments d'information sur ce sujet. Lorsque viendra le temps de la rédaction, un simple coup d'œil aux annotations vous permettra de retracer rapidement les faits du cas à intégrer dans l'analyse sur le risque.

Annotations	Explications
quantitatif – qualitatif	En relevant tous les aspects quantitatifs ou qualitatifs d'un même sujet, il est plus facile de regrouper l'information quand vient le temps de résoudre un cas. Lors du calcul de la valeur des actions, par exemple, cela aide à ne pas oublier de tenir compte de toutes les données disponibles. Il en sera de même des facteurs qualitatifs, avantages et inconvénients, à considérer dans la décision de vendre une division.
passé – futur	La séparation entre l'information expliquant la situation actuelle et celle ayant trait au futur permet de mieux analyser chaque aspect demandé. Ainsi, l'identification des changements prévus dans le futur facilitera la préparation d'un état prévisionnel. De même, l'analyse financière de la dernière année sera plus rapide si tous les éléments d'information relatifs à cette période sont identifiés comme tels.
important – de moindre importance	Il m'apparaît essentiel de relever dès que possible – à la lecture – l'importance d'un problème ou enjeu à traiter. En établissant très tôt qu'un aspect n'est pas important, on pourra plus rapidement l'écarter lors de la rédaction. J'utilise également les signes « + » ou « +++ », « – », et « +/– » afin de faciliter le classement éventuel des sujets par ordre d'importance. Régulièrement, le calcul d'un pourcentage, selon le résultat (bénéfice net) par exemple, sert de guide à l'évaluation de l'importance d'un sujet.
bénéfice – flux	L'information nécessaire à la préparation de l'état des résultats et de l'état des flux de trésorerie n'est pas totalement la même. Il est donc utile d'inscrire l'effet ou l'absence d'effet (ex.: ≠ flux) de l'information sur chacun d'eux. Comme ces deux états ne servent pas les mêmes objectifs, il est souvent nécessaire de les aborder dictinctement dans la solution.
période – année	Cela permet d'établir précisément à quelle période se rapporte l'information. Il est plus facile, par exemple, de saisir si l'information fournie est pertinente ou non à l'audit de la période courante. De même, on distinguera mieux quelle est l'information à considérer dans la détermination d'un prix de vente ou du montant à réclamer à l'assureur.
nom de l'entreprise, de la division, du pays	Il arrive que le texte ou les annexes contiennent quantité d'informations, parfois pêle-mêle, sur diverses entreprises ou divisions. La spécification de l'entité concernée permet de séparer plus clairement chacune d'entre elles. Très souvent, la résolution d'un problème ou enjeu doit être structurée par entreprise, division ou pays.

Annotations	Explications
stratégique – opérationnel	Certains cas ont cette particularité d'exiger des candidats qu'ils classent un problème ou enjeu comme étant stratégique ou opérationnel. Il m'apparaît donc indispensable que le candidat cerne la nature de l'enjeu dès la lecture afin d'en tenir correctement compte dans son plan de réponse. À cette annotation, le candidat devrait également ajouter l'importance de l'enjeu. Malheureusement, bien des candidats croient que « stratégique » va de pair avec « important » et que « opérationnel » va avec « secondaire ». Il faut tout d'abord définir le type d'enjeu dont il s'agit pour ensuite classer tous ceux qui sont du même type par ordre d'importance.
force – faiblesse – possibilité – menace (FO – FA – PO – ME) (FFPM)	Certains cas exigent la présentation d'une analyse des forces – faiblesses – possibilités – menaces de l'entreprise étudiée. Le candidat peut donc les repérer dès la lecture afin de faciliter la rédaction ultérieure de sa solution.
séparation en parties	Il arrive parfois qu'il y ait deux rapports à rédiger dans un cas. Par exemple, le 1er rapport peut s'adresser au client alors que le 2ème s'adresse au supérieur immédiat. Il arrive aussi que le travail à effectuer soit séparé en parties, nommées a), b), c), etc., ou 1er, 2e, 3e scénario, etc. Naturellement, la rédaction de votre solution sera facilitée si l'information à utiliser dans l'une ou l'autre des parties est identifiée dès la lecture.

Le tableau précédent explique les annotations que j'utilise le plus souvent. Bien sûr, elles ne s'appliquent pas intégralement à tous les cas. D'ailleurs, il faut être raisonnable dans le choix des annotations pour ne pas surcharger les marges et s'y perdre. Il faut donc s'adapter à la situation. Comme chacun des cas est distinct, il peut certainement arriver qu'un autre système de classement soit approprié. On pourra, par exemple, inscrire les termes « pour – contre » ou « AV. – INC. » si l'on sait qu'il faudra structurer l'analyse qualitative de cette façon. Il arrive aussi que plus d'une annotation soit nécessaire au même paragraphe. Par exemple, on peut trouver ensemble les annotations « 20X7 » et « bénéfice imposable », ou encore, « flux » et « futur ». En fait, comme les cas sont tous différents, plusieurs possibilités existent. Le but ultime est d'annoter les nombreux éléments d'information de manière à pouvoir rédiger votre réponse plus rapidement et de façon plus efficiente.

Lorsque les annotations du texte et des annexes sont terminées, je reviens à la Table des matières des annexes du cas, s'il y en a une. J'en annote parfois la marge de gauche afin de faciliter toute référence ultérieure. Il m'arrive d'y mettre des accolades et d'y inscrire « passé », « flux », « vendeur », etc. Cela me permet de prendre du recul pour porter un dernier regard sur l'ensemble de l'information disponible et préciser de nouveau à quel problème ou enjeu cela peut servir. En outre, je survole une dernière fois les titres et les sous-titres de tout l'énoncé du cas.

> **Les annotations servent à classer l'information fournie
> d'une manière qui facilitera la résolution
> de chacun des problèmes ou enjeux du cas.**

En cours de lecture, il m'arrive aussi de faire un très court calcul dans l'aide-mémoire ou sur une feuille de brouillon. Ainsi, je vais calculer le fonds de roulement à la lecture de l'état de situation financière (bilan) si je sais que le créancier exige un minimum à ce ratio, ou encore, je vais calculer le nombre d'actions votantes supplémentaires qu'il y aura lorsque les détenteurs d'actions préférentielles (privilégiées) auront converti leurs actions. Ce sont de courts calculs qui m'aident à mieux comprendre l'information du cas et à mieux cibler les problèmes ou enjeux.

Aide-mémoire

La présente section concerne la préparation d'un aide-mémoire et de feuilles de brouillon au fur et à mesure de la lecture d'un cas. Il faut comprendre qu'un candidat annote le texte lu, tel que décrit dans la section précédente, et qu'il construit son aide-mémoire en même temps. En conséquence, afin d'éviter que cela prenne trop de temps, rappelez-vous que les annotations écrites sur le cas lui-même doivent être succinctes.

La discussion qui suit sera séparée en deux parties afin de tenir compte des particularités liées à la longueur d'un cas. Pour les cas plus longs, soit ceux d'une durée de 4 ou 5 heures, la préparation d'un aide-mémoire m'apparaît indispensable. Quant aux courts cas (20 à 40 points – 48 minutes à 96 minutes), l'aide-mémoire n'est pas nécessaire puisque l'information à lire tient sur peu de pages et peut donc être facilement retenue. Selon les circonstances, on pourra tout de même préparer une ou plusieurs feuilles de brouillon.

Je désire suggérer au lecteur de ce volume de lire au moins une fois l'entièreté de la discussion portant sur l'aide-mémoire, peu importe le type de cas auquel il fera face. Ainsi, même si un candidat prévoit simuler seulement de courts cas pendant un moment, il y apprendra des façons utiles de classer l'information lue. À la relecture de ce volume, il pourra directement se rendre à la section intitulée « Lire de courts cas ».

Lire de longs cas

La discussion présentée dans les prochains paragraphes porte sur la préparation de l'aide-mémoire et concerne essentiellement la rédaction de longs cas, soit ceux d'une durée de 4 ou 5 heures. Plusieurs programmes en sciences comptables exigent la simulation de cas de cette longueur, peu importe l'Ordre professionnel choisi par l'étudiant.

Voici les aspects à considérer lors de la préparation d'un aide-mémoire.

Classer l'information afin de faciliter la rédaction

L'aide-mémoire sert à classer l'information afin de faciliter la rédaction ultérieure de la réponse. Il doit être structuré et préparé de manière efficiente, c'est-à-dire d'après la demande. Je regroupe donc au même endroit toutes les informations nécessaires à l'analyse de chacun des problèmes ou enjeux. Je place rarement plus de deux ou trois sujets par page et, lorsque je rédige à la main, je préfère tourner la feuille dans l'autre sens (orientation paysage) pour y tracer deux ou trois colonnes. Chacune des sections de l'aide-mémoire correspond à un problème ou enjeu à résoudre. Les titres et les sous-titres de la réponse sont donc en partie déterminés au fur et à mesure de la lecture du cas. Cette structure vous aidera à établir votre plan de réponse.

POINT DE VUE

À l'heure actuelle, bon nombre d'examens universitaires ou professionnels doivent être rédigés sur des feuilles de format « juridique » (ou « *legal* ») (8½ x 14 po. ou 21,59 x 35,56 cm). Je vous suggère donc fortement de commencer dès que possible à simuler vos cas sur des feuilles de cette grandeur, en écrivant seulement au recto.

Dans d'autres circonstances, la résolution de cas peut se faire à l'ordinateur, et on utilise alors des feuilles de format « lettre » (8½ x 11 po. ou 21,59 x 27,94 cm). Si telle est la façon de procéder, vous devez évidemment vous pratiquer dès que possible à résoudre vos cas directement à l'écran. Il vous faudra parvenir à maîtriser parfaitement les commandes et raccourcis de base (ex.: « copier/coller » ou « couper/coller », annulation de la dernière frappe) et les fonctions de base (ex.: somme, moyenne). L'objectif est de garder toute votre concentration sur la rédaction d'une réponse adéquate.

Puisque l'aide-mémoire et les feuilles de brouillon feront partie intégrante de votre réponse, vous devez les préparer en suivant les consignes du cas auquel elles se rapportent. Ainsi, lorsque le cas est résolu à l'ordinateur, les « feuilles de travail » sont habituellement construites directement à l'écran. Cela permet au candidat de les remettre avec la réponse pour que leur contenu soit également évalué par le correcteur.

Naturellement, rien n'empêche un candidat d'utiliser le papier afin d'établir le diagramme des entreprises du cas, de dessiner une ligne de temps ou de pouvoir visualiser le cheminement d'un document comptable, par exemple. Dans ces circonstances, cela offre une meilleure vue de l'ensemble de l'information tout en minimisant les va-et-vient constants entre l'énoncé du cas et l'écran. Dans la situation où le cas est résolu à l'ordinateur, il peut arriver que l'on accepte que les « feuilles de travail » manuscrites fassent partie de la réponse. À vérifier!

Je sais que certains candidats écrivent en très petits caractères ou utilisent un format de petite taille afin de placer beaucoup d'éléments d'information dans l'espace restreint d'un aide-mémoire. Ils remplissent ainsi plusieurs « cases ». Je n'ai naturellement rien à reprocher à cette façon de procéder, pourvu que le candidat s'y sente à l'aise et qu'il ne perde pas de temps à retrouver l'information en cours de rédaction. Il ne faut également pas oublier que le contenu doit être lisible et compréhensible pour le correcteur.

Je prévois toujours une colonne « Autres » ou « Divers » dans l'aide-mémoire afin d'y inscrire l'information qui n'entre dans aucune catégorie et que je ne peux pas, pour l'instant, classer comme étant mineure ou négligeable. Comme la lecture n'est pas terminée, il ne faut pas mettre de côté un indice du cas qui peut devenir pertinent ultérieurement. À l'état de situation financière (bilan), par exemple, on peut remarquer que les comptes clients ont doublé depuis l'an dernier, mais que l'estimé des créances douteuses est demeuré le même. Bien que l'on puisse noter cette information, il est difficile d'en évaluer l'utilité sur le moment. Elle prendra son sens quand, quelques pages plus loin, le contrôleur mentionnera que la société a relâché ses exigences quant à la qualité du crédit de ses clients. C'est à ce moment-là qu'on précisera le problème ou enjeu à discuter. Cela ne sera pas évident au début, mais au fil des simulations, vous apprendrez à reconnaître ces informations susceptibles d'être utilisées dans la discussion d'un problème ou enjeu amené plus tard.

Je prévois également une section « Particularités », que plusieurs candidats appellent « Contexte ». J'y indique les éléments, relevés au cours de ma lecture, qui ne sont pas des problèmes ou enjeux comme tels, mais qui sont susceptibles d'influer sur la rédaction de la réponse. Les objectifs des utilisateurs, les caractéristiques et facteurs clés de succès du secteur d'activité, le fait que ce soit une société ouverte ou une entreprise à capital fermé ainsi que le type de gestion de la direction en sont des exemples.

**La séparation de l'aide-mémoire
en fonction des problèmes ou enjeux à résoudre
facilite grandement l'établissement du plan de réponse.**

Depuis le début, je vous suggère de structurer l'aide-mémoire selon la demande, c'est-à-dire les problèmes ou enjeux à résoudre. Je n'ai certainement pas changé d'avis! Or, certains candidats utilisent d'autres approches, que je présente et commente ci-après.

EXEMPLE **A**

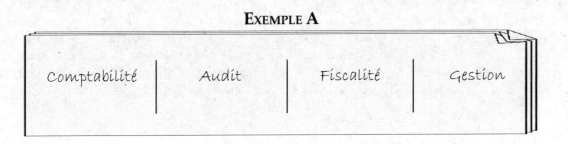

| Comptabilité | Audit | Fiscalité | Gestion |

38 Cet aide-mémoire en quatre colonnes qui s'étendent sur plus d'une page va, à mon avis, à l'encontre même d'un des objectifs majeurs de la rédaction d'un cas. En effet, l'intégration des diverses matières entre elles est un des aspects clés visés par l'apprentissage. Dans la résolution d'un cas, on doit discuter des problèmes ou enjeux, telle la valorisation des placements, et non de chacune des matières au programme. Toute l'information sur un même sujet doit donc se trouver au même endroit. Si vous devez traiter de la dépréciation des placements, il sera certainement plus difficile d'en couvrir les divers aspects – comptabilité, audit, fiscalité – si l'information nécessaire à l'analyse est éparpillée dans plusieurs sections ou colonnes. Cette forme d'aide-mémoire est donc susceptible d'augmenter le temps nécessaire à la rédaction. De plus, le candidat peut facilement oublier d'aborder, de manière intégrée, les divers aspects d'un même sujet puisqu'ils ne sont pas regroupés ensemble. Finalement, il va de soi que les cas ne requièrent pas tous une discussion de ces quatre matières lorsque le rôle majeur est, par exemple, d'agir à titre de conseiller en gestion ou de contrôleur. En utilisant cette structure, le candidat peut penser, à tort, qu'il doit à tout prix parler de chacune d'entre elles.

Les commentaires ci-dessus s'appliquent également à l'aide-mémoire construit à partir d'indicateurs de référence d'un programme donné : Gouvernance, stratégie et gestion des risques – Mesure de la performance et information – Certification – Éthique – Finance (Gestion financière) – Prise de décisions de gestion – Fiscalité. Encore une fois, ce genre d'aide-mémoire axé sur les matières ou sur les indicateurs au programme peut biaiser la rédaction de la réponse. Le candidat n'a pas nécessairement à discuter de tous les indicateurs de référence dans la résolution de tous les cas (court ou long). Il doit s'assurer de couvrir tous les aspects imposés par la demande, ce qui signifie, par exemple, que le thème de la gouvernance n'a pas à être automatiquement abordé dans tous les cas. Bref, il faut considérer les informations disponibles, de manière intégrée, mais s'en tenir essentiellement au travail à faire.

EXEMPLE B

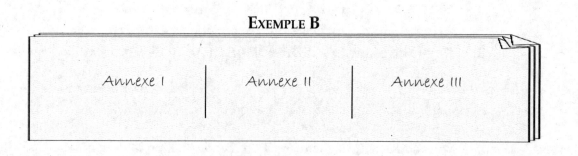

Dans ce genre d'aide-mémoire, il y a une colonne ou une page par annexe fournie dans le cas. L'information est ainsi regroupée en fonction de l'annexe d'où elle provient. Je ne suis vraiment pas d'accord avec cette façon de procéder, qui est tout au plus un résumé du cas. Comment retrouver l'information sur les placements si celle-ci est répartie dans trois annexes? À la lecture de l'énoncé d'un cas – texte et annexes –, je suis d'avis qu'il faut faire davantage que lire et résumer : il faut évaluer et structurer l'information de manière à faciliter la rédaction ultérieure. Plus la lecture d'un cas progresse et plus le candidat doit avoir une idée précise des problèmes ou enjeux à discuter, ainsi qu'un aperçu de la manière dont il va les résoudre.

EXEMPLE C

Société A	Société B	Société C

EXEMPLE D

Acheteur	Vendeur

EXEMPLE E

20X2	20X3	20X4

La classification présentée dans les exemples C, D et E n'est pas totalement à rejeter, mais ne répond que partiellement aux besoins. Un titre de colonne tel « 20X3 » ne veut pas dire grand-chose en soi. Il en va de même pour les entreprises, divisions, pays, produits ou personnes impliquées. Notons toutefois qu'il peut être utile de séparer une section de l'aide-mémoire en parties. Ainsi, après avoir identifié le problème de l'insuffisance de trésorerie, vous pouvez souhaiter en séparer le contenu de la manière suivante : « division A – division B ». L'enjeu de l'évaluation de la rentabilité peut, quant à lui, être séparé comme suit : « produit x – produit y – produit z ».

Examinons maintenant l'une des pages d'un aide-mémoire (présenté à la page suivante) élaboré lors de la rédaction d'un long cas de 4 ou 5 heures.

Voici ce qu'il faut retenir de cet exemple.

℘ Le problème ou enjeu est bien identifié en haut de chaque colonne, ce qui nous permet de regrouper ensemble toute l'information sur un même sujet. À mon avis, cela favorise une approche beaucoup plus intégrée dans la résolution du cas. Dès qu'il est identifié, l'axe de la demande, tel le calcul du prix de rachat, devrait être écrit puisqu'il s'agit d'un guide pertinent à la rédaction.

Il arrive régulièrement qu'un problème ou enjeu requiert la discussion de plus d'un aspect. Ainsi, dans l'exemple, il est demandé de traiter de la minimisation de l'impact fiscal pour M. Platine lors du rachat des actions. Comme il s'agit d'un aspect pour lequel peu d'indices existent dans le cas, il est acceptable d'inclure ce sujet dans la même colonne que le rachat lui-même. Nous pourrions appliquer, par exemple, la même logique à la fiscalité liée aux diverses questions comptables. Il est souvent plus simple et approprié de regrouper au même endroit l'information sur la comptabilité et la fiscalité d'un même sujet.

Lecture d'un cas

EXEMPLE D'AIDE-MÉMOIRE

Analyse de l'investissement dans la technologie CLC	Discussion des questions comptables	Rachat des actions de M. Platine
durée 4 ans (p. 3-2)	résultat (bénéfice) 20X5: 500 M. (annexe II)	Annexe V
politique: délai de récupération maximum 3 ans (p. 15-3)	produits: (p. 9-4) client veut compt. à sign. du contrat secteur à la livraison (p. 19-4)	retraite au 30 septembre 20X5 (p. 2-2)
quant.: données annexe III	++ frais de dévelop.: actif pour techno CLC (p. 9-1)	axe: prix = valeur aux livres + plus-value sur les immob. corporelles
coûts de renonciation: équip.? (p. 11-3)	décomptabilisation produits déclin (p. 10-4) (p. 18-3)	immob. incorporelles? frais de dév.? brevet? (p. 10-1)
taux d'int. de l'emprunt à 8 % (p. 15-2)	peu d'amortissement (rés.) DPA rapide, impôts différés (futurs)?	impact fiscal: dividende? gain en capital?
qual.: forces: nouvelle techno (p. 12-1)	sujets compt. annexe II	PBR 1 000 $ (p. 17-2)
réseau distrib. déjà en place (p. 2-4)	dépréciation clients (18 %: 20X5, 4 %: 20X4)	minimiser l'impact fiscal M. Platine: répartition sur plusieurs années?
faibl.: concurrence peut rattraper rapidement (p. 13-6)	+/- publicité 40 000 $	alloc. de retraite? p. 16-4 - REÉR
financement annexe IV	compt. passif éventuel	*** en tenir compte dans l'analyse du financ.
considérer rachat actions (annexe V)	brevet non amorti? (voir ÉF)	

L'importance de certains sujets peut être signalée dans l'aide-mémoire lorsqu'elle ressort clairement à la lecture. Ainsi, la comptabilisation des frais de développement est essentielle « ++ » dans cette société de haute technologie. Par contre, la publicité semble un sujet de moindre importance, d'où la mention « +/− ». Quel que soit le signe retenu, il vous aidera à déterminer l'importance du sujet lors de la planification de la réponse. On pourrait également utiliser un astérisque, un trait de couleur ou tout autre symbole de votre choix.

POINT DE VUE

En examinant bien l'exemple d'aide-mémoire que je vous ai présenté, vous avez peut-être remarqué la mention du résultat (bénéfice) au début de la colonne portant sur les questions comptables. Cela pourra éventuellement vous aider à classer les divers sujets par ordre d'importance. C'est un truc que j'utilise chaque fois. Selon les circonstances, les produits des activités ordinaires (normales) (ex.: si pertes à l'état des résultats) ou le total de l'actif (ex.: si organisme sans but lucratif) deviennent la base de référence.

Les mots sont abrégés pour éviter des pertes de temps inutiles et pour aérer davantage les annotations. Puisque l'aide-mémoire est destiné essentiellement à votre usage personnel, la principale condition à remplir est de vous y retrouver. Vous pouvez donc – et devez – y utiliser plus d'abréviations que dans la réponse elle-même, laquelle est destinée au correcteur. D'ailleurs, les informations inscrites dans l'exemple fourni ici pourraient être davantage abrégées. Les mots de liaison (« *à* », « *de* », « *en* »), par exemple, peuvent être supprimés. Rappelez-vous simplement que l'aide-mémoire n'est pas l'endroit où réécrire le cas en détail. Clarté et concision sont les maîtres mots.

Il faut, en outre, laisser de l'espace entre les diverses annotations afin de pouvoir les compléter au fil de la lecture tout en gardant un texte aéré. Comme les informations sont souvent éparpillées dans le cas, d'autres idées ou références viennent fréquemment s'ajouter. Il est, je le rappelle, grandement préférable de trouver toute l'information sur un problème ou enjeu à un seul et même endroit de l'aide-mémoire. Pour ces raisons, il m'arrive très rarement d'en inscrire plus de deux sur la même page, sauf lorsqu'ils sont reliés entre eux ou qu'ils sont de moindre importance.

Les références sont clairement indiquées entre parenthèses afin que vous puissiez rapidement revenir à l'énoncé du cas pour rafraîchir ou compléter vos idées. Je fais référence à la page ainsi qu'au paragraphe, si cette page en contient plusieurs. À titre d'exemple, la référence « p. 15-2 » signifie que l'information se situe au 2e paragraphe de la page 15.

42 Il faut comprendre que cet exemple d'aide-mémoire est un peu plus visuel que d'habitude pour fins d'illustration des idées du présent volume. Par exemple, il n'est pas nécessaire de mettre le « p. » à chaque fois, et plusieurs mots peuvent être abrégés (ex.: « ann. » pour « annexe », « sept » pour « septembre »). Il n'est également pas nécessaire que tout soit parfaitement aligné, tels les éléments concernant les frais de développement. Personnellement, je conserve les parenthèses (ex.: « 1000 (17-2) »), car je désire distinguer les numéros de page des autres chiffres.

POINT DE VUE

Certains candidats utilisent plusieurs couleurs dans leur aide-mémoire. Ils écrivent par exemple la référence en rouge si cela provient des annexes, et en vert si cela provient du texte. Je ne vois pas en quoi une telle différenciation peut être utile, d'autant plus que cela exige davantage de temps. Un indice amenant la mise en doute de la continuité d'exploitation m'apparaît tout aussi valable, qu'il provienne du texte, de l'annexe III ou de l'annexe VI. De même, certains candidats écrivent les éléments de comptabilité en rouge, d'audit en bleu, de fiscalité en vert, etc. Encore une fois, en quoi cela peut-il être utile? Le classement de l'aide-mémoire selon les problèmes ou enjeux du cas me semble adéquat et suffisant.

L'aide-mémoire peut contenir quelques pistes de résolution des problèmes, telle la « répartition sur plusieurs années » du rachat afin de minimiser l'impact fiscal. Je dis bien des pistes, car ce n'est pas l'endroit où l'on peut commencer à résoudre un problème ou enjeu. Cela occasionnerait, à coup sûr, une perte de temps, tout en offrant probablement une réponse incomplète à la demande du cas. L'aide-mémoire facilite la rédaction de la réponse, mais ne la remplace pas.

L'aide-mémoire ou les feuilles de brouillon remis avec la réponse d'un cas sont habituellement lus par le correcteur. Ainsi, si la considération d'une « allocation de retraite » fait partie de l'évaluation, le correcteur pourra en tenir compte même si l'idée est simplement écrite dans l'aide-mémoire. Notez, cependant, que ce n'est tout de même pas chose courante qu'une idée non développée dans un aide-mémoire soit considérée dans la correction d'un cas et qu'elle fasse une différence dans l'évaluation. En revanche, il faut faire attention de ne pas tomber dans l'extrême et d'écrire dans l'aide-mémoire un trop grand nombre d'idées qui solutionnent les problèmes ou enjeux. En le faisant, on risque de se répéter plus tard, lors de la rédaction proprement dite. On peut certes inscrire quelques idées – les plus importantes ou celles que l'on craint d'oublier — mais cela doit demeurer à un nombre raisonnable.

La structure de l'aide-mémoire peut aider le candidat à ne pas oublier certains aspects d'un sujet. Ainsi, le fait d'inscrire « *quant. – qual.* » comme sous-titres au projet d'investissement vous rappellera qu'il faut traiter de ces deux aspects. Il en est de même du « *financement* » qui accompagne souvent ce sujet. Ainsi, la section prévue pour un problème ou enjeu donné peut être structurée de diverses manières, telles que « forces – faiblesses », « avant réorganisation – après réorganisation », « usine A – usine B », « acheteur – vendeur », « jeux électroniques – jouets éducatifs », « M. C – Mme S », etc., selon les besoins. À mon avis, l'important est que ce genre de structure se rattache à un sujet clairement identifié et qu'elle en permette une analyse plus complète.

Certains candidats se servent de l'aide-mémoire afin de minimiser un de leurs points faibles. Par exemple, si vous avez tendance à oublier de tenir compte de l'impact fiscal dans vos calculs, vous pouvez inscrire « fisc. » ou « *tax* » à des endroits stratégiques de l'aide-mémoire. Sans être nécessairement utile à chaque fois, ce genre d'annotation vous empêchera, à tout le moins, de refaire le même oubli.

    Il peut être pratique de se servir du point d'interrogation dans l'aide-mémoire, car on ne sait pas toujours ce qui devra être considéré dans la réponse. Le « *coût de renonciation de l'équipement* », par exemple, peut être ou non pertinent dans l'analyse de l'investissement. À la lecture du cas, il faut à tout le moins reconnaître cette possibilité afin de pouvoir la considérer ou l'écarter lors de l'élaboration de la réponse. En conséquence, il se peut que l'aide-mémoire contienne certaines informations qui ne seront pas nécessairement utiles dans votre réponse. C'est normal.

    Il arrive que l'aide-mémoire comprenne des idées qui se répètent ou qui sont mentionnées à deux endroits différents. Ainsi, à la rubrique « *financement* », on fait référence à la section « *rachat des actions* », et *vice versa*. On procède ainsi pour les sujets qui sont reliés entre eux. Quel que soit celui qui sera solutionné en premier, l'information disponible sera complète. À noter que, sur papier, de simples flèches peuvent tout aussi bien faire l'affaire.

Dans l'exemple présenté, j'ai inscrit l'information concernant le financement dans la même colonne que l'analyse de l'investissement. J'aurais très bien pu en faire une section à part puisqu'il s'agit d'un sujet certes relié, mais tout de même distinct. Cela aurait sans doute été préférable étant donné que deux problèmes ou enjeux de ce cas exigent d'avoir recours au financement, soit l'investissement dans la technologie CLC et le rachat des actions. Vous pouvez donc voir qu'il est parfois difficile d'évaluer, *a priori*, l'ampleur d'un sujet avant de construire l'aide-mémoire, d'où l'importance de se laisser suffisamment d'espace. De toute façon, je vous mentionne qu'il est généralement préférable de traiter du financement dans une section distincte.

Dans la résolution d'un cas, quel qu'il soit, il est important de relever les interrelations entre les différents problèmes ou enjeux. Pour vous rappeler l'existence d'un lien entre certains d'entre eux, des références ou des flèches peuvent facilement être ajoutées à l'énoncé du cas, à l'aide-mémoire ou sur toute feuille de brouillon.

L'aide-mémoire se prépare au fur et à mesure de la lecture du cas et se construit en fonction des problèmes ou enjeux relevés. La plupart d'entre eux découlent du travail à faire et sont souvent connus au début de la lecture. Évidemment, il arrive que l'on se rende compte, après quelques pages, de l'existence d'un sujet nouveau ou d'un problème ou enjeu implicite. Il se peut aussi qu'un sujet considéré *a priori* comme peu important devienne plus important au fil de la lecture, compte tenu des nouvelles informations. Au moment où l'on se rend compte de cette situation, il faut s'assurer d'avoir suffisamment considéré les informations lues précédemment, qui peuvent être pertinentes au sujet. Deux options sont alors possibles.

La première option est de revenir en arrière et de relire en diagonale tout le texte afin de trouver des éléments d'information liés au nouveau problème ou enjeu. On pourra ainsi retracer des indices confirmant la mise en doute de la continuité d'exploitation auxquels on ne s'était pas arrêté. Ils peuvent maintenant apparaître plus clairement une fois qu'on a identifié le problème ou enjeu implicite. Les mots encerclés et les annotations des marges peuvent être utiles dans ce processus. Personnellement, c'est de cette façon que je procède, car je préfère réaliser une mise à jour immédiate de l'aide-mémoire.

L'autre option, vous l'aurez deviné, consiste à terminer la lecture entière du cas avant de revenir au début et de compléter l'aide-mémoire. Cette option est également fort acceptable, sauf qu'elle exige l'identification de l'endroit où l'on a constaté l'existence du sujet à traiter à la première lecture. Le choix de l'une ou l'autre option dépend, à mon avis, de vos préférences personnelles. Alors, qu'est-ce qui vous empêche d'essayer les deux, puis de retenir celle qui vous convient le mieux ?

Le cas « en deux parties »

Il arrive que l'énoncé d'un long cas soit divisé en deux parties : un « document de base » remis quelques jours avant la simulation ou l'examen, suivi de « renseignements additionnels » fournis le jour même de la rédaction de la réponse. Compte tenu de cette particularité, il est clair que le candidat ne peut faire un aide-mémoire qui tiendrait compte de tous les indices fournis dans les deux documents. Ceci, en raison de la quantité accrue d'informations et parce que les problèmes ou enjeux sont, pour la plupart, révélés dans le deuxième document. De plus, bien que cela varie d'un cas à l'autre, le nombre d'enjeux différents peut être assez élevé, ce qui oblige le candidat à allouer davantage de temps à la rédaction de sa réponse. D'où la nécessité de minimiser le temps de lecture des « renseignements additionnels ».

Il est toutefois indispensable de retracer l'ensemble de l'information fournie pour chacun des problèmes ou enjeux majeurs. Deux approches s'offrent au candidat pour atteindre cet objectif.

La première approche consiste à préparer un aide-mémoire semblable à celui décrit précédemment en utilisant les enjeux les plus importants en tant que titres de colonne. Cet aide-mémoire sera créé au fur et à mesure de la lecture des renseignements reçus le jour de l'examen. Puisque le candidat a travaillé le document de base au cours des jours précédents, il le connaît bien et n'a donc pas à en réécrire le contenu dans l'aide-mémoire proprement dit. Il pourra aisément aller y chercher les informations nécessaires lors de la rédaction. De toute manière, l'essentiel des renseignements pertinents à la solution est habituellement remis au candidat le jour même de l'examen.

La deuxième approche consiste à développer un système d'annotations des marges assez détaillé pour repérer rapidement toute l'information sur un même sujet : type d'enjeu, niveau d'importance, aspects à traiter, etc. Selon cette approche, on ne construit pas d'aide-mémoire proprement dit. Je vous suggère toutefois d'écrire chacun des enjeux sur une feuille de brouillon afin d'en évaluer l'ensemble, de visualiser les interrelations, de les classer dans le bon ordre et de faciliter l'établissement du plan de réponse.

Les deux approches décrites ci-dessus sont valables. Il faut dire que la plupart des candidats utilisent la deuxième approche parce qu'elle libère davantage de temps pour la rédaction de la réponse. Dans un objectif d'apprentissage, je vous suggère tout de même d'essayer la première, en particulier lorsque vous êtes peu familier avec ce type de cas. D'ailleurs, il arrive bien souvent qu'une combinaison de ces deux approches soit utilisée. On peut, par exemple, construire un aide-mémoire (partiel) pour certains problèmes ou enjeux importants pour lesquels l'information est disséminée à plusieurs endroits dans l'énoncé du cas.

Lire de courts cas

Au tout début de la présente section, j'ai mentionné que l'on ne prépare pas d'aide-mémoire élaboré, tel l'exemple de la page 40, pour de courts cas (20 à 40 points – 48 à 96 minutes). C'est toujours vrai. D'une part, vous retenez plus facilement l'information puisque le texte de l'énoncé est moins long. Le nombre de problèmes ou enjeux y est plus restreint et il est plus facile de préciser à quoi se rapporte l'information du texte et des annexes. D'autre part, le temps limite qui est alloué à un court cas réduit grandement la possibilité de réaliser l'exercice. Il est alors d'autant plus essentiel d'inscrire les annotations appropriées dans les marges au fil de la lecture du cas.

On peut toutefois prendre des notes sur une page à part – brouillon élaboré au fil de la lecture ou feuille guide –, particulièrement pour les cas de 84 à 96 minutes (35 à 40 points). Une telle feuille de brouillon, qui relève les particularités du court cas, peut certainement faciliter la rédaction de votre réponse. Cela dépasse rarement une page ou deux. D'ailleurs, rappelons que la préparation de la page de présentation – Date, À, De, Objet –, indispensable pour tout cas, peut servir à la présentation des problèmes ou enjeux.

Voici des exemples de notes que l'on peut retrouver sur la feuille de brouillon d'un court cas.

- La réécriture du travail à faire et des éléments du texte expliquant la demande;

- Le dessin d'une ligne de temps retraçant les évènements clés;

- Une liste d'indices d'un problème ou enjeu implicite;

- Le rappel d'un élément clé, tel le désir d'obtenir une subvention (aide gouvernementale) pour un organisme sans but lucratif;

- Un résumé des parties en présence, de leurs objectifs ou de leurs biais;

- Un diagramme des diverses entreprises, divisions ou actionnaires;

- Une écriture de journal qui permet de comprendre le traitement comptable adopté par le client;

- Quelques idées succinctes de solution, si nécessaire (c'est mieux que de les écrire sur l'énoncé du cas!);

- Un avant-goût de l'ordonnancement des sujets selon leur importance.

46 Pour de courts cas, il existe tout de même certaines situations où il peut être utile de préparer un bref aide-mémoire – ou plutôt un peu plus qu'une seule feuille de brouillon. À ce moment-là, les références aux diverses informations sont simplifiées puisqu'un court cas se présente en moyenne sur cinq à sept pages et non sur une vingtaine, comme les longs cas de 4 ou 5 heures.

Il peut être utile de préparer un bref aide-mémoire quand, par exemple :

- Il est difficile de cerner les sujets à discuter.

- L'information concernant les problèmes ou enjeux est disséminée à plusieurs endroits.

- Il faut traiter de plusieurs aspects ou domaines distincts dans le même cas.

- Il est difficile de déterminer l'ordre d'importance des problèmes ou enjeux.

POINT DE VUE

Certains candidats font systématiquement un aide-mémoire pour tous les cas, quels qu'ils soient. Je ne crois pas que ce soit la bonne façon de faire. Plusieurs courts cas sont structurés d'une manière suffisamment claire pour qu'on puisse s'y retrouver rapidement et facilement. Par exemple, un cas demandant de suggérer des améliorations au contrôle interne présentera généralement une annexe énumérant les divers contrôles actuellement en place dans la société. Nul besoin de les répéter dans un aide-mémoire. Le temps d'un cas étant toujours limité, il faut l'utiliser judicieusement.

Planification de la réponse

Lorsque vous avez terminé l'étape de la lecture détaillée et active de l'énoncé d'un cas, il vous reste à planifier la réponse. Je vous recommande, en toutes circonstances, de vous accorder un temps de réflexion afin de structurer votre réponse et lui donner une direction bien précise. **L'établissement d'un plan de réponse** pendant ce temps d'arrêt maximisera vos chances de réussite. Cela ne veut pas dire que tous les éléments de solution sont connus, mais plutôt que les problèmes ou enjeux sont déterminés, puis classés par ordre d'importance, compte tenu du rôle à jouer et du travail à faire.

> **Pour un court cas et pour un long cas,**
> **il est essentiel d'établir un plan de réponse.**

Voici les aspects importants à considérer dans la planification de la réponse.

Se remémorer l'information concernant la demande du cas

Il est important de se remémorer toute l'information concernant la demande du cas en prenant le temps de relire, au besoin, le travail à faire, ainsi que les paragraphes qui l'expliquent. Si ce n'est déjà fait, l'axe de toute demande importante, compte tenu des problèmes ou enjeux, doit être identifié en feuilletant les annotations et l'aide-mémoire.

> L'une des faiblesses majeures des réponses proposées par les candidats est tout simplement de **passer à côté de la demande d'un cas**. Il est donc essentiel de se maintenir dans l'axe de cette demande, car il est dommage d'écrire pendant plus de 3 heures et de perdre son temps. Compte tenu de l'avancement de vos études en comptabilité, et après quelques simulations, croyez-moi sur parole, ce ne sont pas les idées qui manquent! Ce qui manque, par contre, ce sont les idées pertinentes! Et ce sont uniquement celles-là qui seront considérées dans l'évaluation, d'où la nécessité absolue de s'assurer autant que possible d'être sur la bonne voie dès le départ.

J'ai déjà mentionné précédemment que j'inscris toute l'information liée au travail à faire sur une seule page, que je relis régulièrement en cours de rédaction. En fait, la liste des principaux problèmes et enjeux sera transposée dans l'Objet de la première page de la réponse.

Voici un exemple de cette première page d'une réponse.

EXEMPLE DE PRÉSENTATION

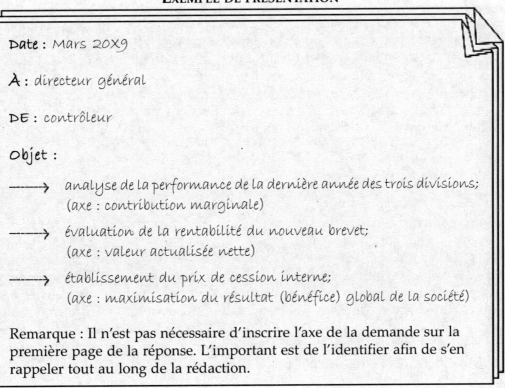

Date : Mars 20X9

À : directeur général

DE : contrôleur

Objet :

——→ analyse de la performance de la dernière année des trois divisions;
(axe : contribution marginale)

——→ évaluation de la rentabilité du nouveau brevet;
(axe : valeur actualisée nette)

——→ établissement du prix de cession interne;
(axe : maximisation du résultat (bénéfice) global de la société)

Remarque : Il n'est pas nécessaire d'inscrire l'axe de la demande sur la première page de la réponse. L'important est de l'identifier afin de s'en rappeler tout au long de la rédaction.

POINT DE VUE

Lorsque je prépare la page de présentation de ma réponse, j'essaie de prévoir la structure de la réponse, en me demandant quel sera l'aboutissement de la discussion. En d'autres mots, il faut se demander quel genre de réponse le destinataire du rapport attend. Ainsi, par exemple, supposons que vous devez répondre à la demande du conseiller financier à savoir si la division CFE est solvable. Il faudra effectuer une analyse quantitative, une analyse qualitative, puis aboutir sur une conclusion du genre « oui ou non » sur la solvabilité. L'identification de la structure nécessaire à la réponse à l'étape de la planification de la réponse vous donne certainement une longueur d'avance.

POINT DE VUE

Au lieu de ressortir les problèmes ou enjeux à discuter, puis de structurer la réponse en conséquence, certains candidats essaient plutôt d'anticiper la façon dont sera corrigée le cas. Par exemple, un candidat qui pense – ou qui espère – qu'une section « résolution de problèmes » fera partie de l'évaluation, présentera une telle section dans sa réponse. De même, un candidat pourrait automatiquement prévoir une section « fiscalité » dans tous les cas qu'il simule.

Personnellement, je n'essaie jamais de prévoir la manière dont se fera l'évaluation d'un cas. J'essaie plutôt de bien comprendre le travail à faire, de bien jouer mon rôle et de bien cibler l'axe de la demande. Je suis persuadée que la résolution des problèmes ou enjeux importants du cas est le meilleur moyen de réussir. L'évaluation ultérieure de ma réponse ne pourra que récompenser ce comportement. Certes, vous pouvez vous demander s'il y a de la fiscalité dans le cas que vous simulez, mais il est inutile de planifier une telle section si la demande n'est pas là. Il faut naturellement tenir compte du caractère unique de chaque cas.

Classer les problèmes ou enjeux par ordre d'importance

Les divers problèmes ou enjeux à résoudre doivent toujours faire l'objet d'un classement par ordre d'importance. Cela est indispensable puisque le candidat qui réussit à évaluer l'importance des sujets maximisera ses chances de réussite. Il lui sera également plus facile d'estimer le temps à allouer à chacun d'entre eux. S'il y a cinq problèmes ou enjeux, par exemple, pour 2h30 de rédaction, il n'est sûrement pas approprié de consacrer 30 minutes à chacun. Ils ne requièrent certainement pas la même profondeur de discussion.

Il faut examiner l'information reçue et se demander ce qui est important, dans le cadre du travail à faire. Certes, un employeur ou un client peut avancer une opinion à l'égard de certains sujets, mais il vous revient de faire la part des choses. Ainsi, par exemple, un actionnaire peut vous dire : « En premier lieu, il faut calculer le prix de rachat de mes actions. » C'est probablement sa priorité à lui..., mais ce n'est pas nécessairement la priorité du mandat qui vous a été accordé. Il se peut, par exemple, que la décision de réparer ou de remplacer un équipement soit plus importante puisque les fréquents arrêts de production sont très coûteux.

> Le classement adéquat des sujets par ordre d'importance exige l'exercice de votre jugement professionnel. Cet aspect est naturellement récompensé lors de l'évaluation par le correcteur puisque cela démontre votre capacité à prendre du recul et analyser globalement une situation qui contient plusieurs problèmes ou enjeux. Il y aura assurément davantage de valeur accordée à la résolution des sujets importants comparativement aux autres.

POINT DE VUE

À l'étape de la planification, je classe les problèmes ou enjeux à discuter en trois catégories : 1- ceux qui sont importants, 2- ceux qui sont de moindre importance et 3- ceux qui sont peu importants. Il m'apparaît indispensable de traiter de tous les sujets importants et d'une majorité des autres. Les sujets qui sont peu importants peuvent être mis de côté, ou encore, très rapidement abordés. La vigilance est de mise lors de l'évaluation de l'importance des sujets. Par exemple, un candidat peut déterminer que le traitement comptable des immobilisations est un enjeu important. Par la suite, il peut considérer que la détermination du coût de la nouvelle usine ainsi que la comptabilisation de la subvention (aide gouvernementale) sont des sujets importants tandis que le choix de la méthode d'amortissement est de moindre importance. Il faut donc évaluer individuellement chaque aspect d'un enjeu. Le fait que le sujet des immobilisations soit important ne signifie pas que tous les aspects concernés par les immobilisations le sont aussi.

Aux pages suivantes, vous trouverez quelques-uns des aspects à considérer lors du classement des sujets par ordre d'importance, accompagnés d'exemples illustrant leur application.

Aspects à considérer	Exemples
Ampleur des sommes en jeu Truc : Un élément devient important s'il se situe aux alentours de 5 % à 15 % (et plus) d'une base de référence – résultat (bénéfice), produits, actif total. Remarque : L'impact sur les utilisateurs de l'information financière est parfois considéré.	– La préparation d'un budget exige la détermination des revenus futurs. L'entreprise commercialise trois produits différents. On pourra faire un calcul plus détaillé pour les deux produits principaux et une simple hypothèse dans le cas du troisième, qui représente 6 % des produits des activités ordinaires (normales). – Il y a plusieurs questions comptables à régler. Trois d'entre elles représentent des sommes de 50 000 à 120 000 $. La dernière, concernant les rabais et remises sur achats, s'élève à 7 000 $. Elle fera l'objet d'une discussion plus courte. – La banque impose le maintien d'un minimum de 1,0 au ratio du fonds de roulement. Le ratio actuel est de 1,05. L'établissement de la provision pour promotion sera un sujet important si cela est susceptible d'amener le ratio en deçà de 1,0. Et ce, quelle que soit l'ampleur du chiffre de résultat (bénéfice).
Situation dans le temps Truc : Il faut regarder l'échéance ou la date limite du sujet; plus cette date est imminente, plus cela est susceptible d'être important.	– La société envisage de construire une nouvelle usine d'ici trois ans. Étant donné son horizon relativement éloigné, ce sujet sera probablement peu important, et ce, même si l'on mentionne que la présidente tient à ce projet. – Un problème ou enjeu lié à la survie est habituellement considéré comme crucial puisqu'il peut, à très court terme, entraver la bonne marche des opérations de la société. – Il y a trois semaines, les actionnaires de la société ont signé le renouvellement du contrat de location de l'immeuble où se situe le siège social. Puisque la décision est déjà prise, il est inutile de la remettre en question suite à une analyse des avantages et inconvénients, par exemple. Il est trop tard pour changer quoi que ce soit.
Particularités du secteur d'activité Truc : Il faut se demander ce qui caractérise le secteur de l'entreprise. Qu'y a-t-il de particulier dans ce secteur qui ne se retrouve pas dans tous les autres?	– Les avions qui figurent à l'actif de l'état de situation financière (bilan) d'une société aérienne sont sûrement un poste important. – La société est dans un secteur hautement technologique. Ainsi, les postes Stocks, Frais de développement, Brevets et Goodwill doivent être davantage examinés. – Il faut penser à la production d'informations supplémentaires aux états financiers lorsqu'il s'agit d'un organisme sans but lucratif, telles que la description des activités, les mesures de performance et les données budgétaires. – L'entreprise est un commerce de détail. La gestion des inventaires est davantage susceptible d'être un enjeu important que la gestion des comptes clients.

Risque lié aux éléments

Truc : Il faut se questionner sur les risques découlant de l'élément en question. Générera-t-il des rentrées ou des sorties de trésorerie importantes? Est-ce que cela risque de changer les conclusions ou les recommandations? Est-ce que cela exige des estimations?

– Au cours du dernier trimestre, la société a appris qu'elle faisait l'objet d'une poursuite de 5 000 $. Bien que l'état des résultats montre un résultat (bénéfice) de plus de 2 millions, cette information ne peut être mise de côté sous prétexte que le montant est peu important. En effet, puisque cela concerne le produit le plus vendu, tous les autres clients qui l'ont acheté risquent d'exercer un recours similaire contre la société.

– Les deux principaux postes de l'actif sont les suivants : Terrain : 1 000 000 $ et Frais de développement : 1 000 000 $. *A priori*, il est bien certain que le terrain est le moins risqué des deux éléments – et ainsi moins important –, car c'est un actif tangible qui diminue rarement de valeur. Quant aux frais de développement, ils sont par nature plus risqués, car plusieurs estimations doivent être établies : respect des critères de capitalisation, identification des coûts, durée de vie, etc.

– La comptabilisation des produits est un problème plus important lorsque aucune somme n'a été reçue. Ainsi, il est de moindre importance de déterminer à quel moment comptabiliser une somme reçue de 500 000 $ que de savoir quand comptabiliser une même somme à recevoir dans un an.

Rôle majeur à jouer

Truc : Il faut déterminer la principale raison d'être de notre embauche. Quelles sont mes compétences les plus importantes auxquelles on fait appel?

– Le rôle majeur est d'être un auditeur qui doit discuter des nouvelles questions comptables de la période. En plus, on lui demande d'aider l'entreprise à choisir entre deux options concernant le renouvellement du contrat de location. Puisque l'aspect relié à la gestion est accessoire au principal rôle à jouer, il est donc fort probable qu'il doive être placé un peu plus loin dans la liste des problèmes ou enjeux à traiter.

Remarque : La discussion de questions comptables subirait le même sort si le rôle majeur était celui d'un conseiller en gestion.

Longueur du texte consacré au sujet dans le cas

Mise en garde : Il faut quand même procéder avec discernement, étant donné la prééminence de la substance sur l'apparence (la forme). Jugement professionnel nécessaire!

– Le cas de seize pages contient une annexe de deux pages concernant le projet d'investissement au Chili. Il est fort probable que ce sujet soit important.

– À l'annexe III, une dizaine de sujets sont discutés. Deux d'entre eux sont simplement signalés en une phrase; il y a donc moins de chance qu'ils soient importants.

Remarque : Plus les informations sur un même sujet sont nombreuses, plus son importance est susceptible d'augmenter. Il faut d'excellentes raisons pour laisser tomber un sujet longuement exposé dans l'énoncé d'un cas. Personnellement, je le ferais seulement après avoir bien réfléchi.

Je crée parfois une rubrique « Autres sujets » à la fin de la liste des problèmes ou enjeux à discuter. Cela n'est pas toujours utile, mais je sais qu'il existe un endroit où je peux inscrire les idées qui ne peuvent être classées ailleurs. Il faut comprendre qu'il ne peut s'agir de problèmes ou enjeux exigeant une analyse élaborée, car ils seraient identifiés distinctement. Il ne faut pas non plus que cette section serve de prétexte à la discussion de sujets non pertinents. La section « Autres sujets » comprend donc des idées nouvelles et pertinentes qui n'ont pas besoin d'être plus amplement analysées. Les sujets peu importants que l'on aborde s'y retrouvent bien souvent. Par exemple, on peut y mentionner qu'il faudra éventuellement augmenter la capacité de production de la société. L'idée est bonne, mais trop loin des considérations immédiates pour mériter qu'on s'y attarde davantage.

Planifier la rédaction

Une fois les problèmes ou enjeux classés par ordre d'importance, il faut planifier la rédaction comme telle. Après avoir déterminé le temps qui reste, vous devez le répartir entre les divers sujets à traiter, en tenant compte de l'importance de chacun. Tout en faisant cet exercice, vous devez vous questionner sur l'ordonnancement des sujets, car il arrive souvent que l'analyse d'un problème ou enjeu soit un prérequis à l'analyse d'un autre. Par exemple, il faudra retraiter le résultat (bénéfice net) avant de calculer le bénéfice imposable ou bien prendre la décision de louer ou d'acheter le matériel avant de préparer les flux de trésorerie.

Il est indispensable de répartir le temps de rédaction entre les différents problèmes ou enjeux soulevés. J'ai vu, très souvent, des candidats présenter une excellente analyse des deux ou trois premiers sujets, puis négliger les derniers, faute de temps. Cela est dommage puisque le résultat final se situe alors autour des exigences minimales à la réussite ou à peine au-dessus – en supposant que l'ordre d'importance des divers sujets ait été bien établi! Ce n'est certes pas une tâche facile, mais je considère qu'il faut essayer de planifier son temps afin de s'assurer d'une couverture appropriée de chacun des sujets à traiter. Ainsi, dès le début de l'élaboration de la réponse, il faut avoir une idée approximative du temps à consacrer à chacun des problèmes ou enjeux.

Le plan de réponse est indispensable, car il faut s'assurer de traiter adéquatement chaque sujet demandé.

À la page suivante, vous trouverez quelques explications concernant la façon d'établir un plan de réponse.

Façons de procéder	Explications
Établir un « budget de temps » en allouant un intervalle de **+/− x minutes** **pour chacun des sujets à traiter.**	Il faut évaluer le temps requis pour la résolution d'un problème ou enjeu au meilleur de sa connaissance. Je vous encourage à respecter le budget de temps établi au départ. Je comprends, par contre, que le temps réel puisse légèrement s'écarter du temps prévu. Pour un long cas, cet écart ne devrait pas excéder 5-8 minutes par sujet important; 2-4 minutes pour un court cas.
Prévoir séparément le temps pour l'aspect quantitatif et l'aspect qualitatif d'un même sujet.	Cela nous assure de ne pas oublier l'un ou l'autre aspect. Il faut prévoir davantage de temps pour une analyse quantitative, car il est plus long de faire des calculs que d'écrire un texte. Ainsi, on peut prévoir 15 minutes pour le calcul de la contribution marginale des trois produits et 5 à 7 minutes pour l'analyse qualitative.
Planifier la rédaction d'une conclusion ou d'une recommandation	En planifiant à l'avance le temps de rédaction d'une conclusion ou d'une recommandation, ne serait-ce que 2 minutes, le candidat s'assure de ne pas l'oublier. En fait, pour être complète, la discussion de chaque problème ou enjeu doit aboutir sur un constat ou sur la formulation d'améliorations.
Prévoir un temps global par rapport ou par section, puis séparer ensuite ce temps entre les problèmes ou enjeux de chacun. L'objectif est de s'assurer d'une couverture minimale de tous les éléments de la demande.	– Il arrive que la demande d'un cas exige que la rédaction de la solution soit séparée en parties. Il faut naturellement prévoir un temps raisonnable pour chacune d'entre elles. La tendance naturelle des candidats est de passer trop de temps sur la première partie au détriment des suivantes. Certes, la première partie peut être la plus importante, mais ce n'est pas toujours ainsi. Il faut jauger le temps de rédaction selon la demande. Trop souvent, une mauvaise planification du temps empêche le candidat de répondre de manière adéquate aux dernières parties. C'est dommage puisque le candidat se prive ainsi d'améliorer l'évaluation globale de sa réponse. – Parfois, le cas mentionne le nombre de mots permis ou de points accordés par partie. Cela devient, évidemment, le guide à suivre.
Se garder du temps libre pour pallier tout oubli, erreur de calcul, de rédaction, ou une mauvaise évaluation d'un problème ou enjeu.	Ce temps libre ne peut pas vraiment excéder 5 minutes pour de courts cas allant jusqu'à 96 minutes. Pour un long cas de 4 ou 5 heures, je suggère de garder environ 10 minutes.

54 Il ne faut pas tomber dans l'excès et perdre trop de temps à calculer le nombre de minutes par sujet. Il est d'ailleurs difficile, *a priori*, d'évaluer que le calcul de la valeur actualisée nette va prendre 17 minutes, que la discussion sur le financement en prendra 13 ou que l'analyse du risque durera 6 minutes. L'important est d'avoir une idée de la longueur de la discussion, que l'on peut exprimer sous forme d'intervalle, afin d'obtenir un guide utile à l'écriture de la réponse (ex.: valeur actualisée nette de 20 à 25 minutes). Une fois que l'on a déterminé le temps approximatif à allouer à chacun des problèmes ou enjeux, il faut additionner le temps total requis. La comparaison de ce temps prévu au temps qui reste dans la simulation du cas vous permettra d'ajuster votre plan de réponse, si nécessaire. Cela est particulièrement utile, car vous devez être constamment conscient du temps dont vous disposez pour élaborer votre réponse. Comme il faut couvrir l'essentiel des sujets relevés, l'exercice est indispensable. Puisqu'il existe une contrainte de temps inhérente à tous les cas, la meilleure façon d'en minimiser les effets négatifs est de présenter une réponse équilibrée et diversifiée.

Certains candidats écrivent directement à côté de chacun des titres de leur réponse, soit le temps (ex.: 20 minutes), soit l'horaire prévu (ex.: 10h00 à 10h20). Je comprends certainement cette idée de vouloir bien planifier sa rédaction. Par contre, il faut admettre que cela enlève un peu de professionnalisme au rapport. Toutefois, les correcteurs de simulation ou d'examens professionnels ne tiennent pas vraiment compte de ces petites notes.

POINT DE VUE

Il ne faut pas croire que le plan de réponse est strictement linéaire, c'est-à-dire qu'une fois la rédaction d'un sujet terminé, on peut passer à l'autre sans plus y penser. Il faut savoir que les sujets se recoupent fréquemment dans un cas, particulièrement pour un long cas de 4 ou 5 heures. Ainsi, par exemple, le candidat peut avoir à discuter de trois enjeux : la préparation d'un flux de trésorerie, le retraitement du résultat (bénéfice net) et l'établissement du traitement comptable des nouvelles opérations de la période. Or, on sait que le choix d'une question comptable influe sur le résultat (bénéfice net) qui, à son tour, peut influer sur les sorties de trésorerie via un calcul de prime, par exemple. Lorsque des sujets se recoupent et s'influencent mutuellement, il faut prévoir un peu de temps pour l'arrimage.

Dans cet exemple, l'idéal est de parler de la comptabilité en premier, d'établir un résultat (bénéfice) retraité par la suite, puis de terminer par le flux de trésorerie. Toutefois, la clarté de cet ordonnancement n'est peut-être pas visible au départ. Un candidat ayant débuté par le flux de trésorerie doit donc être prêt à revenir sur ses pas pour modifier le contenu de son analyse. Lorsqu'il prend conscience que de tels recoupements existent, il peut même attendre d'avoir terminé l'analyse des sujets concernés avant de conclure ou recommander.

À la page suivante, vous trouverez deux exemples de plan de réponse pour un long cas.

EXEMPLES DE PLAN DE RÉPONSE

Exemple A – long cas (5 heures)

Lecture et plan	90 min.
1ère partie (environ 130 min.)	
Introduction	5 min.
Évaluation de JGD ltée	
– quantitatif	25 min.
– qualitatif	10 min.
– recommandations	5 min.
Rachat des actions de Jean-Guy	15 min.
Financement	
– besoins de trésorerie	10 min.
– flux de trésorerie prévisionnels	15 min.
– qualitatif	10 min.
– recommandations	5 min.
Évaluation du contrôle interne	20 min.
Options d'achat d'actions	10 min.
2ème partie (environ 70 min.)	
– discussion de questions comptables	50 min.
– impact sur l'audit externe	20 min.
Surplus	10 min.
Total	**300 min.**

Exemple B – long cas (4 heures)

Lecture et plan	60 min.
Sommaire exécutif et Introduction	10 min.
Analyse de la situation actuelle	25 min.
Enjeux stratégiques (environ 75 min.)	
– regroupement avec Excello	25 min.
– fusion avec Optimo	20 min.
– vente de la division Problémo	20 min.
– construction d'une nouvelle usine	10 min.
Enjeux opérationnels (environ 45 min.)	
– embauche de mécaniciens compétents	10 min.
– sécurité du système d'information de gestion	10 min.
– négociation de la convention collective	10 min.
– améliorations du processus budgétaire	5 min.
– régime d'options d'achat d'actions	5 min.
– autres	5 min.
Plan de mise en œuvre	15 min.
Surplus	10 min.
Total	**240 min.**

Vous avez peut-être déjà remarqué que les commentaires précédents au sujet de la planification de la réponse s'appliquent aux cas de 4 ou 5 heures, mais en partie seulement aux cas plus courts. Je vous rappelle qu'il est nécessaire de planifier davantage le temps lorsqu'il s'agit d'un long cas, car l'élaboration de la réponse elle-même s'étend sur une longue période, variant de 2h30 à 3h30. Une fois ce plan de réponse établi, je vous suggère de prendre un peu de recul afin de vous assurer que l'ensemble est logique et cohérent. Il s'agit, en quelque sorte, d'un test de vraisemblance pour déterminer si le plan a du sens. À ce stade, un bref retour sur les paramètres du cas, soit le rôle à jouer, le travail à faire et l'axe de la demande, peut être utile. On pourra également revoir l'ordonnancement des sujets.

Pour un cas plus court, il faut comprendre que le temps alloué à la planification de la réponse est abrégé. Il m'apparaît toutefois indispensable qu'un plan de réponse soit établi pour que le candidat fixe l'ordre des sujets à traiter selon leur importance. Il peut ainsi plus rapidement déterminer combien de temps accorder à chaque sujet, ce qu'il fera en partie par écrit et en partie mentalement. L'essentiel est d'être conscient de la limite de temps d'un court cas, car il est trop facile de discuter seulement des deux ou trois premiers sujets au détriment des autres, ou encore, d'oublier d'exprimer une conclusion ou une recommandation.

Voici trois exemples illustrant la planification de la réponse pour un court cas.

Premier exemple de la planification d'un court cas

Le cas à résoudre est de 30 points, pour 72 minutes. Supposons que la lecture a pris 21 minutes et que le candidat se garde 3 minutes (pas le temps de se perdre dans les détails) afin de planifier sa réponse. Il lui reste donc 48 minutes pour rédiger, disons, huit sujets différents. À mon avis, le candidat doit être conscient du fait, du moins *a priori*, qu'il a en moyenne 6 minutes par sujet. Il peut juger que chacun des deux premiers sujets prendra approximativement 10 minutes à rédiger, mais qu'il devra diminuer le temps de rédaction des deux derniers à 2 minutes chacun s'il veut traiter de tout. Il peut aussi tout simplement laisser tomber ces deux derniers sujets – surtout s'ils sont peu importants – et allouer 7 minutes, au lieu de 6, à chacun des quatre précédents.

Deuxième exemple de la planification d'un court cas

Le cas à résoudre est de 35 points, pour 84 minutes. Il exige la préparation de deux rapports ou de deux parties. Le premier a trait à l'évaluation d'une décision d'investissement suivie d'une discussion sur les divers moyens de financement. Le deuxième rapport, quant à lui, exige l'évaluation du contrôle interne.

Supposons que la lecture ait pris 22 minutes et que le candidat se garde de 2 à 4 minutes pour planifier sa réponse. Il lui reste donc tout près d'une heure (58 à 60 minutes) pour la rédiger. Dans cet exemple, le candidat peut prévoir environ 40 minutes pour le premier rapport et 20 minutes pour le deuxième. Par la suite, il pourra séparer le temps du premier rapport comme suit : 20 minutes pour l'analyse quantitative de l'investissement, 7 minutes pour l'analyse qualitative, 10 minutes pour la discussion sur le financement et 3 minutes pour les conclusions et recommandations.

Troisième exemple de la planification d'un court cas

Le cas à résoudre est de 25 points, pour 60 minutes. Le rôle à jouer est celui d'un expert en sinistre qui doit évaluer les dommages subis par un client à la suite du retard de construction de l'usine. On lui demande donc d'établir le montant de la réclamation à présenter à l'entrepreneur en construction.

Après une lecture d'approximativement 15 minutes, le candidat peut prendre 3 à 4 minutes pour se demander quels sont les aspects les plus importants. Il peut considérer, par exemple, que la discussion des produits perdus est l'aspect clé entre autres parce que plusieurs frais variables sont proportionnels à ceux-ci. Il devra alors consacrer un peu plus de temps à la détermination des produits dans sa réponse.

S'assurer d'avoir abordé tous les sujets importants

Dans un monde idéal, on devrait arriver à traiter de tous les problèmes ou enjeux de la demande, à l'intérieur du temps qui nous est imparti. Dans la réalité, on doit aborder tous les sujets importants ainsi qu'une majorité des autres. En négligeant un sujet important sur trois, par exemple, le candidat aura certainement de la difficulté à rencontrer les exigences minimales du niveau de passage. En conclusion, il est acceptable de laisser tomber un ou deux sujets de moindre importance par manque de temps, mais on ne peut le faire lorsqu'il s'agit d'un sujet important.

58   Avis aux perfectionnistes : À ceux qui veulent aller au fond des choses et qui pensent à tous les petits détails, attention! Le perfectionnisme n'est pas vraiment une qualité lors de la rédaction d'un cas. Comme je viens de le mentionner, il faut traiter de tous les sujets importants dans la réponse ainsi que d'une bonne partie des autres. Cela signifie qu'il faut « décrocher » d'un sujet afin d'avoir du temps pour analyser le suivant, même si l'on n'a pas peaufiné sa réponse. Il faut en prendre conscience : on manque toujours de temps dans la rédaction d'un cas pour rendre une réponse parfaite. Il faut apprendre à l'accepter et c'est une leçon particulièrement difficile pour les perfectionnistes. Si vous êtes l'un d'entre eux, la planification et le respect du temps alloué pour chaque problème ou enjeu est davantage à surveiller; particulièrement lors des premières simulations.

Prenons l'exemple d'un court cas de 25 points – 60 minutes où il y a neuf sujets à traiter. Quatre sont importants, trois sont de moindre importance et deux sont peu importants. Disons qu'après la lecture et la planification, 40 minutes sont disponibles à la rédaction, soit environ 4 minutes par sujet. Il est certes acceptable, dans cette situation, de laisser tomber les deux sujets peu importants pour récupérer 8 minutes de plus à consacrer aux autres problèmes ou enjeux. Par la suite, si le candidat manque de temps, il pourra également évaluer la possibilité de laisser tomber l'un des trois sujets de moindre importance – au pire deux. Rappelons finalement que les sujets qui restent ne nécessiteront pas nécessairement le même temps de rédaction. Il faut s'ajuster aux circonstances.

Voici un dernier exemple : il y a six sujets à discuter dans un court cas de 35 points – 84 minutes. Le candidat en a conclu que les six sujets sont tous plus ou moins de la même importance. Toutefois, un de ces sujets, telle la comptabilisation d'un contrat à terme boursier, lui cause des difficultés. Le candidat peut alors traiter des cinq autres sujets, puis se garder moins de temps pour celui-ci. Il sait, de toute façon, qu'il ne pourra pas faire une très bonne analyse. Il est donc préférable qu'il concentre son énergie sur les cinq autres sujets.

Partie 2
Contenu de la réponse à un cas

Rédaction de la réponse

Idées pertinentes

Idées nouvelles

Utilité d'un calcul

Conclusions et recommandations

Rédaction de la réponse

Il est clair que la réussite d'un cas dépend de la « substance » des idées émises dans la réponse. Dans cet optique, la présente partie de ce volume discute des caractéristiques indispensables à la résolution adéquate d'un cas. Il s'agit de repères de référence, qu'il faut garder constamment à l'esprit, pour que votre réponse rencontre les attentes. L'objectif étant d'obtenir la meilleure évaluation possible.

Une fois la réponse planifiée, le temps écoulé représente entre le quart et le tiers du temps total alloué pour simuler le cas. Cela dépend, bien sûr, de votre vitesse de lecture et de votre expérience en simulation. La longueur de l'énoncé du cas ainsi que la difficulté à comprendre la demande ou à préparer le plan de réponse influent aussi sur ce temps de lecture. Toutefois, il m'apparaît indispensable qu'il vous reste au moins les deux tiers de la durée de la simulation pour rédiger. En d'autres mots, cela vous laisse au moins 3 heures 20 minutes pour un cas de 5 heures, et 48 minutes pour un cas de 72 minutes. À mon avis, s'il reste moins de temps, la capacité d'arriver à une réponse adéquate est sérieusement compromise. Cela est d'autant plus important pour un court cas puisque le temps alloué à sa résolution est plus serré.

Voici quelques éléments importants à considérer au cours de la rédaction de la réponse.

Intégrer la réponse à son contexte

Il faut absolument présenter une réponse qui est en permanence intégrée au cas et à son contexte particulier. L'employeur ou le client vous a engagé (et vous verse un salaire ou des honoraires!) pour répondre à ses questions et résoudre des problèmes ou enjeux spécifiques. Cela signifie que vos analyses, arguments, conseils, conclusions et recommandations doivent répondre directement aux besoins exprimés par le destinataire du rapport. Ainsi, il serait inutile d'énumérer et de définir tous les types de centre de responsabilité sans discernement. Il faut plutôt discuter de ceux qui s'appliquent à l'entité étudiée.

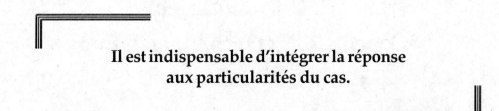

Il est indispensable d'intégrer la réponse aux particularités du cas.

Exemple d'intégration des idées au cas

Supposons qu'il soit pertinent de se demander si des dépenses relatives à des actifs incorporels générés en interne au cours de la phase de développement peuvent être comptabilisées à l'actif. À cet effet, on sait que les normes comptables énoncent des conditions à respecter. Or, le candidat qui veut discuter de cette question ne doit pas se contenter d'énumérer toutes les conditions théoriques, sans plus d'analyse. On ne peut pas laisser à l'employeur ou au client la tâche d'appliquer la théorie. Cette tâche vous est dévolue : vous avez été engagé pour la faire à leur place.

La discussion sur le traitement comptable des frais de développement doit donc être intégrée à des indices du cas – ci-dessous en caractère gras – de la façon suivante :

- ❧ Puisque **la chaîne de production utilise avec succès le système MGF**, on peut dire que la faisabilité technique est démontrée.

- ❧ Je doute de la capacité de vendre ce produit, **car aucun acheteur ne s'est montré intéressé, même si la direction en a déjà contacté plusieurs.**

- ❧ Malgré **l'enthousiasme du concepteur du nouveau produit**, la direction de la société n'a pas encore confirmé son intention d'achever le produit et de le commercialiser.

L'exemple précédent montre clairement que la discussion porte sur la ou les conditions pour lesquelles des indices du cas existent. Vous devez donc bien connaître la théorie concernant les frais de développement afin de déterminer sur quels aspects portera votre discussion. Cela est indispensable. Vous aurez rarement à faire un exposé théorique comme tel avant de résoudre un problème ou enjeu. Il faut plutôt **intégrer simultanément la théorie à la pratique** afin de montrer vos capacités professionnelles. Autrement dit, à l'instar de l'exemple sur les frais de développement, il faut que les idées fassent référence à la fois aux concepts théoriques et aux indices du cas. La plupart du temps, ce sera fait dans la même phrase ou dans le même paragraphe.

POINT DE VUE

Les candidats ont de la difficulté à procéder comme tel d'entrée de jeu, particulièrement lors des premières simulations. Ils vont plutôt exposer les concepts théoriques dans un premier paragraphe, puis présenter leur application au cas dans le suivant. Afin d'éviter cela, vous devez faire de réels efforts pour que les idées théoriques soient directement et simultanément intégrées aux indices du cas.

D'un autre côté, certains candidats se concentrent tellement sur les liens avec le cas qu'ils en oublient de considérer également les concepts théoriques.

EXEMPLE DE RÉDACTION (INCOMPLET)

> Je recommande la comptabilisation à l'actif des frais de développement, car la chaîne de production utilise avec succès le système MGF.

Ci-dessus, la justification du traitement comptable proposé est adéquate et reliée à un indice du cas. Toutefois, le concept théorique de la « faisabilité technique » n'y est pas mentionné et le correcteur ne lira pas ce qui n'est pas écrit. La réponse est donc incomplète et l'évaluation en tiendra compte.

Il arrive parfois que l'énoncé d'un cas puisse donner l'impression au candidat qu'il doit présenter un résumé des concepts théoriques qu'il connaît. En fait, il arrive que l'un des protagonistes du cas pose directement une question au candidat. La demande paraît alors explicite et dirigée.

En voici quelques exemples.

- Les membres du conseil d'administration d'une bibliothèque ne comprennent pas très bien la signification du nouveau poste « Fonds restreints » qui apparaît à l'état de situation financière (bilan).

- Le directeur général aimerait que vous dressiez la liste des tâches et responsabilités d'un auditeur interne.

- L'organisme de réglementation désire connaître les différentes façons de calculer le coût d'un produit.

- Votre supérieur immédiat vous demande d'expliquer comment le résultat des activités abandonnées sera présenté aux états financiers.

Malgré ce qu'il paraît, il faut constamment se rappeler d'intégrer ses connaissances au contexte. Les exposés théoriques sont très rares, voire inexistants. Il est à peu près toujours possible de faire de l'intégration avec les particularités du cas à un moment ou un autre. Ainsi, on pourra se servir de ce qui se passe dans l'entreprise ou dans son environnement pour soutenir les explications ou justifier une recommandation. Le cas contient certainement des indices qui peuvent être utilisés.

En voici des exemples.

- Le poste « Fonds restreints » a été créé parce que M. Généreux a spécifié que son don de 11 000 $ devait uniquement servir à renouveler les ordinateurs de la bibliothèque.

- L'auditeur interne a la tâche de s'assurer que les procédures de contrôle sont suivies par la société. Cela aurait pu prévenir tous les vols à l'entrepôt depuis deux ans.

- L'ampleur des coûts fixes dans le calcul du coût d'un produit peut dépendre du secteur d'activité. Dans celui de la fabrication sur commande, ils sont plus faibles.

- Comme la vente de la division HD est hautement probable, la perte résultant des activités abandonnées sera présentée distinctement en résultat net.

Tous ces exemples montrent qu'il est possible d'intégrer sa réponse au cas, même quand cela vous paraît plus ou moins évident. D'ailleurs, il y a toujours une raison qui pousse l'employeur ou le client à exprimer sa demande. Il désire, par exemple, connaître les tâches et responsabilités d'un auditeur interne dans le but d'éviter d'autres vols comme ceux ayant eu lieu à l'entrepôt. De même, s'il s'intéresse à la comptabilisation du résultat des activités abandonnées, c'est parce que la direction songe sérieusement à se départir de l'une de ses divisions.

De manière générale, l'évaluation de la réponse d'un candidat tient compte de la qualité de l'intégration de la théorie au contexte du cas. Il ne peut en être autrement puisqu'un des objectifs de l'apprentissage par cas est d'exercer sa capacité de répondre spécifiquement aux besoins de l'employeur ou du client, dans un contexte « simulant » la réalité. Dans la pratique, vous exposerez à votre interlocuteur seulement ce qui s'applique à sa situation. Vous ne lui ferez certes pas un résumé théorique de tout ce que vous savez sur un sujet.

Respecter le temps alloué à la simulation d'un cas

Il m'apparaît indispensable de respecter le temps alloué à toute simulation de cas. Autrement, l'évaluation de votre performance sera incomplète et biaisée. Il n'est d'ailleurs pas très utile de justifier *a posteriori* un faible résultat comme suit : « Je n'atteins pas les exigences minimales du niveau de passage, mais j'ai terminé 30 minutes avant la fin de la simulation. », ou encore, « J'avais parfaitement bien débattu deux sujets sur sept et suffisamment prouvé ma compétence, alors j'ai cessé de rédiger. » Comment peut-on se complaire dans ce genre d'attitude quand les conditions requises à la simulation n'ont pas été respectées? Je sais qu'il est humain de vouloir justifier ses actions, mais il faut éviter de surévaluer sa performance, particulièrement lorsque l'information est partielle.

On rencontre également le problème inverse lorsque le temps pris pour la simulation excède le temps habituellement alloué au cas. Cela survient naturellement lorsque le candidat est seul et qu'il n'y a aucun surveillant ou professeur pour lui dire de cesser de rédiger et de déposer son stylo. Cette propension à dépasser le temps se remarque au fur et à mesure que le candidat acquiert de l'expérience en simulation de cas. En réalité, pour les premiers cas simulés, on manque d'idées et on trouve le temps long… Pour les derniers, on a davantage d'idées à écrire que de temps disponible et on trouve que le temps s'écoule trop vite; particulièrement pour un court cas. Je vous suggère, bien évidemment, de respecter le temps alloué au cas, en toutes circonstances. Cela m'apparaît le seul moyen pour vous entraîner à la réussite de vos simulations et examens.

POINT DE VUE

Certains candidats me disent qu'il leur arrive de dépasser le temps permis parce qu'ils veulent évaluer leur capacité à « vider un cas ». Ils prennent, par exemple, 120 minutes pour résoudre un cas de 84 minutes. L'objectif est de voir si leur analyse contient l'essentiel des idées présentées dans la solution officielle du cas. C'est une façon de contrer momentanément la frustration de ne pouvoir pleinement évaluer ses capacités quand le temps limite d'un cas arrive trop tôt. L'exercice me paraît valable, mais doit être, à mon avis, occasionnel. En le réalisant, je vous suggère de trouver un moyen de déterminer les idées supplémentaires écrites après que le temps alloué au cas est écoulé. Vous pourrez ainsi évaluer plus facilement votre performance en comparant le résultat obtenu avec ou sans ces minutes supplémentaires. (Vous serez peut-être surpris du peu de différence que cela fera dans l'évaluation finale.) Le meilleur moyen de reconnaître les idées excédentaires est de changer la couleur de l'écriture puisqu'il se peut que l'on ajoute ces idées à divers endroits de la réponse. Cela me paraît le moyen le plus efficace, mais je sais que certains utilisent tout simplement des pages différentes ou tracent des lignes de démarcation.

Les examens de longue durée (ex.: 4 heures) peuvent comprendre trois, et parfois quatre, courts cas. On me demande souvent s'il faut y répondre dans l'ordre où ils sont présentés. *A priori*, ma réponse est oui. Ils doivent tous être résolus, à l'intérieur du temps alloué, et vous n'avez pas de temps à perdre à les examiner pour déterminer un quelconque ordonnancement.

Il arrive que certains candidats préfèrent commencer par les cas les plus longs, car ils se sentent alors en meilleure forme. Libre à eux de le faire, d'autant plus qu'il est très rapide de déterminer le(s) cas concerné(s). Je suggère néanmoins de ne pas garder le cas le plus court pour la fin. Bien que cela ne devrait pas se produire, les candidats commencent souvent le dernier cas avec quelques minutes de retard. Cela est beaucoup plus dommageable pour un cas de 20 points (48 minutes) que pour un cas de 35 points (84 minutes).

Tenir compte du plan de réponse

Vous devez essentiellement tenir compte du plan de réponse établi à la fin de l'étape de la lecture. Cela vous évitera probablement un commentaire semblable à celui-ci : « Je n'ai pas réussi à traiter tous les problèmes ou enjeux importants. Pourtant, je les avais tous bien ciblés et placés dans un budget de temps réaliste! » À quoi cela sert-il de faire un plan de réponse – par écrit ou mentalement – s'il est mis de côté par la suite? Le plan de réponse sert à déterminer l'ordonnancement et l'importance des problèmes ou enjeux, et à s'assurer d'une couverture adéquate de ce qui est demandé. Il faut donc s'y référer régulièrement en cours de rédaction. Je l'ai déjà dit : il ne faut pas exagérer et gérer la rédaction de sa réponse à la minute près. Par contre, vous mettrez toutes les chances de votre côté si vous respectez l'essentiel de l'agenda que vous vous êtes fixé.

Il faut respecter le plan de réponse établi au départ.

L'évaluation de la réponse à un cas tient compte de l'importance et du nombre de problèmes ou enjeux à traiter. Il y aura probablement une valeur limite par sujet ou par groupe de sujets. En conséquence, il est évident que le candidat ne peut obtenir une évaluation parfaite de la section « comptabilité » s'il y a trois questions comptables importantes dans le cas et qu'il n'en a traité que d'une seule. De même, la réponse est incomplète si seulement les avantages, et non les inconvénients, de l'acquisition d'une filiale ont été relevés. Il faut donc que la réponse présente une couverture adéquate des problèmes ou enjeux, en accordant davantage de profondeur aux plus importants.

Tenir compte des indices compris dans l'énoncé du cas

Il faut naturellement rédiger sa réponse en tenant compte des indices compris dans le cas puisque celui-ci fournit le cadre de la discussion. Il est donc inapproprié de réinventer ou changer le cas en axant sa réponse sur des voies strictement hypothétiques. Autrement dit, il faut faire attention à ne pas abuser des expressions suivantes : « Oui, mais si… », « Peut-être que… », « Si j'essayais ceci… », « Si la direction pouvait changer cela… ». Ce genre de tergiversations ne vous mènera nulle part, sinon à discuter d'éléments qui n'ont rien à voir avec le contexte particulier du cas. Les « si » (ou les « peut-être ») doivent être utilisés avec prudence, car trop de *si si si*… pourraient bien vous amener à construire votre réponse à côté du travail à faire et de l'axe de la demande, c'est-à-dire en dehors du cadre du cas.

Voici des exemples illustrant ces propos.

Premier exemple

Une analyse de rentabilité est requise. Les prévisions de ventes du vice-président, marketing paraissent optimistes. Toutefois, on ne peut évaluer exactement jusqu'à quel point elles le sont, car il n'y a aucun indice dans le cas à cet effet. Le candidat décide pourtant de diminuer – tout à fait arbitrairement – les ventes prévues de 25 %. Ce n'est pas une bonne idée!

Les calculs de la réponse doivent être faits à partir des prévisions de ventes fournies dans le cas, bien qu'elles soient remplies d'incertitudes. Certes, il sera approprié d'en soulever les limites dans l'analyse qualitative, mais on ne doit pas changer arbitrairement les données disponibles.

**Il ne faut pas inventer des chiffres
quand ils sont déjà fournis dans le cas.**

Deuxième exemple

On examine les états financiers et on remarque que le poste Stocks est le plus élevé de l'actif courant (à court terme). Le travail à faire est de traiter des questions comptables importantes, mais on ne réfère aux stocks à aucun autre endroit dans l'énoncé du cas. En cours de rédaction, le candidat décide pourtant de décrire la manière de comptabiliser les stocks en remplissant toute une page sur ce sujet.

Il est inapproprié de discuter à tout prix de tous les postes importants. Un poste important n'est pas automatiquement un sujet important. Il faut que le cas fournisse des indices qu'un problème ou enjeu existe, sinon que peut-on en dire? En l'absence d'indices, le candidat ne pourra pas faire autrement que d'être essentiellement théorique, et ses propos « improvisés » ne seront pas pertinents.

**Il ne faut pas inventer des problèmes ou enjeux
quand le cas ne contient pas d'indices
pouvant supporter la discussion.**

Il va de soi que le correcteur qui évalue la réponse à un cas ne tiendra pas compte d'éléments non pertinents tels que des problèmes ou enjeux hypothétiques, ou des exposés théoriques non demandés.

Troisième exemple

On doit choisir le produit à fabriquer en fonction du nombre limité d'heures-machine disponibles. Le candidat effectue le calcul pertinent de la contribution marginale par facteur contraignant (par heure-machine). Par la suite, il décide d'explorer l'hypothèse suivante : « Si l'entreprise agrandissait l'usine et n'avait plus aucune limite quant aux heures-machine, le profit supplémentaire serait de 11 111,11 $. »

Cette hypothèse a mené le candidat à calculer un chiffre hypothétique de profit qui ne sera certainement pas utile à l'entreprise, du moins à court terme. Cela est d'autant plus inutile lorsqu'aucun indice du cas ne permet de croire que l'agrandissement de l'usine fasse partie des projets de l'entreprise. Remarquez le premier mot de la phrase ... un « si »!

Rédiger une section « Aperçu »

Plusieurs cas nécessitent la rédaction d'une première section dite d'introduction que l'on appelle « Aperçu », « Contexte », ou encore, « Généralités ». Compte tenu de l'objectif que je désire donner à cette section, je préfère le terme « aperçu » puisqu'il suggère que les idées avancées caractérisent une bonne partie de la réponse. À mon avis, le terme « contexte » semble dire que l'on doit présenter un résumé des particularités du cas ou des caractéristiques de l'entreprise à l'étude. Quant au terme « généralités », il semble faire appel à des idées vagues, superficielles ou générales qui ne servent pas la résolution intégrée d'un cas. Ces deux dernières définitions ne conviennent pas.

Certains candidats s'enfargent beaucoup trop dans les détails dans cette première section. Il n'est pas normal, par exemple, de présenter une section « Généralités » de deux pages alors que la réponse au cas de 25 points (60 minutes) tient sur six pages au total. Bien que cela soit vraisemblablement considéré dans l'évaluation de la réponse, il faut convenir qu'il y aura une limite aux éléments de cette section.

La section « Aperçu » doit plutôt contenir des éléments de base, nouveaux et précis, à prendre en considération tout au long de la réponse. On doit y trouver, s'il y a lieu, des clarifications quant au mandat, des contraintes, des mises au point, des définitions, des références de base ou des constatations qui touchent une bonne partie ou l'ensemble de la réponse. On peut également y retrouver une discussion sur les besoins des utilisateurs, sur les conflits entre les parties, sur les préférences des intervenants et sur le risque d'audit.

Dans cette première section, on ne devrait pas trouver d'éléments de résolution des problèmes ou enjeux qui feront ultérieurement l'objet d'une section distincte dans la réponse. Par exemple, il serait maladroit d'aborder le traitement comptable d'une opération non monétaire dans l'Aperçu si on sait qu'il s'agit d'une question comptable à discuter plus loin. Amorcée au tout début de la réponse, la discussion risque d'être incomplète. Par la suite, en revenant sur le sujet, il y aura fort probablement répétition des mêmes idées.

Lorsque les idées émises concernent un problème ou enjeu précis, il est naturellement acceptable de les présenter à même l'analyse de celui-ci. Ainsi, par exemple, un candidat peut vouloir discuter du risque d'audit à même la planification de son mandat. Ou encore, les divergences de vue entre deux coentrepreneurs, quant à l'orientation future de la coentreprise, peuvent être soulevées dans l'analyse d'un projet d'investissement. L'important est de ne pas perdre de temps à se répéter tout en présentant les interrelations nécessaires entre les divers sujets discutés.

**La section « Aperçu » contient des idées distinctes
qui commencent et se terminent
dans cette première section.**

Des exemples d'idées pouvant figurer dans la section « Aperçu » sont présentés ci-dessous.

- ℘ La société a intérêt à augmenter son fonds de roulement pour respecter la clause de son emprunt hypothécaire.

- ℘ Il y a eu plusieurs opérations inhabituelles au cours du dernier mois de la période courante.

- ℘ Le directeur général souhaite maximiser le résultat (bénéfice net) afin de faciliter l'émission de titres à la Bourse.

- ℘ L'obtention de flux de trésorerie positifs est cruciale à la survie de Max inc.

- ℘ Recto est économiquement dépendante de son seul client Verso.

- ℘ La mise en place de procédures de contrôle interne est indispensable étant donné la décentralisation de la prise de décisions.

POINT DE VUE

Devant certains cas, il arrive que l'on ne sache pas du tout ce qui doit être écrit dans la section « Aperçu ». Je vous suggère alors de ne pas perdre trop de temps à chercher des idées. Il vaut mieux commencer la résolution des problèmes ou enjeux relevés, quitte à revenir à cette première section par la suite. Je compare parfois la section « Aperçu » à l'introduction d'un rapport ou d'un travail de recherche. Il arrive souvent que l'on finisse la composition de cette introduction en cours de route ou à la toute fin. De la même manière, les idées qui caractérisent l'essentiel d'une réponse sont parfois plus claires lorsqu'une partie des sujets a déjà été analysée.

Lorsque la présentation d'une réponse requiert une structure précise, une section « Aperçu » n'est habituellement pas prévue. Toutefois, les idées émises ci-dessus sont toujours pertinentes et suffisamment importantes pour être mentionnées dans la réponse. On les retrouve tout simplement ailleurs, dans un Sommaire exécutif, une Introduction ou une Analyse de la situation actuelle, par exemple. Ainsi, la constatation de la dépendance économique de Recto face à Verso peut certainement servir d'introduction à l'analyse d'un projet de développement de nouveaux produits.

Certains cas présentent des particularités qui rendent parfois inutile la présence d'une section « Aperçu ». Effectivement, les questions posées sont parfois très dirigées ou ne concernent qu'un seul sujet (ex.: discuter du manque d'éthique de...) ou sont très courtes (ex.: 12 minutes). On place alors toutes les idées qui permettent de solutionner la demande sous un même parapluie. Par contre, lorsqu'il y a plusieurs problèmes ou enjeux à traiter, l'Aperçu est un bon endroit où présenter les idées qui chapeautent plusieurs sujets ou qui présentent un lien entre eux.

Inscrire des titres et des sous-titres

Il faut inscrire des titres et des sous-titres appropriés dans la réponse. Plus ils seront précis, plus la réponse sera dirigée vers l'essentiel de la demande. Le titre doit donc faire directement référence à un aspect du cas devant être traité. Ainsi, « salaires ou dividendes », « risques de l'investissement », « comptabilisation des apports en nature » ou « procédures d'audit sur les frais juridiques » sont des titres adéquats, car ils obligent le candidat à bien déterminer le sujet de la discussion. En d'autres mots, il s'agit tout simplement de bien cibler, dès le départ, le problème ou enjeu qui sera analysé. Ainsi, un titre tel que « stocks » ne suffit pas. Il faut plutôt inscrire « détermination des coûts incorporables », « dépréciation des stocks » ou « écarts suite au dénombrement ». Notons aussi que la préparation adéquate d'un aide-mémoire et d'un plan de réponse facilite grandement la détermination des titres et sous-titres de la réponse.

Certains candidats ne se soucient pas de donner des titres précis aux diverses sections de leur analyse, et cela leur nuit. Par exemple, ils inscrivent le nom de leur client, la date ou le sigle du cours suivi dans le haut de chaque page. Certains rédigent un long texte continu qui, outre les rubriques – Date, À, De, Objet –, ne contient aucune séparation. D'autres se contentent de titres vagues comme « Analyse », « Problème », « Enjeu », « Projet » ou « Rapport ». Comment ces titres peuvent-ils permettre au candidat de s'assurer qu'il a traité l'essentiel des sujets de façon suffisamment approfondie? Comment le lecteur peut-il s'y retrouver? L'élaboration de la réponse doit être davantage guidée et le correcteur mieux orienté. Le fait de prendre le temps d'inscrire des titres et sous-titres adéquats lors de la rédaction permet de mieux structurer et de mieux planifier sa réponse.

Idées pertinentes

Il est clair que la réponse à un cas doit comprendre un ensemble d'idées pertinentes. Ces idées doivent donc répondre au travail à faire ou au travail à effectuer, compte tenu des particularités du cas. Ainsi, pour qu'elle puisse éventuellement être considérée par le correcteur qui évalue la réponse, une idée doit absolument être utile aux besoins du destinataire du rapport. Il s'agit ni plus ni moins de la règle fondamentale qui consiste à donner à l'employeur ou au client ce qu'il désire et non ce que nous voulons qu'il reçoive, ou encore, ce que nous avons envie de lui raconter! Il faut donc constamment tenir compte des paramètres du cas.

Seules les idées pertinentes doivent composer la réponse.

70 Cela devient une faiblesse majeure lorsqu'un candidat décide de ce qui est bon pour l'employeur ou le client sans tenir compte de ce que ce dernier a demandé. Certes, vous êtes bien placé pour lui donner de bons conseils, mais le cadre est restreint au travail à faire, c'est-à-dire à la demande. Ainsi, il n'est pas approprié d'énumérer tout ce qu'il faut présenter dans un prospectus d'émission sous prétexte que le client désire éventuellement émettre des obligations à la Bourse. C'est en dehors du mandat et ce n'est donc pas pertinent. Il faut par conséquent que le candidat lutte contre la tendance naturelle, amplifiée dans un contexte de nervosité, qui consiste à écrire tout ce qu'il sait. Émettre plusieurs idées en épuisant un sujet peut être un phénomène rassurant, mais parfois trompeur, particulièrement lorsque ces idées s'éloignent de l'axe de la demande. Il vaut mieux écrire trois ou quatre idées pertinentes que d'en écrire dix qui ne le sont pas du tout. L'objectif de la rédaction d'un cas n'est pas de faire étalage de l'ensemble de ses connaissances sur un sujet, mais plutôt de faire part de celles qui sont appropriées.

POINT DE VUE

Personnellement, je lis et relis régulièrement la description du travail à faire afin de m'assurer de ne pas passer à côté de ce que le cas demande. Plus précisément, je fais cette relecture avant le début de l'analyse de chaque sujet, groupe de sujets, problème ou enjeu.

Les candidats ont tendance à oublier le travail à faire au fur et à mesure que le temps passe. Par exemple, si on doit discuter de comptabilité et de fiscalité pour plusieurs sujets, il faut parler des deux aspects à chacun d'eux. Il arrive souvent que les candidats y pensent pour les deux ou trois premiers sujets, mais qu'ils oublient le traitement fiscal pour les derniers. Évidemment, le correcteur qui évalue la réponse tiendra compte du caractère incomplet de la discussion sur la fiscalité.

Avant de vous fournir une liste d'exemples où les idées ne seraient pas pertinentes, je désire vous présenter une situation simple, claire, un peu farfelue, mais qui illustre bien les propos précédents. Supposons que c'est vendredi soir et que vous êtes avec vos amis. Vous avez faim et vous commandez trois pizzas garnies de grand format avec frites et cola. Lorsque la commande arrive, vous constatez que le livreur vous apporte neuf salades maison à la place des trois pizzas attendues. Vous avez parfaitement le droit de refuser de payer et de retourner la commande. Le livreur peut toutefois insister et vous dire que la salade est bien meilleure pour votre santé! Il a raison… mais cela ne vous fera probablement pas changer d'avis. Pour le moment, vous n'en voulez tout simplement pas. C'est le même principe en rédaction de cas. Quoi que vous disiez – même s'il s'agit d'une idée exceptionnelle qui pourrait vous valoir un prix! – il est inutile de l'écrire si elle ne s'inscrit pas dans l'axe de la demande. Rien à faire! Quand vous sortez du cadre d'un cas, ce n'est pas pertinent.

Voici quelques exemples où des idées non pertinentes sont présentées.

- Le candidat décide que l'exigence de la banque quant au maintien d'un montant minimum dans le compte courant bancaire n'a pas sa raison d'être et décide de faire comme si cela n'existait pas.

- La superviseure demande de calculer le bénéfice imposable de la société. Le candidat décide de faire la liste de ce qui créera un poste d'impôts différés (futurs) à l'état de situation financière (bilan).

- L'associé demande de planifier la prochaine mission d'audit. Le candidat décide qu'une mission d'examen suffit et discute de chacun des points comme s'il faisait un examen plutôt que l'audit des états financiers.

- La trésorière se demande comment comptabiliser les dons de charité reçus par l'organisme de charité. Le candidat décide alors de présenter une liste de procédures de contrôle concernant la réception des dons.

- On doit évaluer la rentabilité d'un investissement dans un nouveau produit. Le candidat décide plutôt de discuter de marketing et propose une mise en marché détaillée du produit.

- Le vice-président, finances vous demande d'analyser les divers moyens de financement. Le candidat décide que la société n'a pas besoin de financement externe, car elle détient de nombreux placements facilement réalisables, et il ne discute pas des autres options.

- On doit traiter de diverses questions comptables. Le candidat se rend compte que toutes les méthodes comptables choisies au cours de la période augmentent le résultat (bénéfice net) parce que les directeurs reçoivent une prime basée sur celui-ci. Il décide alors de suggérer des modifications au mode de calcul des primes.

- Le candidat présente une évaluation du contrôle interne sous prétexte que l'entreprise vient de connaître une croissance rapide. Bien que l'on constate souvent des déficiences du contrôle dans ces circonstances, cela n'en fait pas automatiquement un sujet à discuter.

Les exemples ci-dessus nous permettent de constater qu'il est facile de « glisser » à côté de la question en écrivant des idées non pertinentes. Le candidat peut décider que ce qu'il y a dans le cas ne convient pas et changer une mission d'audit en examen, par exemple. Ou encore, il peut faire étalage de ses connaissances au lieu de s'en tenir strictement au travail à faire, en ajoutant le traitement fiscal de chaque question comptable discutée. La rédaction d'idées non pertinentes entraîne une perte de temps. Puisque ces idées seront ignorées par le correcteur, leur écriture empêche le candidat de discuter d'autres sujets qui pourraient être, quant à eux, davantage méritoires. Par ailleurs, la présence d'un trop grand nombre d'idées non pertinentes à la demande met en évidence la difficulté du candidat à préciser et prioriser ses objectifs de travail. Cela pourrait le pénaliser lors de l'évaluation globale de sa performance.

> **Sans indice valable qu'elle découle de la demande,
> l'idée ne sera pas prise en compte dans l'évaluation.**

J'aimerais également attirer votre attention sur le fait qu'il faut éviter de contredire ses propres idées. La rédaction d'un cas exige du candidat qu'il soit cohérent dans ses propos et qu'il donne « l'impression » de savoir exactement de quoi il parle – même si ses pensées sont parfois nébuleuses! Une opinion écrite doit donc être clairement exprimée et convaincante.

Voici quelques observations qui complètent la discussion précédente et qui vous guideront dans l'élaboration d'idées pertinentes.

Discuter de ce qui ne va pas ou de ce qui doit être changé

Dans la résolution d'un cas, il faut surtout discuter des problèmes ou enjeux, c'est-à-dire de ce qui ne va pas ou de ce qui doit être changé. En contrepartie, une discussion sur ce qui se porte bien exige moins de profondeur. Lorsque le ciel est sans nuages, la discussion est courte et se borne à mentionner ce qui est adéquat et pourquoi. Une ou deux phrases par sujet suffisent, puis on passe rapidement à autre chose. Par exemple, dans l'analyse qualitative d'un projet d'investissement, il faut insister davantage sur les inconvénients ou les risques; les décrire, puis suggérer comment les mitiger, si possible. Quant à la liste des avantages ou des opportunités, elle est habituellement plus succincte.

Certains cas requièrent que la résolution d'enjeux stratégiques suive une structure précise où le candidat doit tenir compte du côté « cour » et du côté « jardin » d'une situation. Cela signifie qu'il doit énumérer les avantages (arguments « pour ») et les inconvénients (arguments « contre ») pour chacun des problèmes ou enjeux qui s'y prêtent. Dans ces circonstances, l'évaluation de la réponse tient compte de la capacité du candidat à examiner, dans un équilibre raisonnable, les deux aspects d'une même situation.

Le fait de se concentrer sur les problèmes ou enjeux est très compréhensible puisque c'est la raison fondamentale du mandat accordé. En effet, la société embauche un conseiller externe ou demande à son contrôleur de traiter spécifiquement de certains points parce que ceux-ci exigent un constat sur analyse, une prise de décisions ou la formulation d'améliorations.

Voilà pourquoi on fait appel à vous. Il faut également admettre qu'il y a toujours plus de choses à dire sur les éléments problématiques que sur ceux qui vont bien. D'ailleurs, on s'en rend compte en regardant les informations télévisées et en lisant la presse écrite!

Voici donc des exemples où il faut plutôt se concentrer sur les problèmes, les déficiences ou les faiblesses d'une situation donnée.

- On vous demande une évaluation des procédures de contrôle interne de la société. Cela signifie que vous devez relever et analyser les déficiences, comme un manque de documentation justifiant l'émission des chèques, pour ensuite faire des recommandations d'amélioration. La mention des forces du contrôle interne ne sera pas ou peu considérée dans l'évaluation de la réponse.

- Le mandat consiste à évaluer le travail d'un autre auditeur (externe ou interne). Vous devez principalement relever les éléments erronés, comme la comptabilisation à l'actif des coûts d'entretien, ou relever le manque de jugement dans le travail effectué. La mention de ce que cet auditeur a fait correctement sera peu ou pas prise en compte dans l'évaluation de son travail.

- Vous devez présenter une analyse financière. Il vous faudra insister davantage sur les problèmes ou enjeux relevés, tel un délai de recouvrement élevé des comptes clients, puis trouver des solutions pour redresser la situation. La mention de ce qui va bien, tel un ratio d'endettement peu élevé, aura moins de valeur dans l'évaluation de la réponse.

Intégrer les idées au cas

Vos idées seront davantage pertinentes si elles sont intégrées au cas et à son contexte spécifique. Je vous rappelle que les discussions strictement théoriques sont rarement utiles et doivent être évitées. L'idée que l'on écrit ne doit pas être applicable à toute entité quelle qu'elle soit, mais s'appliquer particulièrement à celle qui est étudiée. De même, il serait maladroit de reprendre telle quelle une phrase que l'on a vu dans un cas précédent. Il faut que l'analyse, les conclusions et les recommandations s'appliquent le plus directement possible au cas présent. À cette fin, le candidat s'apercevra que l'identification des divers indices du cas, réalisée à l'étape de la lecture, lui est particulièrement utile.

> **Lorsqu'une idée, une phrase ou un paragraphe**
> **s'applique tel quel à tous les cas ou à toute entité,**
> **cela signifie que la réponse n'est pas assez intégrée.**

Voici plusieurs exemples illustrant l'intégration des idées d'une réponse à l'énoncé du cas.

Idée qui manque d'intégration	Idée intégrée au cas
Tout engagement contractuel doit être décrit en note.	**L'obligation d'acheter la société SC d'ici trois mois** est un engagement contractuel à décrire en note.
Il faut comptabiliser à l'actif, car il y a des avantages futurs attendus.	Les **coûts de conception du site Web** sont comptabilisés à l'actif, car les **ventes vont augmenter de manière significative**.
La valeur actualisée nette est calculée sur cinq ans, car c'est plus prudent.	La valeur actualisée nette est calculée sur cinq ans, car il s'agit de la **durée de vie habituelle des produits de ce secteur**.
Il n'est pas permis de payer autant de frais de déplacement.	**L'entente avec les employés** ne prévoit pas le remboursement des déplacements pour une **distance inférieure à 20 km**.
Une subvention reçue pour l'achat d'un actif à long terme peut diminuer cet actif.	La **subvention de 200 000 $** peut diminuer le **coût de la nouvelle usine**.
Les projets de ce genre sont risqués.	La construction d'un **nouveau restaurant** est risquée étant donné le **grand nombre de fermetures dans la région**.
Quelqu'un pouvait changer le nom du bénéficiaire du chèque.	Le **contrôleur** pouvait changer le nom du bénéficiaire du chèque.

Remarque : Tout ce qui est écrit dans la colonne de gauche est vrai! C'est trop théorique ou trop général, pour être pertinent, mais ce n'est pas erroné. Dans la colonne de droite, c'est le lien avec l'indice du cas qui donne toute sa pertinence aux idées émises.

Présenter une analyse complète

Le principal objectif à viser, lorsque vous rédigez une réponse, est de présenter des idées que le correcteur jugera pertinentes. Pour atteindre cet objectif, il faut vous assurer de présenter une analyse complète, qui répond à trois questions que j'estime essentielles : **Pourquoi? Quel est l'impact? Comment?** Si vous gardez constamment ces trois questions à l'esprit et savez les poser au moment opportun, vous arriverez sans aucun doute à présenter un ensemble d'idées pertinentes et complètes.

EXEMPLES DE QUESTIONS À SE POSER

Question à se poser	Explication	Exemples
Pourquoi?	Justification de l'idée avancée : **CAR...** Puisque... Pour... Étant donné... Afin de...	- Je recommande un prix de cession interne égal à celui du marché, **CAR** les deux divisions sont des centres de profit et qu'il existe un marché externe. - **ÉTANT DONNÉ** le nombre peu élevé d'employés, la séparation des fonctions est plus difficile. - **PUISQUE** les services seront rendus en 20X4, les charges afférentes devront être inscrites dans cette période.
Quel est l'impact?	Conséquences : **DONC...** Ainsi... Je recommande...	- Le fonds de roulement de 1,2 est inférieur à celui exigé par la banque qui peut **DONC** décider de rappeler son prêt. - Je vous **RECOMMANDE** d'adopter, dans tous les pays où la société est présente, la même norme environnementale, qui serait la norme acceptable la plus élevée.
Comment?	Exécution de ce qui est proposé : Quoi faire? Comment faire? De quelle façon peut-on s'y prendre?	- liste d'améliorations au contrôle interne; - procédures d'audit sur les dettes éventuelles; - liste d'informations pour compléter la déclaration fiscale; - préparation d'un budget de trésorerie pour suivre les entrées et les sorties d'argent; - plan de mise en œuvre (qui, quoi, quand, coût).

**L'utilisation des conjonctions « car » et « donc »
est indispensable en rédaction de cas.
Une grande partie de la solution proposée
s'explique par l'usage qu'on en fait.**

Présenter plusieurs idées différentes

Pour obtenir une réponse adéquate à tout cas simulé, un certain nombre d'idées différentes doit être présenté, et ce, pour deux raisons. Premièrement, la plupart des problèmes ou enjeux nécessitent une analyse comprenant plusieurs arguments et parfois même l'évaluation d'au moins deux aspects ou options, le tout suivi d'une conclusion ou d'une recommandation. Cela exige une profondeur d'analyse minimale à chaque sujet demandé par le travail à faire. Comme il y a plusieurs sujets, le nombre d'idées à écrire devient rapidement élevé. D'ailleurs, la plupart des candidats se plaignent de ne pas avoir assez de temps pour écrire toutes les idées qu'ils ont en tête. Et en plus, ce phénomène s'amplifie généralement au fur et à mesure que vous gagnez en expérience. Voilà pourquoi je suis profondément persuadée que vous devez absolument trouver des moyens d'être plus efficient dans la rédaction de toute réponse afin de pouvoir écrire davantage d'idées différentes – qui soient aussi pertinentes.

Deuxièmement, on sait que la solution officielle à un cas contient bon nombre d'idées pertinentes, vraisemblablement prises en compte lors de l'évaluation d'une réponse. Toutefois, il n'est pas toujours facile de déterminer le niveau d'importance accordé à chacune d'entre elles. D'ailleurs, il arrive qu'on ne comprenne pas qu'une idée que l'on juge valable – parfois même l'une de vos favorites – ne s'y trouve pas. Nous en déduisons qu'il faut écrire beaucoup d'idées différentes pour maximiser ses chances de répondre aux exigences minimales à la réussite d'un cas. En effet, malgré toute votre bonne volonté, il se peut que votre idée ne corresponde pas à la demande, qu'elle manque de clarté, qu'elle porte sur un sujet peu important ou qu'elle ne soit tout simplement pas prise en considération dans l'évaluation. Par conséquent, le seul choix qui s'offre à vous est de générer un grand nombre d'idées. Je vous suggère de calculer de temps à autre le nombre d'idées pertinentes et différentes contenues dans votre réponse. En comparant ce nombre au fil du temps, vous pourrez évaluer vos progrès en ce qui concerne l'efficacité de votre style de rédaction.

Diversifier la réponse

Certes, les idées doivent être pertinentes et différentes, mais elles doivent également porter sur un certain nombre de problèmes ou enjeux. La réponse doit être diversifiée. Tel que mentionné précédemment dans ce volume, il faut traiter tous les problèmes ou enjeux importants ainsi que de la majorité des autres. En ce qui concerne la rédaction d'une réponse, on dit bien souvent que « Les idées les plus accessibles apparaissent dans les premières minutes consacrées à un sujet. » En fait, on sait qu'un candidat a rarement le temps d'hésiter lorsque vient le temps de la rédaction.

Ainsi, les premières minutes passées à la rédaction d'un sujet sont habituellement les plus profitables. Autrement dit, dans le respect du plan de réponse, il est rarement utile de vouloir à tout prix parfaire un sujet. Cela n'en vaut pas la peine, car cela gruge du temps de qualité aux sujets suivants. Les dernières minutes passées sur un sujet sont habituellement moins productives que les premières minutes du sujet qui suit.

POINT DE VUE

Un de mes confrères raconte la petite histoire suivante, laquelle illustre bien les propos précédents. Supposons que vous êtes devant un beau grand champ de fraises. Si votre objectif est de les cueillir entièrement et d'en tirer le maximum de profit, vous allez prendre le temps d'effectuer la cueillette rang par rang, de manière ordonnée, afin de ramasser toutes les fraises mûres qui s'y trouvent. Toutefois, si je restreins les règles du jeu en vous demandant de remplir une proportion minimale (niveau « compétent » ou note de passage de 60 %) d'un cageot (qui comprend plusieurs paniers) dans un temps limité, disons 4 heures, ce n'est plus la même chose… Si je vous dis en plus que la réussite de cette épreuve vous permettra d'accéder à un titre professionnel, cela accroîtra votre nervosité. Quelle est la meilleure stratégie pour réussir? Celle de regarder rapidement l'ensemble des rangs pour déterminer ceux qui sont les plus importants et, par la suite, courir sans perdre de temps pour ramasser les fraises les plus grosses et les plus rouges de chacun d'entre eux. Finalement, il faut tout de même s'arrêter aux rangs de moindre importance pour y cueillir les plus belles fraises, sans s'y attarder outre mesure. Voilà!

Idées nouvelles

Pour être jugé valable, le texte de la réponse doit essentiellement contenir des idées nouvelles. Il doit apporter des éléments qui étaient jusqu'à présent inconnus de l'employeur ou du client. Une idée est nouvelle si elle n'a pas été préalablement avancée dans l'énoncé du cas ou dans les pages précédentes de votre réponse. Seules les idées nouvelles sont prises en compte par le correcteur d'un cas.

POINT DE VUE

Le truc que je donne souvent aux candidats est de s'imaginer que le destinataire du rapport leur remettra 20 $ pour chaque nouvelle idée pertinente. Afin de pouvoir lui présenter une facture aussi élevée que possible, il faut offrir à votre employeur ou votre client un maximum d'idées qui répondent à ses besoins. Si les idées avancées sont déjà connues, il est compréhensible que personne ne veuille payer pour celles-ci. Le candidat doit donc éliminer ou minimiser toute répétition du cas ou du contenu de sa propre réponse. Par exemple, si le cas fait état d'un problème dans la structure organisationnelle, le candidat qui mentionne que la décentralisation peut être une solution apporte une idée nouvelle. Par contre, si le cas mentionne que la décentralisation est déjà envisagée par la haute direction, la répétition de cette possibilité ne sera pas une idée nouvelle. C'est l'analyse de celle-ci qui le sera. Ce qui importe donc est que le texte de votre réponse contienne un maximum d'idées nouvelles et pertinentes.

Je vous présente ci-dessous quelques situations où la répétition d'idées est inutile.

1. Il est inutile de résumer le cas au début de chaque sujet discuté.

Il faut considérer que le destinataire du rapport, en l'occurrence le correcteur, connaît très bien les données du cas, ce qui est d'ailleurs vrai. Il ne faut donc pas perdre de temps à répéter ou à résumer l'énoncé du cas.

EXEMPLE DE RÉDACTION (À ÉVITER)

Le directeur général de la société a mentionné que la banque avait imposé des clauses restrictives lors du renouvellement de l'emprunt hypothécaire. Ainsi, au moins 5 % du total des actifs doit être conservé en argent liquide ou en placements facilement réalisables, et le ratio d'endettement ne doit pas excéder 1,25.

Il faudra donc déterminer si les ratios imposés sont respectés à la clôture de la période, compte tenu des erreurs de comptabilisation relevées.

Il faudra également obtenir le mode de calcul défini par la banque.

Tout le premier paragraphe est inutile. Il s'agit tout simplement d'un résumé du cas et le lecteur du rapport n'en a pas besoin. Il le connaît par cœur! C'est donc évident que les propos du premier paragraphe ne seront pas pris en compte dans l'évaluation de la réponse (alors pas de 20 $...).

EXEMPLE DE RÉDACTION (SUGGÉRÉ)

Clauses de la banque :

→ déterminer si les deux ratios sont respectés au 30 juin (5 % de l'actif; endettement 1,25), compte tenu des erreurs de comptabilisation relevées.

→ obtenir le mode de calcul défini par la banque.

Il est évident que le fait de ne pas répéter le cas rend la rédaction beaucoup plus rapide. Un titre clair et précis oriente très bien le lecteur quant au sujet traité et élimine bien souvent la nécessité de résumer le cas. Encore une fois, vous comprendrez que les titres et sous-titres sont des trucs de rédaction très efficaces. Notez également qu'une brève mention des ratios entre parenthèses permet de préciser la discussion. Finalement, comme il s'agit d'une « liste » d'actions à entreprendre, vous pouvez adopter un style un peu plus télégraphique pour cette partie de la réponse, où chaque idée débutera par un verbe à l'infinitif. Vous pourrez faire de même si les circonstances exigent une « liste » de procédures d'audit, par exemple.

POINT DE VUE

Plusieurs candidats font systématiquement l'erreur de résumer l'énoncé du cas avant de commencer à le résoudre. Cela explique pourquoi, par exemple, le premier tiers de la discussion de chaque sujet n'est pas pris en compte dans l'évaluation de leur réponse. C'est une perte de temps. Comme à peu près tous se plaignent de manquer de temps en cours de rédaction, l'élimination de cette pratique inutile est grandement bénéfique.

Certains candidats me disent que le fait de résumer les données du cas sur un problème ou enjeu avant de l'analyser leur permet de mieux comprendre ce qui se passe. C'est un point de vue qui se défend, mais encore une fois, je considère qu'il n'y a pas de temps disponible pour réécrire le cas. Un compromis acceptable serait d'effectuer ce processus mentalement; ou, pour des sujets particulièrement complexes, d'en faire une récapitulation succincte sur une feuille de brouillon.

Une mise au point s'impose ici, car les propos précédents peuvent sembler contradictoires au fait indéniable que la réponse doit être constamment intégrée au cas; ce qui sera toujours vrai. Il y a donc une **différence entre répéter ou résumer le cas** et **l'utiliser**. Le premier aspect, illustré dans l'exemple ci-dessus, alourdit inutilement la rédaction de la réponse. Le deuxième aspect, quant à lui, est indispensable à la réussite d'un cas. Autrement dit, les divers éléments ou indices d'un cas doivent être utilisés pour justifier, expliquer ou évaluer une idée que vous avancez. Ce processus fait partie intégrante de la résolution des problèmes ou enjeux.

L'utilisation des indices du cas dans la réponse est indispensable.

Voici des exemples où l'information provenant du cas est utilisée, et pas seulement répétée ou résumée.

- Il faut classer le billet à payer à l'actionnaire dans les capitaux propres, CAR **aucune modalité de remboursement n'est prévue au contrat.**

- Je recommande l'acquisition de cette entreprise PUISQUE le prix demandé est en deça de la juste valeur calculée et que cela concorde avec **votre objectif de diversifier les activités.**

- ÉTANT DONNÉ que **25 % des ventes sont conclues avec l'entreprise de l'époux de la propriétaire**, il s'agit d'opérations entre parties liées (apparentées), qu'il faudra divulguer par voie d'une note aux états financiers.

- Il m'apparaît indispensable que le système informatique des commandes permette la consultation simultanée de la disponibilité des marchandises de tous les magasins et de l'entrepôt AFIN D'éviter **les pénuries et les excédents d'inventaire si fréquents.**

Remarque : Les termes présentés à la page 75 sont utilisés avec efficacité pour justifier les idées avancées.

Voici un exemple où l'information provenant du cas est mal utilisée.

EXEMPLE DE RÉDACTION (À ÉVITER)

Le directeur me mentionne que la qualité des produits est un facteur clé de succès dans le secteur d'activité.

Je vous recommande de ne pas vous approvisionner de MIX.

La première phrase n'est ni plus ni moins qu'une répétition du cas. Le lien avec la recommandation n'est pas systématiquement établi, ou encore, n'est pas clairement ressorti. Il manque des mots ainsi qu'un lien explicatif. En effet, on ne peut demander au correcteur d'extrapoler et d'en déduire que la raison justifiant la recommandation se trouve dans la phrase précédente.

En rédigeant votre réponse, vous devez plutôt fonder votre argumentation sur les indices de l'énoncé du cas, comme présenté ci-après. Prenez note également qu'il est souvent plus facile de faire le lien avec le cas après la mention d'une idée nouvelle et pertinente qu'avant celle-ci. C'est la différence entre la répétition « non réfléchie » de l'information du cas et son utilisation « intelligente ». C'est un truc de rédaction à retenir.

EXEMPLE DE RÉDACTION (SUGGÉRÉ)

Rec. :

Ne pas s'approvisionner de MIX, car la qualité de la matière première est inférieure à celle actuellement utilisée.

Or, la qualité est justement un facteur clé de succès dans le secteur.

2. Il est inutile de présenter deux fois la même idée dans la même réponse.

Je vous rappelle que l'objectif constant est d'écrire le plus grand nombre possible d'idées nouvelles, différentes et pertinentes. Il vous faut donc éviter les répétitions, ce qui vous permet de rédiger de manière plus efficiente et de faire bonne figure dans le temps qui vous est imparti.

EXEMPLE DE RÉDACTION (À ÉVITER)

Il y a une dépréciation des stocks, car la valeur de réalisation nette est inférieure au coût.

Je recommande la comptabilisation d'une dépréciation des stocks, car la valeur de réalisation nette est inférieure au coût.

Ici, il n'y a qu'une option acceptable : la comptabilisation d'une dépréciation. Il est donc inutile de discuter tout d'abord de cette seule possibilité, puis de la ramener sous forme de recommandation. Nous ne parlons pas de deux idées différentes. Je vous suggère donc de passer directement à la recommandation lorsqu'il n'y a qu'une seule option possible. Autrement, c'est une répétition inutile de la même idée.

Remarque : C'est également une idée à retenir lorsqu'on veut rapidement aborder un sujet peu important.

Réc. :

Compt. une dépréciation des stocks,

      car la valeur de réalisation nette est inférieure au coût.

Au moment de la planification de la réponse, on devrait se demander si deux sujets nécessitent un développement partiellement commun. Dans ces circonstances, il faut faire en sorte d'écrire une seule fois les idées qui s'appliquent aux deux sujets, puis séparer par la suite les idées différentes. Il est alors indispensable d'utiliser des titres adéquats ou une référence claire afin de permettre au lecteur de s'y retrouver facilement.

Vous comprendrez sûrement que les inconvénients de la répétition d'une même idée sont amoindris par l'usage de la fonction « copier/coller » d'un logiciel de traitement de texte. Le temps perdu à recopier une même idée est diminué. Toutefois, le fait de rendre la rédaction plus rapide n'est pas le seul objectif poursuivi. En étant plus efficient, le candidat garde constamment à l'esprit la nécessité d'écrire des idées différentes et pertinentes. Cela est indispensable, que la réponse soit rédigée à la main ou à l'ordinateur.

Voici quelques exemples où le regroupement d'idées communes rend la rédaction plus efficiente.

Exemple 1 :

L'analyse du financement d'un nouvel équipement exige le choix entre le créancier TOP et le créancier SUP. Il est *a priori* fort probable que l'analyse de l'un et l'autre fasse appel à des arguments similaires.

Créancier TOP

Avantages :

———→   Le taux est de 0,5% inférieur à celui offert par le créancier SUP.

———→   Offre des économies en matière d'assurance.

Inconvénients :

———→   Les droits d'usage de 1 % pourraient entraîner des coûts de 25 000 $ par année.

———→   Requiert une sûreté supplémentaire : garanties personnelles des actionnaires.

Créancier SUP

Avantages :

———→   Aucuns frais de montage ni droits d'usage de la ligne de crédit.

———→   Offre des économies en matière d'assurance.

Inconvénients :

———→   Le taux est de 0,5% supérieur à celui offert par le créancier TOP.

———→   Requiert une sûreté supplémentaire : garanties personnelles des actionnaires.

EXEMPLE DE RÉDACTION (SUGGÉRÉ)

Créanciers TOP et SUP

Avantage :

———→   Offrent des économies en matière d'assurance.

Inconvénient :

———→   Requiert une sûreté supplémentaire : garanties personnelles des actionnaires.

Créancier TOP

Avantage :

———→   Le taux est de 0,5% inférieur à celui offert par le créancier SUP.

Inconvénient :

———→   Les droits d'usage de 1 % pourraient entraîner des coûts de 25 000 $ par année.

Créancier SUP

Avantage :

———→   Aucuns frais de montage ni droits d'usage de la ligne de crédit.

Contenu de la réponse à un cas

L'exemple précédent illustre le fait qu'un candidat peut accélérer sa rédaction sans pour autant perdre d'idées. Ainsi, pour le même contenu, l'exemple « À ÉVITER » contient huit phrases alors que l'exemple « SUGGÉRÉ » en contient cinq. Outre la rapidité d'écriture, le fait de regrouper les points communs vous permet d'obtenir une meilleure vue d'ensemble de la situation. Ainsi, le fait que les deux créanciers « offrent des économies en matière d'assurance » ne fera pas la différence lors de la recommandation. De plus, remarquons qu'il n'est pas nécessaire de donner les deux sens à un même argument. Par exemple, l'avantage du créancier TOP de demander un « taux de 0,5 % inférieur » n'a pas à revenir sous la forme inverse en tant qu'inconvénient du créancier SUP qui demande un « taux de 0,5 % supérieur ». L'idée de la comparaison des taux d'intérêt est pertinente, mais elle ne sera considérée qu'une seule fois dans l'évaluation.

POINT DE VUE

À l'instar de l'exemple ci-dessus, les cas demandent fréquemment la résolution d'un problème ou enjeu en analysant deux ou trois options sous la rubrique « avantages – inconvénients ». La plupart du temps, ces options sont mutuellement exclusives ou « concurrentielles », c'est-à-dire que seulement l'une d'entre elles peut être adoptée. Par exemple : acheter ou louer, acheter les actifs ou les actions, financement par emprunt ou par émission d'actions, produire ou impartir, recruter à l'externe ou offrir une promotion à l'interne, etc. Dans ces situations, les avantages d'une option sont, pour la plupart, les inconvénients de l'autre et *vice versa*. Naturellement, il faut chercher à présenter son texte avec efficience, en éliminant les répétitions inutiles des mêmes idées. La comparaison est un excellent moyen de faire ressortir les différences. Quoi qu'il en soit, je vous suggère de présenter votre réponse sous forme de colonnes, ce qui fait ressortir davantage les points communs et les différences.

POINT DE VUE

Lorsque la rédaction d'un cas se fait sur papier, il arrive que le candidat se rende compte de l'existence de points communs entre deux sujets lorsque l'un d'entre eux est terminé et qu'il s'apprête à rédiger le deuxième. Dans cette situation, il faut s'assurer de répéter les arguments pertinents. Certains trucs peuvent être utilisés – sans toutefois en abuser –, en particulier lorsque le temps de rédaction est très serré. Pour ce faire, vous pouvez présenter une référence aux arguments à répéter avec un astérisque (« référer aux arguments marqués d'un * » ou « idem * »), un chiffre, une lettre, une accolade (}), ou tout autre signe qui peut vous éviter de perdre du temps à recopier les mêmes idées. Il faut toutefois vous assurer que le lecteur comprenne facilement la référence et que le texte soit organisé de manière à préserver l'apparence professionnelle de votre réponse.

Exemple 2 :

Il faut déterminer si plusieurs types de frais encourus doivent être comptabilisés à l'actif ou inscrits à l'état des résultats. Parfois, compte tenu de la nature similaire de certains d'entre eux, il arrive que les arguments de discussion puissent être les mêmes. Les dépenses encourues pour la construction d'un nouvel immeuble (honoraires de l'architecte, permis de construction, coûts d'excavation, salaires des menuisiers, etc.), par exemple, sont tous des frais directs à la construction qui seront comptabilisés au poste Bâtiment.

EXEMPLE DE RÉDACTION (À ÉVITER)

Le brevet doit être déprécié puisque le produit VHS n'est plus rentable et que sa fabrication va cesser.

Les frais de développement doivent être dépréciés puisque le produit VHS n'est plus rentable et que sa fabrication va cesser.

Cette rédaction manque d'efficience puisque le même argument sert à justifier la décomptabilisation de deux postes différents. Il faut donc grouper ensemble les sujets qui font l'objet d'arguments similaires afin de gagner du temps. Comme le montre l'exemple ci-dessous, la discussion de tous les postes concernés par le même événement – arrêt de la fabrication du VHS – peut figurer au même endroit.

EXEMPLE DE RÉDACTION A (SUGGÉRÉ)

et les frais de développement

Le brevet doit être déprécié puisque le produit VHS n'est plus rentable et que sa fabrication va cesser.

Il peut arriver que vous ayez terminé la rédaction sur le premier sujet avant de réaliser que le deuxième fait appel au même type d'argument. À ce moment-là, vous pouvez compléter le texte déjà écrit sur le brevet en y ajoutant, par exemple, la référence aux frais de développement. Raison de plus pour présenter une réponse aérée, où il sera facile d'insérer d'autres idées. Naturellement, ce genre d'ajustement au texte déjà écrit est plus facile lorsqu'on rédige sa réponse directement à l'écran.

OU

EXEMPLE DE RÉDACTION B (SUGGÉRÉ)

Le brevet et les frais de développement doivent être dépréciés puisque le produit VHS n'est plus rentable et que sa fabrication va cesser.

Contenu de la réponse à un cas

Exemple 3 :

L'entreprise possède plusieurs divisions dont deux ont un profil similaire. L'une fabrique et vend le produit XL5 tandis que l'autre fabrique et vend le produit MP3. La discussion sur la nécessité d'en faire des centres de profit ou d'investissement sera probablement la même et peut, du moins partiellement, être regroupée au même endroit.

Exemple 4 :

Il faut discuter de la comptabilisation d'une opération comptable et deux options (ou plus) doivent être envisagées avant de recommander le traitement comptable approprié.

EXEMPLE DE RÉDACTION (À ÉVITER)

Le produit peut être comptabilisé si l'on considère que le transfert de propriété a eu lieu au cours de la période courante.

Le produit peut être différé si l'on considère que le transfert de propriété aura lieu au cours de la prochaine période.

Je recommande de comptabiliser le produit immédiatement, car je considère que le transfert de propriété a déjà eu lieu.

J'exagère un peu avec ce dernier exemple afin de vous montrer comment une même idée peut revenir sous différents angles. Il s'agit malgré tout d'une répétition. Il faut varier le type d'arguments avancés et utiliser chacun d'entre eux une seule fois, du moins par sujet, là où c'est logiquement le plus approprié. Il faut particulièrement faire attention aux recommandations puisque plusieurs candidats y répètent un argument déjà mentionné, habituellement celui qu'ils jugent le plus solide. C'est inutile. Afin d'éviter la répétition, je vous suggère de garder un argument en réserve pour la recommandation ou d'en profiter pour établir un lien d'intégration. La recommandation est alors intégrée au cas (ex.: facteur clé de succès, politiques de l'entreprise) ou reliée à l'axe de la demande (ex.: flux de trésorerie, calcul de la prime au rendement), au cadre du cas (ex.: analyse des risques d'affaires, évaluation du contrôle interne) ou à des éléments de la section « Aperçu » (ex.: préférences de l'actionnaire majoritaire, contraintes).

EXEMPLE DE RÉDACTION (SUGGÉRÉ)

Le produit peut être comptabilisé, car le transfert des risques et avantages inhérents à la propriété a eu lieu. C'est l'acheteur qui paie l'assurance sur ces stocks.

Le produit peut être différé, car la mesure de la contrepartie est difficile à évaluer.

Rec. :

→ *Comptabiliser le produit immédiatement, ce qui répond également à votre objectif de maximiser le résultat (bénéfice net).*

Le correcteur de votre réponse à un cas ne tiendra pas compte de la répétition inutile d'une même idée ou d'un même concept. L'argument sur le transfert de propriété, utilisé trois fois dans l'exemple ci-dessus, ne sera sûrement pas considéré trois fois dans l'évaluation. Voilà certainement une bonne raison pour éviter les répétitions. Néanmoins, la même idée ou le même concept peut servir pour deux sujets différents, comme l'abandon du produit VHS pour justifier la décomptabilisation du brevet et des frais de développement. Dans cette dernière situation, le regroupement d'idées a pour objectif d'accélérer la rédaction. Il est fort probable que l'évaluation d'une réponse prendra deux fois en considération l'argument utilisé pour deux sujets différents, si cela est pertinent.

La répétition des mêmes propos est une erreur fréquente chez les candidats. Ont-ils oublié qu'ils avaient déjà avancé l'idée? Craignent-ils de ne pas avoir été compris la première fois? Quoi qu'il en soit, il est impératif de minimiser la répétition des mêmes idées. Lorsque vous analysez votre réponse, essayez de repérer les répétitions inutiles et donnez-vous des trucs pour les éviter lors des simulations ultérieures. Cela vous permettra de gagner du temps précieux de rédaction.

3. Il est inutile de présenter deux fois la même idée dans les calculs.

Il faut éviter de justifier longuement la provenance des chiffres qui sont donnés tels quels dans le cas puisque cela équivaut à répéter ou résumer le cas au début du sujet discuté. Encore une fois, laissez-moi vous rappeler que le lecteur de la réponse connaît très bien l'énoncé du cas.

> Cela est d'autant plus vrai que le même chiffre est rarement utilisé deux fois dans le même cas. Un simple examen de l'énoncé d'un cas, incluant le texte, les états financiers et les annexes, vous permettra de faire cette constatation puisqu'il est rare que deux postes ou deux opérations soient au même montant. Cela facilite d'ailleurs l'évaluation de la réponse puisque le correcteur n'a pas à chercher longuement de quoi il s'agit puisqu'à peu près chaque chiffre du cas est unique.

EXEMPLE DE RÉDACTION (À ÉVITER)

Ratio de couverture des intérêts : (BAII* / intérêts)

$$\frac{\text{résultat (bénéfice)} + \text{intérêts} + \text{impôts}}{\text{intérêts}} = \frac{490 + 125 + 135}{125} = \frac{750}{125} = 6,0$$

* bénéfice avant intérêts et impôts

Cette rédaction manque d'efficience puisque le candidat détaille trop la provenance de ses chiffres. Comme ceux-ci sont faciles à retracer dans le cas et qu'ils n'ont pas subi de transformation, l'explication est trop longue. De plus, le sous-total « 750/125 » n'est pas nécessaire.

EXEMPLE DE RÉDACTION (SUGGÉRÉ)

Couverture des int. :

$$\frac{490 + 125 + 135}{125} = 6,0$$

Il faut également éviter de formuler en mots ce que le calcul démontre clairement. Autrement dit, il est inutile d'énoncer l'idée à la fois en texte et en chiffres. C'est exactement comme présenter deux fois la même idée dans la résolution d'un même sujet.

EXEMPLE DE RÉDACTION (À ÉVITER)

Un calcul des flux de trésorerie est nécessaire afin de déterminer si la société sera capable de rembourser ses dettes au cours de la prochaine année.

Je vais donc créer trois sections : activités opérationnelles (d'exploitation), activités d'investissement et activités de financement. Je vais inscrire une à une toutes les entrées de trésorerie, en commençant par les produits, suivies de toutes les sorties de trésorerie, comme les coûts de garantie et les coûts de publicité. Je ferai un sous-total pour ensuite soustraire les investissements et la portion « capital » du remboursement des dettes. À la toute fin, je vais calculer si la trésorerie et ses équivalents sont en surplus ou en déficit.

Il est évident que le deuxième paragraphe en entier est inutile, car il ne contient pas d'idée nouvelle. Tout ce qui y est écrit sera très explicite en observant le calcul fourni plus loin sur une page distincte, probablement en annexe. Le premier paragraphe est à conserver, car il justifie l'utilité du calcul présenté. Par contre, il peut être rédigé plus succinctement et présenté sur la même page que le calcul.

Finalement, il faut éviter de réécrire les mêmes chiffres ou de refaire les mêmes calculs mathématiques. L'utilisation de références claires peut alors vous faire gagner du temps, sans aucunement amoindrir la pertinence de votre réponse.

EXEMPLE DE RÉDACTION (À ÉVITER)

FLUX DE TRÉSORERIE TRIMESTRIEL :

produits	500	550	600	650
achats	250	275	300	325
brut	250	275	300	325
garanties	10	11	12	13
publicité	30	30	30	30
administration	40	40	40	40
intérêts	20	20	20	20
surplus	150	174	198	223

Contenu de la réponse à un cas

90 Le « brut » n'est pas une information utile ici, d'autant plus qu'il s'agit d'un flux de trésorerie et non d'un état des résultats. De plus, puisque les chiffres des trois dernières sorties de trésorerie sont identiques à chacun des trimestres, il n'est pas nécessaire de les répéter, même s'il faut en tenir compte dans les calculs. Vous devez donc trouver une astuce de rédaction qui réduise le temps alloué à l'écriture. À cette fin, vous pouvez utiliser un sous-total qui se répétera à chacun des trimestres, un guillemet, une flèche ou une ligne droite.

EXEMPLE DE RÉDACTION (SUGGÉRÉ)

FLUX DE TRÉSORERIE TRIMESTRIEL

Objectif : déterminer si la société sera capable de rembourser ses dettes à l'échéance

prod.		500	550	600	650
achats		250	275	300	325
gar.		10	11	12	13
pub.	30				
admin.	40				
int.	20	90	90	90	90
surplus		150	174	198	223

Naturellement, lorsque la réponse est rédigée à l'ordinateur, un candidat peut tout simplement « coller » les mêmes chiffres plutôt que de présenter un sous-total. Toutefois, l'exemple ci-dessus offre l'avantage non négligeable d'exiger une meilleure compréhension de l'information. Ainsi, le fait de regrouper ensemble les mêmes données permet au candidat de mieux faire ressortir les similitudes et les différences. Ici, par exemple, il lui sera plus facile de distinguer les frais fixes (publicité, administration, intérêts) des frais variables (achats, garanties).

Notons finalement que je n'utilise pas le symbole du dollar dans ce calcul des flux de trésorerie trimestriel. Ce n'est pas nécessaire. La quasi-totalité de la réponse à un cas peut d'ailleurs être présentée sans ce signe bien connu. Les calculs n'en sont que davantage aérés.

Utilité d'un calcul

Au cours de la rédaction d'une réponse, les calculs sont fréquemment des outils indispensables à l'analyse. Ils peuvent en constituer une partie significative, mais sont rarement à eux seuls l'objectif premier de la résolution d'un cas. Je m'explique. Prenons à titre d'exemple l'analyse de la rentabilité d'un projet ou l'évaluation de la capacité d'emprunt. Un calcul est alors nécessaire afin d'assurer une réponse complète au travail à faire, mais il n'est pas, en lui-même, le problème ou enjeu à résoudre. Autrement dit, le calcul est une partie de l'analyse et non une fin en soi.

POINT DE VUE

Il est surprenant de constater le nombre de candidats qui ne font pas assez de calculs dans la résolution de leurs cas. Ils vont recommander, par exemple, la vente de la division des thermostats électroniques sans fournir aucun chiffre. Cela est d'autant plus surprenant lorsque les données nécessaires au calcul sont présentes dans l'énoncé du cas. Particulièrement dans des contextes de gestion et de finance, il est à peu près impossible qu'aucun calcul ne soit nécessaire pour appuyer les décisions. Il faut compter… calculer… puisque des milliers, voire des millions de dollars, sont en jeu. C'est le monde des affaires! Et vous êtes comptable!

Voici quelques points importants afin de s'assurer de l'utilité des calculs.

Déterminer précisément l'objectif du calcul

Vous devez toujours savoir pourquoi vous faites tel ou tel calcul, c'est-à-dire quel objectif vous souhaitez atteindre afin de diriger vos efforts vers l'essentiel. Les situations où le cas contient une demande claire ou dirigée ne posent pas de difficultés. Toutefois, il est fréquent qu'un cas contienne plusieurs données, dispersées en plusieurs endroits et établies sur différentes bases (montant total, montant par unité, nombre d'unités, etc.). Il n'est alors pas toujours facile de déterminer quel est le calcul approprié dans les circonstances. Dans cette situation, je vous suggère de procéder en deux étapes :

1. Définir l'objectif à atteindre, c'est-à-dire ce qu'on veut analyser et évaluer

En voici des exemples.

- ✆ choisir les produits les plus rentables;
- ✆ établir la juste valeur d'une coentreprise;
- ✆ prévoir les surplus ou les déficits de trésorerie;
- ✆ déterminer si la société est solvable;
- ✆ établir la provision pour promotion;
- ✆ calculer les pertes fiscales inutilisées;
- ✆ déterminer si la clause contractuelle est respectée;
- ✆ faire ressortir les faiblesses financières de la filiale;
- ✆ déterminer le nombre minimum d'unités à fabriquer.

Vous remarquerez que chacun des exemples d'objectifs ci-dessus est une action qu'il est préférable d'exprimer par un verbe à l'infinitif ou à l'impératif. Chacun d'eux est précis et directif. Il faut comprendre que l'atteinte de ces objectifs exigera que la réponse soit plus large que le seul chiffre obtenu par le calcul. Ainsi, par exemple, il faudra certainement commenter la rentabilité des produits ou les faiblesses financières de la filiale. De plus, le fait de devoir effectuer le calcul de la provision pour promotion peut certainement servir la discussion du traitement comptable ou fiscal.

POINT DE VUE

Plusieurs candidats font de petits calculs sans que ce soit vraiment nécessaire à la discussion. Ils vont, par exemple, mentionner le nouveau total de l'actif à la suite de la recommandation de comptabiliser certains frais à l'état de situation financière (bilan), ou encore, ils vont calculer automatiquement le ratio d'endettement de chaque entité du cas. Même s'ils sont courts, ces calculs ne doivent pas être faits s'ils n'apportent rien à la résolution d'un problème ou enjeu. Vous n'avez pas de temps à perdre.

---

2. Faire la liste des moyens de réalisation de l'objectif

Il s'agit ici de se rappeler (et pas nécessairement d'écrire) de quelle façon on peut résoudre tel problème ou enjeu. Prenons par exemple l'évaluation de la rentabilité d'un projet d'investissement. Pour ce faire, on peut calculer la valeur actualisée nette, le taux de rendement interne ou le délai de récupération. Les divers moyens à notre disposition sont généralement limités au nombre de deux ou trois. Cela rétrécit donc le champ des possibilités et devrait vous aider à déterminer ce qui est le mieux dans les circonstances. La valeur actualisée nette est souvent le meilleur outil d'analyse d'un investissement. Toutefois, il faut tenir compte de la disponibilité des données et des indices relevés à la lecture du cas. Si vous lisez, par exemple, que « La coentreprise n'accepte que les projets qui permettent la récupération de l'investissement sur un maximum de trois ans. », soyez assuré que cet indice vous signale qu'il faut calculer et commenter le délai de récupération. D'un autre côté, on calculera seulement la contribution marginale si les coûts de l'investissement ne sont pas fournis.

POINT DE VUE

Les candidats doivent éviter de se lancer tête baissée dans des calculs de toutes sortes, simplement parce que des chiffres peuvent être additionnés, divisés ou placés dans un ratio. Je sais qu'il n'est pas toujours facile de s'accorder un certain temps de réflexion, mais prendre un peu de recul peut vous éviter de perdre ainsi votre temps. Si vous avez de la difficulté à déterminer ce qu'il faut faire avec les chiffres, dites-vous que les autres candidats éprouvent probablement la même chose que vous et essayez de relaxer… Si vous avez bien déterminé l'objectif et si vous vous rappelez les moyens disponibles pour l'atteindre, ce qu'il faut faire avec les chiffres vous paraîtra plus évident.

Il est essentiel de préciser l'objectif
de tout calcul effectué.

L'objectif ou la justification de votre calcul devrait, à mon avis, être toujours inscrit dans l'en-tête de la page où celui-ci est effectué. Il y a au moins deux bonnes raisons à cela. D'une part, les facteurs justifiant, par exemple, le calcul de l'effet cumulatif des anomalies non corrigées peuvent être pris en compte dans l'évaluation de la réponse. D'autre part, cet exercice vous force à réfléchir à l'utilité du calcul. Cela confirme davantage la pertinence de l'analyse quantitative puisque son bien-fondé, en fonction du travail à faire, aura été préalablement exposé.

> Dans certaines circonstances, on accordera une certaine valeur à une « tentative » de calcul dans l'évaluation de la réponse. Cela se remarque lorsque le calcul est relativement compliqué ou lorsque peu de candidats ont pensé à en faire un. Il est toujours aussi important de préciser dans l'en-tête ce qui sera fait ou tenté dans la page. Cela aide le correcteur à comprendre le calcul que vous avez amorcé. Dans ce genre de situation, la présentation d'un calcul simple et court, même s'il est incomplet, suffit habituellement aux fins de l'évaluation.

Malgré toutes les suggestions ci-dessus, je suis consciente que certains candidats ont de la difficulté à déterminer le type de calcul à effectuer. Cela dépend des circonstances, mais quand on est indécis quant à la quantité de détails à considérer, il vaut mieux y aller tout d'abord plus simplement et plus rapidement. Il est plus facile d'apporter des ajustements, au besoin, que de récupérer le temps perdu à cause de calculs trop élaborés. Malheureusement, c'est précisément le contraire que les candidats ont tendance à faire! Trop souvent, en situation d'incertitude, ils voient trop grand et se mettent à faire des calculs beaucoup trop complexes ou détaillés. Il faut prendre conscience de cette attitude et ne pas tomber dans le piège. Encore une fois, il faut réfléchir avant de faire des calculs qui consomment du temps précieux. N'oubliez pas que le temps passe très vite lorsqu'on s'engage à faire des calculs.

Par exemple, un candidat peut décider de faire un état détaillé des flux de trésorerie liés aux activités opérationnelles (d'exploitation) et… s'arrêter en plein milieu après 20 minutes, car il constate tout à coup que ce niveau de précision n'est pas nécessaire. Dans cette situation, un calcul abrégé (de 2 ou 3 minutes), où l'amortissement et les impôts différés (futurs) sont exclus du résultat (bénéfice net), aurait pu suffire. À tout le moins, cela aurait été un bon point de départ. Autre exemple : on peut commencer par calculer la contribution marginale d'un produit pour ultérieurement continuer et calculer une valeur actualisée nette.

> **En situation d'incertitude, il est préférable
> de commencer par un calcul simple et court.**

Ces conseils sont également valables lorsqu'il vous reste peu de temps ou moins de temps que prévu pour analyser un dernier sujet. (Remarque : Théoriquement, cela ne devrait pas arriver si le plan de réponse a été suivi.) Dans cette situation, lorsque le calcul est indispensable à la résolution du cas, il vaut mieux un calcul simple et court que rien du tout. Cela donne tout de même un résultat qui permet d'analyser brièvement le sujet et de faire une recommandation basée à la fois sur les aspects quantitatifs et qualitatifs. Malheureusement, certains candidats préfèrent n'effectuer aucun calcul plutôt que d'en présenter un qui est incomplet. Ce n'est pas une bonne stratégie.

> Un calcul comprenant peu d'éléments ou une simple contribution marginale ne remplace certes pas une valeur actualisée nette faite en bonne et due forme si celle-ci est nécessaire. Toutefois, cela permet au candidat d'obtenir un résultat avec lequel il pourra terminer son analyse en offrant une conclusion ou une recommandation qui tient compte de l'aspect quantitatif. Si la démarche est conséquente et que les propos ont du sens, l'évaluation de la réponse tiendra compte de ces efforts, certes partiels, mais tout de même présents.

Établir les hypothèses de travail

Les calculs importants d'une solution exigent bien souvent la détermination d'hypothèses de travail qui doivent être clairement établies dès le départ. Cela embête souvent les candidats qui ne savent pas exactement comment s'y prendre.

Voici quelques suggestions concernant les hypothèses de travail.

- Les hypothèses choisies doivent être réalistes et raisonnables. Il serait inapproprié, par exemple, de supposer que la durée de vie d'un produit hautement technologique sera de 20 ans. Par ailleurs, un taux d'actualisation de 4 % est vraiment trop bas, d'autant plus qu'il faut tenir compte du risque pour l'investisseur. C'est une question de jugement professionnel.

@ Les hypothèses à mentionner dans la réponse sont celles qui résultent d'un choix que l'on doit faire. Ainsi, annoncer que l'on va utiliser 35 % comme taux d'imposition n'est pas une hypothèse si le cas le mentionne déjà clairement. C'est un indice du cas à intégrer dans les calculs et la mention de ce taux entre parenthèses suffira. Par contre, si aucun taux d'imposition n'est fourni dans le cas et que vous devez le déterminer, il s'agit d'une hypothèse à justifier. Il est donc inutile de perdre du temps à définir ou à répéter une hypothèse clairement établie dans l'énoncé d'un cas. Si on vous dit, par exemple, que la durée moyenne des projets de la société est de quatre ans... nul besoin d'élaborer sur le nombre d'années à considérer dans le calcul de la valeur actualisée nette... On prend quatre ans et c'est tout. Ce n'est plus une hypothèse, mais un indice du cas à utiliser. On pourra peut-être brièvement discuter de cette durée à titre d'élément qualitatif lors de l'interprétation des calculs, mais pas à titre d'hypothèse.

@ Les hypothèses retenues doivent être faciles à travailler. Ainsi, en l'absence d'une calculatrice financière, on choisira un taux d'actualisation arrondi tel que 10 % ou 12 %. Il m'apparaît, par exemple, inutilement compliqué de faire l'hypothèse suivante : « taux de base 8 % + 2,5 % de prime de risque ». Cela est un peu surprenant, mais certains candidats s'obligent à faire la moyenne de deux facteurs d'actualisation ((10 % + 11 %) /2) pour chaque calcul! Eh oui... En choisissant un taux qui figure directement à la Table d'intérêts composés annexée au cas, vous vous éviterez des calculs inutiles. On arrondira également la valeur résiduelle des actifs – et la perte d'économie d'impôt qui en résulte – à la fin d'un projet d'investissement. Ainsi, on estimera cette valeur à 16 000 $ ou à 17 000 $, mais pas à 16 667 $.

@ Il est finalement inutile d'émettre des hypothèses qui sont arbitraires. Quand il n'y a aucune raison ni indice du cas à cet effet, il ne faut pas surcharger les calculs. Ce serait une perte de temps de supposer arbitrairement que les produits augmentent de 10 %, le coût des ventes de 5 % et les frais généraux de 3 %. On pourra tout au plus soulever le manque d'informations à cet égard. Tenir compte d'un taux d'inflation hypothétique dans les calculs est également inutile.

> La détermination des hypothèses, lorsque celles-ci résultent d'un choix et qu'elles sont importantes, est habituellement prise en compte dans l'évaluation de la réponse. Toutefois, c'est rarement une composante majeure du guide d'évaluation. Par conséquent, il faut justifier seulement les hypothèses les plus critiques, clairement et succinctement, puis passer aux calculs proprement dits. Quelques candidats expliquent avec beaucoup trop de détails leurs hypothèses avant de commencer leurs calculs. Il faut comprendre que les hypothèses soutiennent les calculs et non l'inverse.

**Les hypothèses émises dans la réponse
sont le résultat d'un choix.**

S'assurer de la vraisemblance du calcul effectué

Vous devriez développer le réflexe de vous interroger sur la vraisemblance de chacun des calculs que vous effectuez. Malheureusement, il arrive trop souvent que des candidats jonglent machinalement avec les chiffres, sans vraiment les voir. Prenons, par exemple, le calcul d'une valeur actualisée nette où le candidat détermine que les produits annuels sont de 20 000 $ pendant cinq ans alors que l'investissement est de 500 000 $. C'est à peu près impossible! Il y a sûrement erreur dans le calcul des produits... 200 000 $ peut-être? Avant de continuer la rédaction et de conclure sur une valeur actualisée nette fortement négative, le candidat devrait prendre un peu de recul et corriger, s'il y a lieu, une grossière erreur qui nuira à son interprétation. Autre exemple : L'investissement de 500 000 $ donne droit à une déduction pour amortissement au fiscal et le taux d'imposition de la société est de 40 %. Il est alors invraisemblable que l'économie d'impôt actualisée soit de 15 000 $ seulement, comparativement au montant non actualisé maximum de 200 000 $ (500 000 $ x 40 %). Sans obtenir une preuve formelle que le calcul est exact, le candidat peut certes rapidement établir un point de repère qui le validera.

Voici l'exemple d'un cas où l'on demandait d'évaluer la juste valeur d'une société détenant trois hôtels générant un résultat (bénéfice) annuel d'environ 2,9 millions avant impôts. Le prix demandé par le vendeur s'élevait à 18,5 millions. J'ai corrigé la réponse de plus de 115 candidats à ce cas. Tout en effectuant ma correction, j'ai relevé les diverses justes valeurs obtenues, et cela variait de 400 000 $ à 68 millions! Avec les mêmes données!

On sait que l'évaluation de la juste valeur d'une société n'est pas une science exacte, mais il est surprenant de récolter un tel écart. Il faut toujours prendre du recul face aux résultats d'un calcul et s'assurer de sa vraisemblance. Ici, nous avons deux points de repère : le résultat (bénéfice) avant impôts de 2,9 millions et le prix demandé de 18,5 millions. Certes, il ne s'agit pas du bénéfice (ou du flux) normalisé et l'on sait que le prix d'un vendeur est sûrement un peu trop élevé. Toutefois, une valeur de 400 000 $ ou de 68 millions est réellement trop faible ou démesurée eu égard aux indices du cas. Dans cette situation, il est clair qu'il faut se questionner et procéder à des ajustements avant de continuer l'analyse. Cela peut vous éviter d'avoir à expliquer ou à interpréter un résultat disproportionné ou franchement à l'encontre des attentes. En fait, une juste valeur raisonnable devrait tourner autour de 18,5 millions, disons entre 16 et 21 millions.

L'usage d'un logiciel de calcul, tel « Excel », est un avantage indéniable quand on considère la rapidité et l'exactitude des calculs mathématiques. D'un autre côté, la présence d'un tel outil appelle des calculs mieux structurés et plus complets. En d'autres mots, on ne peut plus invoquer l'excuse d'une « erreur de calcul » pour justifier, par exemple, l'obtention d'un résultat erroné ou l'oubli d'une charge importante dans le cumul des sorties de fonds du budget de trésorerie.

Distinguer deux choses : le commentaire et l'interprétation

Le commentaire consiste à dire en mots ce que les calculs montrent, par exemple : « La contribution marginale du produit CRS est de 12 $ par heure de main-d'œuvre directe. » L'interprétation concerne plutôt le sens ou l'utilité que l'on donne au calcul, par exemple : « Puisque la contribution marginale du produit CRS est supérieure à celle de tous les autres, il faut s'assurer de répondre, en premier lieu, à toute la demande pour celui-ci. » C'est surtout dans le cadre de l'interprétation que le candidat exerce son jugement professionnel et montre sa capacité d'utiliser un calcul à des fins précises.

Voici un autre exemple concret.

EXEMPLE DE COMMENTAIRE ET D'INTERPRÉTATION

Calcul du ratio du fonds de roulement

$$500\ 000 / 400\ 000 = 1,25$$

Commentaire : Le ratio du fonds de roulement est de 1,25.

Exemples d'interprétation :

Le ratio de 1,25 est supérieur au minimum de 1,0 requis par le créancier hypothécaire.

OU

Le ratio de 1,25 est supérieur à celui de l'industrie qui se situe aux environs de 0,80, ce qui confirme la présence d'un excédent d'inventaire.

OU

Le ratio de 1,25 est inférieur à l'objectif du contrôleur de le maintenir au-dessus de 1,40.

Le commentaire permet de dire exactement ce que le calcul démontre. Quant à l'interprétation, elle met en relation le calcul avec d'autres éléments qui sont mentionnés dans le cas. Cela requiert donc une certaine analyse ou une certaine intégration, ce qui exige un peu plus d'efforts qu'un simple compte rendu. Ainsi, dans l'exemple ci-dessus, la comparaison au ratio exigé par le créancier hypothécaire confirme l'utilité du calcul. De même, la comparaison à l'industrie permet de commenter plus judicieusement les pratiques de gestion de l'entreprise.

Dans leur réponse, les candidats présentent surtout des commentaires, et pas suffisamment d'interprétations. Il faut remarquer que le commentaire de l'exemple ci-dessus n'apporte rien de plus que le calcul qui le précède. Le titre mentionne précisément ce dont il s'agit, et le ratio obtenu est clairement ressorti. Nul besoin de répéter le tout en mots. Je l'ai déjà dit : toute répétition de la même idée est inutile. Vous devez donc axer vos efforts sur l'interprétation de vos calculs.

Vous vous doutez déjà que c'est généralement l'interprétation des calculs qui est prise en compte lors de l'évaluation d'une réponse. Vous admettrez d'ailleurs que les commentaires n'apportent pas vraiment d'idées nouvelles. Il est donc normal qu'ils n'aient pas ou peu de valeur pour le correcteur. En conclusion, vous devez vous assurer d'interpréter – et pas seulement de commenter – chacun des calculs effectués.

Tout en tenant compte des circonstances particulières du cas, voici une liste d'éléments pouvant bonifier l'interprétation d'un calcul :

- *Comparaison.* Fort souvent, le résultat d'un calcul peut être comparé à celui d'autres périodes, exprimé en pourcentage des produits, comparé à l'industrie ou à la concurrence, etc. La tendance dégagée est une mesure qui fournit de l'information supplémentaire.

- *Utilité du calcul.* Nous avons vu qu'une variété de raisons peuvent justifier un calcul et il faut s'en rappeler au moment de l'interprétation. Un retour à l'objectif écrit dans l'en-tête de la page du calcul constitue donc un bon réflexe. Par exemple, lorsque l'objectif est de « déterminer si la société est solvable », on peut mentionner que « la société est insolvable puisqu'elle n'est pas en mesure de rembourser ses dettes venant à échéance. »

- *Lien aux objectifs.* Dans la rédaction d'un cas, les objectifs de ceux qui nous embauchent (entité ou individu) sont omniprésents. Le fait d'établir un lien entre le calcul et l'un ou l'autre de ces objectifs est habituellement une idée pertinente. Voici des exemples d'objectifs à relever : il faut diminuer le solde de la marge de crédit, une actionnaire désire que sa part soit rachetée d'ici six mois, le contremaître doit planifier la production du prochain trimestre, on désire évaluer si le prix demandé de 18,5 millions est raisonnable, etc.

Accompagner tout aspect quantitatif par du qualitatif

Il ne faut pas laisser un calcul seul, sans le commenter, l'interpréter ou en tirer une conclusion ou une recommandation. Dans la résolution d'un cas, un calcul sans texte est beaucoup moins utile. Ce n'est pas tant le fait de fournir un calcul exact qui fait la différence puisque tous arrivent, un jour ou l'autre, à effectuer correctement les calculs appropriés. Ce qui importe plutôt, c'est l'usage que vous faites du résultat (bénéfice) par action retraité ou du calcul d'un point mort, par exemple. C'est ce qui distingue un candidat des autres. Dans la résolution de vos cas, planifiez toujours la présence d'une analyse qualitative, et ce, même si le résultat des calculs ne concorde pas avec vos attentes. Ainsi, on évaluera les avantages et les inconvénients d'un projet d'investissement malgré l'obtention d'une valeur actualisée nette négative. On fera de même d'une discussion portant sur l'achat des actifs ou des actions malgré le fait que le prix demandé par le vendeur excède les capacités financières de l'acheteur.

> À l'évaluation, il arrive que la valeur accordée à une conclusion ou à une recommandation dépend de la présence d'une analyse qualitative. Par exemple, la recommandation de réaliser ou non un projet d'investissement pourrait être jugée valable seulement si une liste des risques et opportunités qui y sont associés accompagne le calcul. En d'autres circonstances, la réponse du candidat sera évaluée comme étant supérieure si la recommandation tient compte à la fois du quantitatif et du qualitatif. Autrement dit, vous pouvez faire une conclusion ou une recommandation qui découle uniquement des calculs, mais il faudra en faire une deuxième qui se basera à la fois sur le qualitatif et le quantitatif du sujet.
>
> Je vous suggère de présenter le texte de votre réponse sur des pages distinctes de vos calculs. Cela facilite la rédaction des aspects qualitatifs et quantitatifs, souvent réalisée, du moins en partie, en même temps. Il vous sera plus facile de venir y ajouter des idées par la suite.

Conclusions et recommandations

Il est généralement reconnu qu'une démarche structurée de résolution des problèmes ou enjeux aboutit à une conclusion ou à une recommandation. Cet aboutissement de toute discussion est essentiel, car cela démontre que vous faites preuve de jugement professionnel.

Voici quelques points importants concernant les conclusions et les recommandations.

Terminer toute analyse par une conclusion ou une recommandation

L'analyse de chaque problème ou enjeu doit toujours se terminer par une conclusion ou une recommandation – parfois l'une, parfois l'autre et parfois les deux. Personnellement, je fais une distinction entre une conclusion et une recommandation. Il m'apparaît nécessaire de connaître la différence afin de s'assurer d'avoir présenté une discussion complète sur chaque sujet.

La conclusion est un **commentaire global** émis à la suite de la discussion faite sur un sujet. Elle permet de relever ce qui se dégage des diverses idées avancées. La recommandation est une **action** qui découle de ce qui a été analysé précédemment. Le candidat doit donc structurer son analyse, faire des conclusions (s'il y a lieu), puis passer aux recommandations (s'il y a lieu).

**EXEMPLES ILLUSTRANT LA DIFFÉRENCE ENTRE
UNE CONCLUSION ET UNE RECOMMANDATION**

Conclusions :

———→ D'après mes calculs, la juste valeur de IMMO est d'environ 6 000 000 $.

———→ Le risque lié au contrôle est élevé.

———→ Compte tenu de tous ces facteurs, la continuité d'exploitation de MLK est mise en doute.

———→ Il apparaît évident que le contrôleur était au courant de l'existence de ces poursuites judiciaires.

Recommandations :

———→ Acheter IMMO, car le prix demandé de 5 800 000 $ est en deçà de sa juste valeur.

———→ Augmenter la quantité d'éléments probants à obtenir, car les risques d'anomalie sont plus élevés.

———→ Présenter les états financiers de MLK à la valeur de liquidation puisqu'il existe un doute important sur la capacité de l'entreprise à poursuivre ses activités.

———→ Dénoncer le comportement du contrôleur au conseil d'administration parce qu'il a volontairement omis de transmettre des informations importantes à l'auditeur externe.

Les candidats ont souvent de la difficulté à présenter leur analyse dans une suite logique. Plusieurs d'entre eux ne font que des conclusions sans énumérer les actions à prendre (recommandations) ou *vice versa*, alors que les unes ne remplacent pas les autres. D'autres candidats résument toute l'analyse dans la conclusion, ce qui n'est pas approprié non plus. Il faut que la conclusion soit succincte et interprète globalement ce qui ressort de l'analyse, et non qu'elle la répète. D'ordinaire, le correcteur tient compte de la qualité de la démarche dans la résolution des problèmes ou enjeux, d'où l'importance qu'elle soit logique et qu'elle aboutisse à une conclusion <u>ou</u> une recommandation.

C'est la demande qui détermine s'il y a une conclusion ou une recommandation à faire. Chaque situation est particulière. Évaluer si la proposition du créancier hypothécaire est adéquate ou effectuer une analyse financière exige systématiquement une conclusion. De même, il faudra donner une liste de recommandations si on doit, par exemple, suggérer des moyens d'améliorer la trésorerie ou régler les questions comptables en suspens.

> **Il ne faut pas terminer une section, un sujet, une analyse, un calcul, etc., sans présenter une conclusion ou une recommandation.**

POINT DE VUE

Je considère personnellement qu'il existe deux aspects à considérer lors de la rédaction d'une conclusion ou d'une recommandation. D'une part, tels les exemples ci-dessus, il s'agit de terminer adéquatement l'analyse qui vient d'être faite. D'autre part, il faut saisir l'occasion donnée de relever les interrelations. Ainsi, avant de passer à un autre sujet, je prends le temps de me demander s'il existe des liens avec les sections précédentes. Cela est particulièrement utile pour un long cas de 4 ou 5 heures. Par exemple, lorsque je recommande le choix de la banque TOP en tant que créancier, je peux également faire un lien avec l'analyse précédente de l'investissement, ou encore, faire un lien avec les surplus prévus au budget de trésorerie. Lorsque cela s'y prête, j'en profite pour faire un lien avec les éléments de l'Aperçu, tel l'objectif de croissance du président. Démontrer sa capacité d'intégration, dans la résolution de cas multidisciplinaires, fait partie intégrante de l'évaluation de la performance.

POINT DE VUE

Plusieurs candidats s'abstiennent de présenter une conclusion ou une recommandation sous prétexte qu'ils n'ont pas toute l'information nécessaire. Ainsi, par exemple, ils vont dire « Si je pouvais lire le contrat de vente, je pourrais conclure sur le moment de la constatation des produits. », ou encore, « Il m'est impossible de recommander le projet sans qu'une étude de marché soit faite. » Je désire mentionner d'emblée que les cas fournissent rarement toute l'information nécessaire à une analyse complète et parfaite. Il faut donc vous habituer dès maintenant à faire au mieux, avec ce que vous avez en main. Toute analyse, quelle qu'elle soit, doit aboutir sur une conclusion ou une recommandation. Si vous le voulez, vous pourrez par la suite mentionner la nécessité d'obtenir des informations supplémentaires.

Notons finalement qu'il est plutôt rare de rencontrer un sujet pour lequel il n'y a ni conclusion ni recommandation à faire. Cela survient, par exemple, quand le cas demande de fournir une liste des documents à inclure dans un prospectus. Quoi qu'il en soit, malgré ce qu'il paraît, je suggère tout de même de terminer le sujet par un bref commentaire tel que « Afin de respecter la réglementation, il faudra inclure tous les documents ci-dessus lors de l'émission des actions à la Bourse. »

Déterminer précisément l'action à entreprendre

Une recommandation est une action qui doit être exprimée en termes positifs, précis et concrets. Vous devez dire quoi faire ou comment le faire. Afin de vous faciliter la tâche, je vous suggère fortement de commencer vos recommandations par un verbe à l'infinitif ou à l'impératif – tel le titre du présent paragraphe. D'une part, cela vous force à déterminer l'action à entreprendre avec plus de précision, tout en vous évitant des mots inutiles, comme : « Compte tenu de ce qui précède, je trouve intéressant de songer à l'agrandissement… ». D'autre part, la rédaction est plus rapide puisque le sujet de la phrase n'a pas à être écrit. Finalement, autre avantage non négligeable, vous avez « l'air » d'avoir confiance en vous et de savoir exactement ce qu'il faut faire!

Certains candidats craignent tellement de se tromper qu'ils n'osent pas prendre position et font même de gros efforts de rédaction pour que leurs recommandations « semblent » bonnes quoi qu'il advienne. Il faut plutôt adopter l'attitude suivante : être précis et avoir confiance en ses conclusions et recommandations.

EXEMPLES (À ÉVITER)

J'obtiens une valeur actualisée nette positive, mais un autre comptable pourrait obtenir un résultat différent. De toute façon, le nouveau produit apparaît rentable, mais d'autres hypothèses pourraient changer cela. Je vous recommande de réfléchir davantage avant de faire le projet. Mais en fin de compte, vous pourriez le faire. (Il faut se brancher! Recommande-t-on le projet ou non? À préciser.)

Ce serait peut-être mieux de prendre un autre prix de cession interne que celui du marché. (On le change ou non? Pourquoi? À préciser.)

Certains candidats utilisent un style de rédaction « négatif » qui ne sert pas vraiment l'objectif de résoudre les problèmes ou enjeux d'un cas.

EXEMPLES (À ÉVITER)

> À cause de la perte de données et de la rotation du personnel comptable, je ne peux considérer le risque de la mission d'audit comme étant faible. (Et alors... est-il élevé?)
>
> L'ordinateur central ne devrait pas être placé dans une salle ouverte près de la cafétéria. (Que doit-on faire? Pourquoi? Quels sont les risques?)

EXEMPLES (À ÉVITER)

> Je remarque un problème de gestion de la trésorerie qu'il faut absolument régler. (Comment? Budget de trésorerie?)
>
> Il est évident que le conseil d'administration doit prendre une décision par rapport au manque d'intégrité du contrôleur. (Quelles sont les options? Quelle est la meilleure?)

Finalement, certains candidats présentent des conclusions ou des recommandations trop vagues. Il est alors quasi impossible de comprendre quelle est la voie qui devrait être suivie.

EXEMPLES (À ÉVITER)

> En conclusion, il faut vraiment procéder à des changements en ce qui concerne la réception des dons. (Quels changements?)
>
> Je vous recommande de changer le mode de répartition des frais généraux de production. (Comment? Quel est le mode suggéré?)

Il n'est pas toujours facile d'adopter un ton sûr dans l'écriture d'une conclusion ou d'une recommandation. Mais n'oubliez pas qu'il s'agit de simulations théoriques et que vos conseils ne feront perdre d'argent à personne dans la réalité. Alors pourquoi tant de doutes et de retenue? Il m'apparaît préférable de suggérer clairement des solutions et de se tromper que de rester vague et de ne pas se compromettre. Qui ne risque rien n'a rien! D'ailleurs, seules les recommandations complètes et précises sont prises en compte dans l'évaluation d'une réponse.

**Le candidat doit montrer de l'assurance
dans l'élaboration d'une
conclusion ou d'une recommandation.**

Certains candidats sautent trop vite à la conclusion ou à la recommandation. Cela est nuisible, particulièrement lorsqu'il s'agit d'un problème ou enjeu important. Par expérience, je sais que le fait de solutionner trop rapidement un problème peut limiter notre analyse parce qu'on peut escamoter certaines composantes ou oublier d'envisager d'autres options. Les arguments de discussion qui se présentent à notre esprit semblent toujours aller dans le même sens que la conclusion ou la recommandation « prédéterminée ». De plus, il n'est pas facile de revenir ajouter des idées se rapportant à une nouvelle option dans une discussion qui était *a priori* terminée. Il faut donc prendre le temps de présenter une analyse complète, où plusieurs possibilités sont envisagées, avant de passer à la conclusion ou aux recommandations. Par exemple, même en sachant que l'on va ultérieurement recommander l'inscription en résultat net des frais de développement, il peut être tout de même nécessaire de fournir au moins un argument favorable à leur comptabilisation à l'actif.

En ce qui concerne les calculs, je vous rappelle qu'ils doivent toujours s'accompagner d'éléments qualitatifs, telles une interprétation, une conclusion ou une recommandation. Cela devrait toujours être fait puisque, dès le départ, le calcul a une utilité bien précise : résoudre un problème ou enjeu du cas. Si ce que vous avez à dire se résume à deux ou trois phrases, je vous suggère de l'écrire sur la page même du calcul. Vous aurez ainsi moins de pages à parcourir et, surtout, vous risquez moins d'oublier d'interpréter le résultat obtenu. Toutefois, lorsque des arguments qualitatifs doivent être discutés avant la présentation d'une conclusion ou d'une recommandation, je vous suggère de présenter le texte à part.

Toute conclusion ou recommandation doit être désignée comme telle et suffisamment distincte du texte de l'analyse qui la précède. Pour le lecteur du rapport, il faut que ce soit clair qu'il est en train de lire le point final ou l'aboutissement d'un sujet ou d'un aspect de celui-ci. Je suggère l'usage du titre « conc. » ou « recom. » (ou « REC »), placé en retrait et séparé du texte par un espace suffisant. C'est court, convenable, et indispensable.

Je vous encourage à élaborer une conclusion ou une recommandation au fur et à mesure de la rédaction de la réponse, sujet par sujet. Ainsi, tout est au même endroit : analyse qualitative, référence à l'analyse quantitative et conclusion ou recommandation. De cette façon, vous pouvez passer à un autre sujet en sachant que vous ne serez pas obligé de revenir en arrière pour finaliser les analyses précédentes.

**La conclusion ou la recommandation doit être
clairement désignée dans le texte d'une réponse.**

POINT DE VUE

Je ne crois pas qu'une conclusion ou qu'une recommandation doive être obligatoirement placée au bas d'une page. Vous pouvez donc inscrire vos idées dans le texte, au fur et à mesure de l'analyse afin de ne pas les oublier. Il n'est donc pas interdit de présenter, par exemple, trois recommandations à des endroits différents sur une même page, à mesure qu'une partie de l'analyse se termine. L'important est de faire ressortir clairement qu'il s'agit d'une conclusion ou d'une recommandation. Naturellement, le candidat peut se garder un espace approprié au bas de chaque page pour y regrouper ses recommandations.

Bien que je ne suggère pas cette approche, il arrive que des candidats écrivent toutes leurs recommandations sur une même page, qu'ils présentent au tout début ou à la toute fin de leur réponse. Si vous désirez procéder comme tel, vous devriez au moins inscrire les recommandations sur cette page au fur et à mesure que l'analyse de chacun des sujets se termine. Ainsi, nonobstant la présentation qui diffère, vous aurez tout de même terminé l'analyse du problème ou enjeu avant de passer au suivant. C'est à cette condition que je considère cette façon de faire comme étant acceptable.

Je ne crois pas que ce soit une bonne idée de garder 10 minutes à la fin de la rédaction d'une réponse pour composer toutes les recommandations du cas. Il m'apparaît risqué d'en oublier, car il faut se remémorer l'essentiel des analyses qui ont été faites précédemment. Dans un long cas de 4 ou 5 heures, cela peut faire plus de 2 heures qu'un problème ou enjeu a été traité. De plus, qui vous dit qu'il restera vraiment 10 minutes?

Certains cas exigent la présentation d'un sommaire exécutif au tout début de la réponse. Ce sommaire comprend, bien sûr, une liste des principales recommandations. Celles-ci figurent donc à deux endroits différents : dans le sommaire et dans le texte de la réponse avec l'enjeu auquel elles se rapportent. Cette répétition des mêmes idées est indispensable puisque, par définition, le sommaire est un résumé de l'essentiel du rapport. À ce titre, il ne contient pas d'idées nouvelles par rapport au texte ultérieur de la réponse.

Je suggère au candidat de construire le sommaire exécutif au fur et à mesure de la résolution de son cas. Ainsi, dès qu'une recommandation importante est énoncée, il peut la réécrire immédiatement dans le sommaire. Tel qu'expliqué ci-dessus, cela lui évitera de revenir plus tard travailler sur des enjeux terminés.

Partie 3
Présentation de la réponse à un cas

Structure de la réponse

Style de rédaction

Choix des termes

Attitudes à adopter dans la rédaction

Analyse quantitative

Retraitement de l'information financière

Structure de la réponse

Nous avons discuté, à la partie 2 du présent volume, de la « substance » des idées à écrire dans une réponse à un cas. Discutons maintenant de la « forme » ou de la présentation adéquate de ces idées. Il va de soi que le texte d'une réponse à un cas doit être présenté de manière à favoriser la réussite. La structure adoptée doit vous permettre de répondre aux exigences liées au travail à faire en traitant de tous les aspects demandés. Dans les pages qui suivent, vous trouverez nombre de commentaires et suggestions qui rendront votre rédaction plus efficiente, c'est-à-dire qui minimiseront le temps passé à la présentation. S'il en est ainsi, votre réponse comprendra davantage d'idées nouvelles et pertinentes, ce qui est, en fait, l'objectif poursuivi.

> **POINT DE VUE**
>
> Il se peut que vous ayez le choix entre rédiger votre réponse à la main ou à l'ordinateur. La plupart des candidats préfèrent l'ordinateur, parce que c'est plus rapide et moins dur sur le poignet. Si vous prévoyez solutionner bon nombre de cas à l'ordinateur, assurez-vous de bien maîtriser le clavier. Si vous n'êtes pas à l'aise avec celui-ci, je vous suggère de vous procurer un logiciel du genre « Tap'Touche ».

Voici quelques points importants concernant la présentation du texte d'une réponse.

Préparer la première page de la réponse

Je suggère fortement de commencer votre réponse à un cas par les rubriques suivantes :

Date :

À :

De :

Objet :

De prime abord, la présentation de ces rubriques à la première page renforce l'apparence professionnelle de votre réponse. En réalité, cette entrée en matière vous force à bien situer le travail à faire et à fixer dès le départ les paramètres du cas. Ainsi, il faut déterminer la **Date** de la préparation de votre rapport, **À** qui s'adresse le rapport (conseil d'administration, employeur, client, associé, confrère, etc.) et le rôle (**De**) attribué pour la simulation (conseiller en gestion, auditeur, contrôleur, fiscaliste, etc.). Ces trois premières rubriques varient naturellement d'un cas à l'autre, et vous devez être certain de les avoir bien cernés afin de ne pas passer à côté de la demande. Par exemple, un rapport portant sur l'acquisition d'une entreprise ne sera pas le même s'il est daté de un mois ou de plusieurs mois après la publication des derniers états financiers du vendeur, si l'on s'adresse au vendeur ou à l'acheteur, si l'on joue un rôle de fiscaliste ou de conseiller en gestion. Il faut s'adapter à chaque situation.

La dernière rubrique concerne l'**Objet** du rapport proprement dit. *A priori*, il contiendra une ou deux phrases résumant l'essentiel du travail à faire, compte tenu des paramètres du cas. Pour plusieurs candidats, le fait de nommer l'essentiel de l'objet dont ils doivent traiter les aide à mieux préciser ce qui est demandé. Par exemple, si on demande une opinion sur chacune des options proposées, le mot « chacune » risque davantage de sauter aux yeux. Cela rappellera au candidat de présenter une conclusion pour chaque option en cours de rédaction.

La résolution d'un cas nécessite le plus souvent la présentation d'un rapport proprement dit. S'il le désire, le candidat peut tout simplement écrire le mot RAPPORT dans le haut de la première page de la réponse. Il fera de même lorsque le travail demandé prendra la forme d'une LETTRE, d'une NOTE DE SERVICE, d'un MÉMO ou d'un COMPTE RENDU. Lorsqu'il s'agit d'une lettre, par exemple, le candidat peut réagencer les rubriques – Date, À, De, Objet – de manière à démontrer qu'il s'adapte à la demande. Ainsi, la date, le nom du destinataire, une courte adresse ainsi que l'objet de la lettre figurent sur la première page. Par la suite, le préparateur appose sa signature en bas d'une brève introduction ou à la fin de sa lettre. En d'autres mots, l'essentiel est de présenter les rubriques – Date, À, De, Objet –, ou leur équivalent, sur la page de présentation de la réponse.

> **Il est indispensable**
> **de bien saisir la demande d'un cas.**

La préparation de la première page de la réponse se fait habituellement au fil de la lecture de l'énoncé du cas. L'Objet est très souvent déterminé lorsqu'on prend connaissance du travail à faire et du ou des paragraphes qui l'expliquent. La date, le destinataire du rapport et le rôle à jouer sont également établis au cours des premières minutes de la lecture. Comme cela a été mentionné précédemment dans ce volume, le fait de déterminer ou d'écrire l'axe de la demande des sujets importants est également une bonne idée. Il s'agit d'un truc permettant de garder constamment à l'esprit le fil conducteur de la discussion.

Il faut se rappeler que la page de présentation sert également d'introduction au rapport qui suit. Vous commencez donc, dès la deuxième page, l'analyse des problèmes ou enjeux.

La page de présentation (ou d'introduction) peut également vous servir d'outil de travail pour déterminer le contenu de la réponse ou du plan de réponse. Ainsi, il peut être utile d'y détailler davantage le mandat lorsque les sujets à discuter sont implicites, difficiles à établir ou à classer par ordre d'importance ou, tout simplement, parce que cela vous aide à mieux cerner la structure de la réponse. De toute façon, il m'apparaît indispensable de présenter la liste des problèmes ou enjeux principaux dans l'Objet pour un long cas de 4 ou 5 heures.

La préparation d'une page de présentation
aide le candidat à planifier sa réponse.

Voici deux exemples de cette première page de présentation.

MÉMO

Date : mi-juillet 20X4

À : Mme Boissonneault, associée

De : Jérôme, auditeur adjoint

Objet : discussion des questions de comptabilité, d'audit et de
fiscalité de la période courante

sujets importants :

– redevance initiale relative à la franchise

– produits provenant de la prestation de services

– placements à la juste valeur

---

directeur général, banque IN   avril 20X5

Hauteville

Objet : plan d'affaires de NEW

1. établissement des méthodes comptables

——→   coûts reliés au démarrage de l'entreprise

——→   apports des propriétaires

——→   produits des contrats de construction

2. flux de trésorerie futurs (5 ans)

3. questions fiscales

(Axe : liquidités)

Remarque : Il n'est pas nécessaire d'inscrire l'axe de la demande sur la
première page de la réponse. L'important est de l'identifier afin de s'en
rappeler tout au long de la rédaction.

La présence des rubriques – Date, À, De, Objet – n'est pas automatiquement considérée dans l'évaluation de la réponse par le correcteur. Bien que la copie offre alors une apparence plus professionnelle, cela vous aide surtout à fixer les paramètres du cas. De plus, nombre de candidats ne savent vraiment pas comment débuter la rédaction de leur réponse. C'est le tremplin idéal pour se jeter à l'eau!

Voici d'autres exemples de l'Objet d'une réponse à un cas.

- Évaluation de la solvabilité de la société;

- Planification de l'audit et du type de rapport à fournir afin de répondre aux exigences requises à l'obtention des subventions de l'État;

- Questions à examiner afin de déterminer si GG senc doit être reconduit à titre d'auditeur;

- Rapport analysant l'investissement, y compris la liste des informations additionnelles à demander.

- Méthodes disponibles pour l'évaluation de la juste valeur de la part d'un associé;

- Contrôle qualité d'une mission d'examen d'états financiers;

- Description des irrégularités comptables et recommandations des modifications;

- Discussion sur le bien-fondé de la déductibilité de certains frais de représentation.

Les candidats ont tendance à rédiger une page de présentation de rapport beaucoup trop longue, semblable à celle qu'ils auraient le temps de préparer dans la vie réelle. Ajoutons à cela que les publications officielles des solutions proposées aux examens universitaires et professionnels adoptent une présentation du rapport plus élaborée qu'il n'est nécessaire. Je vous rappelle encore une fois que le temps compte dans toute simulation de cas. Il faut aller à l'essentiel et les rubriques – Date, À, De, Objet – sont suffisantes.

À la page suivante, vous trouverez un exemple de ce que les correcteurs trouvent souvent dans les copies : une page de présentation inutile, qui ne contient aucune idée nouvelle ou pertinente.

Chère Madame Deslauriers,

Vous trouverez ci-joint le rapport que la directrice de notre firme de consultants m'a chargé de préparer à la suite de l'agréable rencontre qu'elle a eue avec vous au cours de la semaine dernière.

Vous êtes une cliente de longue date et j'espère que les analyses et recommandations qui suivent seront adéquates et conformes à vos attentes.

Je demeure à votre disposition pour toute information supplémentaire. N'hésitez pas à me contacter!

Bien vôtre,

Signature

Remarque : Le texte est très bien rédigé, mais ce sont des phrases vides! Nul besoin de se perdre dans des détails de présentation. Il faut éviter les banalités d'usage, c'est-à-dire les phrases de politesse qui ne renferment aucune idée répondant à la demande du cas.

On remarque parfois le critère suivant dans le guide d'évaluation d'un cas : « forme et structure du rapport ». Cela confirme la nécessité de l'entête – Date, À, De, Objet. Certes, la présence de ces rubriques ne suffit probablement pas à vous assurer de l'obtention du niveau d'évaluation le plus élevé, mais c'est certainement un bon départ.

Il arrive qu'un cas exige la rédaction de deux rapports : l'un au client et l'autre au créancier, par exemple. Il va de soi que vous devez tenir compte de cette particularité de la demande et préparer deux pages d'introduction distinctes. Toutefois, lorsque le travail à effectuer est séparé en plusieurs parties, la page d'introduction des parties exigeant moins de profondeur sera plus succincte ou absente. Ainsi, une question très courte (ex.: 10 minutes) se passe habituellement d'introduction.

Certains cas de 4 ou 5 heures exigent la présence d'un « sommaire exécutif ». Ce sommaire, qui devient la première page de la réponse, est un condensé des principaux éléments du rapport. À cette fin, le texte présente de manière succincte les conclusions et recommandations importantes de l'analyse. L'objectif intrinsèque est de permettre au lecteur du rapport de prendre rapidement connaissance des principaux éléments, sans avoir à lire l'ensemble du document. Vous devez donc vous assurer de résumer l'essentiel de vos propos dans un sommaire qui dépassera rarement une page. Puisqu'il s'agit d'un résumé, vous devez être conscient qu'il ne contient pas d'idées nouvelles. Il faut donc que le cas requiert la présence d'un sommaire exécutif pour qu'un candidat prenne le temps de le préparer.

EXEMPLE D'UN SOMMAIRE EXÉCUTIF

SOMMAIRE EXÉCUTIF

juin 20X8

À : vice-président, finances

De : consultant externe

Objet : enjeux et préoccupations exigeant l'attention du conseil d'administration
(axe : augmentation du rendement du capital investi; croissance de la part de marché)

Enjeux stratégiques :

⟶ se regrouper avec Excello

⟶ fusionner avec Optimo

⟶ vendre la division Problémo

Recommandations stratégiques :

⟶ fusionner avec Optimo puisque leur principale force est de créer de nouveaux
produits, ce qui est un facteur clé de succès dans le secteur.

⟶ vendre la division Problémo puisque notre mission est dorénavant de se
concentrer sur la distribution de produits préfabriqués.

Enjeux opérationnels :

⟶ embauche de mécaniciens compétents

⟶ processus budgétaire

Recommandations opérationnelles :

⟶ choisir des aides-mécaniciens à l'interne et leur donner une formation
adéquate pour contrer la pénurie de mécaniciens.

⟶ analyser régulièrement les écarts sur budget afin de détecter plus
rapidement les problèmes, comme la montée imprévue des coûts de livraison.

Remarque : Il est naturellement acceptable d'utiliser d'autres termes, tels « enjeux
majeurs » et « objectifs importants » au lieu de « axe ».

POINT DE VUE

Certains candidats préfèrent présenter un texte continu plutôt que l'en-tête – Date, À, De, Objet – au sommaire exécutif. Bien sûr, cela est permis. Toutefois, la rédaction des mêmes idées prendra plus de temps. Vous savez déjà que j'ai le souci constant de tirer le meilleur parti du temps alloué à un cas. Je vous suggère donc d'utiliser des rubriques et d'aller droit au but.

La page qui suit le sommaire exécutif sera la page de présentation de votre réponse. On y retrouvera les rubriques habituelles – Date, À, De, Objet –, tel que discuté précédemment.

Il arrive parfois qu'un cas requiert la présentation en bonne et due forme d'une introduction et d'une conclusion au rapport. Cela n'arrive pas souvent puisque leur contenu ne comprend pas d'idées nouvelles. Dans l'introduction, on résume l'objet du rapport tandis que la conclusion pointe l'essentiel des conclusions ou recommandations. Je vous suggère de préparer succinctement ces parties obligatoires, s'il y a lieu.

Présenter les sujets par ordre d'importance

Vous devez toujours vous efforcer de présenter les sujets à l'agenda par ordre d'importance puisque cet ordre détermine la profondeur de l'analyse de chacun. J'ai d'ailleurs précédemment insisté sur la nécessité d'établir un plan de réponse. En déterminant mal ou en ne déterminant pas l'ordonnancement des problèmes ou enjeux à discuter, le candidat peut passer trop de temps sur des aspects de moindre importance et pas assez sur des sujets importants. Il existe aussi une tendance naturelle à discuter trop longuement des premiers sujets que l'on rédige et pas assez des derniers… Vous comprendrez aisément que cela peut être très néfaste si le candidat a débuté sa rédaction par un sujet de moindre importance. Il faut également prendre conscience d'une autre tendance naturelle, soit celle de donner davantage de profondeur aux sujets que l'on préfère. Ai-je besoin de commenter?

Il faut planifier la profondeur d'analyse qu'aura chacun des sujets de discussion.

Voici un exemple de plan de réponse pour un court cas.

> PLAN DE RÉPONSE
>
> *Résolution des questions de gestion de l'entreprise*
>
> (3)   *Évaluation du rendement des directeurs des divisions*
>
> (1)   *Répartition de la capacité de production entre les produits*
>
> (2)   *Détermination du prix de cession interne*
>
> (4)   *Embauche d'employés spécialisés*
>
> Remarque : Il pourrait s'agir d'une liste d'enjeux opérationnels.

À la lecture d'un court cas, le candidat peut se rendre compte qu'il aura peu de sujets différents à traiter, de deux à quatre, par exemple. Il peut alors énumérer les problèmes ou enjeux à traiter directement dans l'Objet, sur la première page de la réponse. En évitant d'écrire d'abord les sujets sur une feuille de brouillon, il économise du temps et obtient directement son plan de réponse. Ce plan fait alors partie de la page de présentation du cas. Comme l'illustre l'exemple ci-dessus, il peut arriver que l'ordre des sujets soit modifié en cours de lecture, parfois pendant la rédaction de la réponse. Nul besoin alors de recommencer la page en entier, en particulier lorsque la rédaction se fait à la main. La mention de numéros appropriés, tels que (1), (2), (3), etc., même en désordre, est acceptable. Je vous rappelle que l'efficience est plus importante qu'une présentation impeccable.

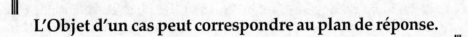

L'Objet d'un cas peut correspondre au plan de réponse.

Puisque la page de présentation est distincte et contient peu d'écrit, je vous suggère d'en aérer le contenu, en particulier la liste des problèmes ou enjeux à traiter. Il sera alors plus facile d'intercaler un nouvel élément, si nécessaire. De plus, autre avantage, l'apparence professionnelle de la page est améliorée, surtout si les sujets sont placés en désordre.

Il arrive parfois que l'ordre des sujets à discuter soit déjà, du moins en partie, prédéterminé par la personne à qui s'adresse le rapport. Ainsi, le conseil d'administration peut exiger un relevé des mouvements de trésorerie avant toute autre question. De même, le vice-président, finances peut avoir exécuté un certain travail préliminaire et vous demander de discuter, entre autres, de la comptabilisation d'un équipement destiné à être sorti par vente. Vous devez évidemment tenir compte de ce genre de demandes dans votre plan de réponse. Ne perdez toutefois jamais de vue votre rôle et faites l'effort de vous assurer de couvrir les sujets avec pertinence.

Utiliser une nouvelle page pour chaque sujet

La résolution d'un sujet devrait toujours débuter sur une nouvelle page, peu importe sa longueur. Par exemple, « le choix de la méthode d'amortissement » et « la détermination de la dépréciation » sont deux sujets différents, bien qu'ils concernent tous les deux les immobilisations. La séparation des sujets sur autant de pages offre plusieurs avantages, dont le premier est de vous aider à structurer, à préciser et à concentrer votre discussion. Cela donne également plus de flexibilité puisque le candidat peut facilement changer l'ordre des sujets discutés s'il se rend compte qu'il a mal jugé de leur importance au départ. Finalement, cela facilite votre retour en arrière s'il vous faut ajouter une idée oubliée.

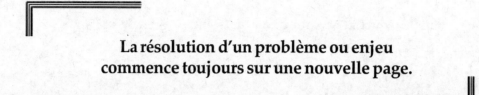

**La résolution d'un problème ou enjeu
commence toujours sur une nouvelle page.**

Lorsque la réponse est rédigée à la main, le fait de présenter un sujet par page facilite grandement le réaménagement de la séquence des pages. Cela implique, bien sûr, que la pagination des feuilles ne soit faite qu'à la toute fin de la rédaction et que le numéro de référence de chaque sujet ne soit pas inscrit près de chaque titre. Le lecteur de la réponse ne se rendra alors aucunement compte du changement dans l'ordre des pages. Il est également pratique de mettre de côté les sujets achevés, ce qui réduit la manipulation de feuilles pendant l'élaboration de la réponse.

Naturellement, la rédaction d'une réponse à l'ordinateur facilite tout changement dans la séquence des sujets. Je vous suggère d'insérer un saut de page entre chacun d'eux, mais je comprends qu'on puisse présenter deux sujets de moindre importance sur la même page. J'estime toutefois que tout sujet dont le développement nécessite moins d'une page devrait commencer et finir sur la même page. Il ne faut pas oublier que l'impression d'une réponse pour fins de correction est une pratique très répandue.

Il arrive parfois que l'évaluation de la réponse à un cas soit majorée du fait que l'ordre d'importance des sujets en cause ait été bien établi par le candidat. Ce n'est toutefois pas régulier ni systématique. On ne peut donc pas le savoir à l'avance. De toute façon, pour tous les cas sans exception, vous devriez suivre mes précédents conseils lors de l'établissement de votre plan de réponse et toujours classer les sujets par ordre d'importance. Cela améliore grandement vos chances de réussite.

Il est facile d'accepter le fait que l'évaluation de la réponse à un cas accorde plus de valeur à un problème ou enjeu plus important. Le correcteur tiendra compte de la profondeur de l'analyse accordée à un sujet et pas seulement de son emplacement dans la réponse ou dans le plan de réponse. Par exemple, un candidat peut déterminer correctement que la survie de la société est le principal enjeu du cas, présenter ce sujet au tout début de la réponse, mais écrire deux ou trois phrases seulement... avant de passer au deuxième sujet sans jamais y revenir. Le correcteur ne sera pas dupe! Le fait de placer un sujet en premier ne veut pas dire qu'il a été analysé en profondeur. De même, le correcteur comprendra que le troisième sujet est le plus important pour le candidat s'il tient sur deux pages et demie alors que seulement quelques lignes ont été consacrées aux deux sujets précédents. Il se demandera probablement pourquoi le candidat ne s'est pas donné la peine de placer les pages en ordre, en guise de validation des priorités.

À mon avis, le candidat qui présente ses sujets en ordre maximise par le fait même ses chances d'atteindre la profondeur d'analyse désirée puisqu'il aura davantage pris conscience de la situation. *A priori*, cela influe positivement sur la perception du correcteur, mais il faudra bien sûr être à la hauteur de cette première impression. Établir clairement sa position dès le départ par la présentation des sujets est certainement un atout à considérer, d'où l'importance du plan de réponse.

POINT DE VUE

Lorsque le temps manque et qu'il reste quelques problèmes ou enjeux moins importants à discuter, il est possible de créer une page intitulée « Autres sujets ». Étant donné le temps limité, on y aborde rapidement quelques sujets, en écrivant tout au plus deux ou trois idées à chacun; les plus importantes. Dans ces circonstances, je vous suggère d'aller directement au but, soit à la recommandation justifiée, parfois par deux idées au lieu d'une seule. Il n'y a donc pas d'analyse comme telle où, par exemple, deux options sont envisagées avant la recommandation. Régulièrement, on remarque que les sujets peu importants peuvent être répondus avec efficience de cette manière.

Ajouter des titres et des sous-titres

Le texte de votre réponse doit être accompagné de titres et de sous-titres, et ce, dans le but de préciser le sujet discuté, de vous contraindre à présenter une réponse structurée et, avantage non négligeable, de minimiser les répétitions inutiles du cas. En effet, un titre clair, permettant au lecteur de se situer, est un bon truc pour éviter de résumer le cas avant de commencer sa rédaction.

Un titre clair peut remplacer quelques lignes résumant le cas.

Les candidats ont une forte tendance à répéter ou résumer le cas en guise d'introduction à chaque sujet discuté. Il s'agit d'une perte de temps puisque le destinataire de votre rapport connaît très bien les informations qu'il vous a remises en vous confiant le mandat. On doit également en déduire que le correcteur est tout autant familier au cas qu'il corrige. Voici un exemple où l'usage approprié d'un titre rend la rédaction plus rapide et donc plus efficiente. Voyons d'abord ce qui est à éviter.

EXEMPLE (À ÉVITER)

Votre société offre actuellement un régime complet de participation différé aux bénéfices. Or, vous vous demandez comment comptabiliser les options d'achat d'actions que vous venez tout juste d'offrir à vos employés. Voici mes recommandations à ce sujet :

EXEMPLE (SUGGÉRÉ)

Compt. des options d'achat d'actions

Ce titre est clair, court et situe rapidement le lecteur de la réponse. Nul besoin de rappeler toute l'histoire du cas sur le sujet. Vous pourrez donc directement aller à l'analyse, qui comprendra des idées nouvelles et pertinentes. En outre, le titre situe clairement la nature du problème ou enjeu à discuter, soit la « comptabilisation » des options d'achat d'actions. Le candidat ne devrait donc pas s'égarer et discuter d'autres aspects que celui demandé, tel le bien-fondé de ce mode de rémunération ou le traitement fiscal, par exemple.

Présenter les feuilles de travail à la toute fin du rapport

L'aide-mémoire et toutes les feuilles de brouillon que vous avez préparés au fur et à mesure de votre lecture du cas doivent être remis avec le texte de votre réponse. Le correcteur lit habituellement tout ce qu'il reçoit, et il arrive de temps à autre que l'évaluation d'une réponse soit majorée grâce aux idées qui se trouvent sur des feuilles de travail. Je vous suggère de présenter l'aide-mémoire et les feuilles de brouillon à la toute fin de votre réponse pour deux raisons. D'une part, il est peu professionnel de présenter ses feuilles de travail (pensez à l'apparence et au caractère succinct de vos brouillons…) en guise de premières pages. D'autre part, il sera plus facile pour le correcteur d'évaluer le contenu de ces feuilles après avoir lu la réponse en entier.

Il n'est pas approprié de présenter ses feuilles de travail au tout début d'une réponse.

Les feuilles de travail sont, *a priori*, difficiles à corriger puisque les idées y sont décousues, pêle-mêle et incomplètes. Cette difficulté s'accroît davantage si ces feuilles sont présentées au tout début de la réponse. En réalité, le correcteur ne sait pas si l'idée sera répétée plus clairement ou mieux expliquée dans le corps même du texte qui suit. On lui demande alors de décider s'il accorde une certaine valeur à l'idée dans l'évaluation, sans avoir en main toute l'information disponible. Pour cette raison, le correcteur attendra bien souvent à la toute fin pour revenir à ces pages du début et compléter son évaluation de la réponse. Il pourrait, par contre, oublier d'y revenir. En plaçant ses feuilles de travail à la fin, le candidat élimine ce risque inutile.

L'aide-mémoire (ou les feuilles de brouillon) peut être utile lorsque le temps alloué au cas est presque écoulé et que le candidat n'a pas eu le temps d'aborder un ou deux sujets moins importants. Ainsi, au lieu de commencer une nouvelle page, il peut tout simplement compléter les idées déjà amorcées dans l'aide-mémoire. Quelques éléments de fiscalité, des améliorations au contrôle interne ou des informations supplémentaires à obtenir pour finaliser le mandat ont pu avoir été oubliés lors de l'élaboration de la réponse. Étant donné que les feuilles de travail sont lues par le correcteur, les idées pertinentes et nouvelles qui s'y trouvent peuvent être prises en compte dans l'évaluation.

Il ne faut naturellement pas abuser de l'utilisation de ce truc et discuter un peu trop longtemps sur un sujet parmi l'ensemble des idées décousues ou inintelligibles d'un aide-mémoire. Pour cela, une section « Autres sujets » peut toujours être créée. À ce point-ci, l'objectif est surtout d'utiliser avec davantage d'efficience les dernières minutes de la simulation d'un cas. Un dernier conseil : attirez l'attention du correcteur sur ces idées ajoutées en les soulignant, en les entourant, ou en les pointant d'une flèche, par exemple.

Rédiger la réponse à l'encre

Lorsque la résolution d'un cas se fait à la main, il m'apparaît indispensable qu'elle soit rédigée à l'encre. Tout d'abord, l'apparence plus professionnelle de la réponse, qui est plus claire et plus propre, est améliorée. Ensuite, il y a un effet positif à la rédaction à l'encre puisque le candidat doit être un peu plus certain de l'idée qu'il écrit sur sa feuille. Il sait qu'il ne peut pas aussi facilement effacer. Finalement, l'écriture à l'encre est plus rapide qu'au crayon à mine, ce qui permet d'augmenter le nombre d'idées fournies dans un même laps de temps.

Il est plus rapide de rédiger un cas au stylo.

Je sais toutefois que beaucoup de candidats hésitent entre le crayon ou le stylo, particulièrement lors de la rédaction de leurs premières simulations. Il n'est probablement pas facile de changer ses habitudes et de se faire suffisamment confiance pour écrire sa réponse à l'encre indélébile. À mon avis, il est indispensable de vous entraîner le plus tôt possible à rédiger au stylo. Cela fait partie intégrante de l'apprentissage par cas. Je vous suggère de choisir un stylo qui « glisse bien » sur le papier, c'est-à-dire qui n'est pas trop pénible à utiliser – pas comme celui fourni dans les magasins pour signer la facture d'une carte de crédit! Ces stylos exigent que l'on appuie plus fort que d'habitude pour que la signature soit bien imprimée. Personnellement, lorsque je corrige des copies de candidats, je choisis un stylo du genre « Pilot Hi-Tecpoint » ou « Uni-ball Vision Elite ». Il n'exige pas de pression inutile sur le papier et me permet surtout d'écrire plus rapidement. Au fil de vos simulations, prenez le temps de trouver le stylo qui vous convient.

Il est très rare qu'un candidat rédige la réponse d'un examen – universitaire ou professionnel – au crayon à mine. En fait, pensez un peu aux yeux de celui qui corrige bon nombre de copies pendant de longues heures. Vous conviendrez qu'il est plus difficile de lire un texte écrit à la mine, surtout en soirée.

POINT DE VUE

Plusieurs candidats effectuent les calculs à la mine et rédigent le texte à l'encre. J'imagine que cette façon de faire se justifie par la probabilité plus grande que l'on fasse une erreur dans un calcul que dans une phrase. Personnellement, je ne recommande pas de faire une telle différence et je maintiens la suggestion de tout rédiger au stylo. En présentant vos calculs de manière aérée, une petite rature ou un chiffre entre parenthèses est acceptable. À mon avis, vous n'avez pas de temps à perdre à changer régulièrement de crayon. Le stylo rouge est également à proscrire. Cette couleur choque et donne une apparence trop agressive au texte. Vous désirez certainement éviter de créer une impression défavorable avant même que le correcteur n'ait commencé à lire votre réponse!

Ne pas oublier que la substance prime sur l'apparence

Permettez-moi d'illustrer les propos qui suivent à l'aide d'un concept comptable bien connu : celui de la prééminence de la substance sur l'apparence (la forme). Autrement dit, la qualité des idées émises, c'est-à-dire le fond (la substance) de la discussion, prime sur la forme. Il est évident qu'une copie très bien écrite, mais pauvre en idées, ne pourra surpasser une copie moins bien structurée qui contient plusieurs bons éléments. Je vous rappelle d'ailleurs que seules les idées nouvelles et pertinentes sont considérées dans l'évaluation de la réponse. Cela signifie que le candidat ne doit pas gaspiller son temps à se préoccuper outre mesure de l'apparence de sa réponse.

Afin que vous puissiez consacrer le plus de temps possible à vos idées, voici quelques conseils qui ont pour but d'accélérer la rédaction, à la main ou à l'ordinateur (→).

- Rédiger à l'encre, que ce soit du texte ou des calculs.

  → Utiliser une police de caractères standard et sans fioritures (taille 12 ou 13, style normal, couleur noire).

- Ne pas souligner les titres ou les totaux avec une règle ou un surligneur. Si nécessaire, une ligne tracée à la main est fort acceptable, même si elle est un peu de travers.

- Ne pas changer de couleur pour signaler un titre, un changement de sujet ou un calcul. Une écriture dorée ou argentée, c'est bien joli, mais ce n'est pas très utile. Je suggère donc un seul et même stylo pour tout le texte de la réponse.

  → Ne pas abuser des options offertes, comme les caractères gras, le soulignement ou l'italique – surtout cette dernière. Le correcteur peut certainement reconnaître une idée adéquate sans qu'elle soit mise en évidence. De même, il n'est pas nécessaire d'enjoliver un texte à l'aide de couleurs ou d'attributs tels que « ombré » et « contour ».

- Ne pas recommencer tout un calcul sous prétexte qu'on a oublié une donnée ou utilisé un chiffre de manière erronée. Il faut plutôt chercher un truc pour réparer rapidement l'erreur si elle est importante. Le cumul des flux de trésorerie liés aux activités opérationnelles (d'exploitation) ne sera pas totalement erroné si on a oublié une sortie d'argent, par exemple. Avis aux perfectionnistes! L'évaluation d'un calcul n'est pas si catégorique; ce n'est pas tout ou rien. L'oubli ou le traitement erroné d'un élément n'invalide pas les autres. Vous conviendrez que le fait de se trouver un défaut n'enlève rien à vos qualités.

  → Utiliser autant que possible les formules fournies par le logiciel au lieu de les créer vous-mêmes. Ainsi, « =SOMME(C4:C8) » est préférable à « =C4+C5+C6+C7+C8 ». Puisqu'on regroupe ensemble les chiffres à considérer, cela minimise les oublis.

C'est la qualité des idées qui prime lorsque vient le temps d'évaluer une réponse.

Après avoir fait les calculs mathématiques, il peut vous arriver de constater l'oubli d'un ou deux chiffres dans l'analyse quantitative. Cela est encore plus embarrassant lorsque vous venez tout juste de terminer la rédaction de l'analyse qualitative et des recommandations. Dans cette situation, je vous suggère tout simplement d'intercaler le chiffre oublié entre les lignes qui composent le calcul. À moins que le montant soit important ou fasse une différence, il ne m'apparaît pas nécessaire de recalculer le solde cumulatif de la trésorerie ou le sommaire d'une valeur actualisée nette, par exemple. Quand le correcteur évalue une réponse, il ne vérifie pas l'exactitude mathématique des totaux, il s'attarde plutôt à la qualité des éléments ou des ajustements considérés dans les calculs.

→ Lorsqu'on utilise un logiciel pour faire ses calculs, il est particulièrement utile d'insérer tout nouvel élément entre les lignes de chiffres déjà inscrits. Ceci, parce que la formule mathématique du solde ou du total devrait automatiquement en tenir compte. Il faut néanmoins faire attention aux cellules placées au début ou à la fin d'une colonne, car elles peuvent être exclues de la formule.

Il est également possible d'intercaler un nouveau chiffre sans changer le résultat – lorsqu'on spécifie préalablement que l'affichage des valeurs de la cellule sera en format « texte ». On fera comme tel lorsque l'interprétation du résultat est déjà terminée et qu'on a pas le temps de l'adapter suite aux ajouts.

Ne pas effacer ou raturer des idées. Qui sait? Ce que vous voulez retrancher n'est peut-être pas si mal après tout. Puisqu'il est possible que ces idées soient valables malgré votre première impression, il faut qu'elles puissent être considérées dans l'évaluation de la réponse. Vous avez fait une erreur? Mettez plutôt entre parenthèses la phrase ou le paragraphe et inscrivez « brouillon » ou « *draft* » à côté, puis reprenez correctement vos idées. S'il s'agit de la page entière, placez-la à la fin de votre réponse, avec les autres feuilles de brouillon. Ne jetez pas tout, s'il vous plaît!

→ Utiliser la fonction « couper/coller » afin d'aller placer le texte rejeté à la toute fin de la réponse.

POINT DE VUE

Je sais que certains candidats enlèvent ou barrent les idées de leur aide-mémoire ou de leurs feuilles de brouillon au fur et à mesure qu'ils en discutent dans leur réponse. Je n'ai naturellement rien à redire de cette façon de faire, qui sert à la fois de contrôle et de stimulant en cours de rédaction. Toutefois, assurez-vous que les idées raturées ont été reprises dans la réponse, car le correcteur ne lit pas ce qui a été barré. Il est donc préférable de faire une marque, tel un crochet, plutôt que de raturer.

◉ Laisser de l'espace. Sautez des lignes afin de vous permettre de revenir ajouter des idées ou des chiffres, si nécessaire. D'ailleurs, on suggère fort souvent d'écrire la réponse d'un cas à interligne double (ou 1,5 ligne). Espacez vos chiffres pour qu'une rature paraisse moins. Commencez une nouvelle page à chaque sujet. Évitez les phrases « baladeuses », qui partent du texte de la réponse, débordent dans les marges, font le tour de la feuille ou d'un paragraphe, puis reviennent à leur point de départ! Ce style étourdissant oblige le correcteur à tourner la feuille dans tous les sens. Il risque de perdre le fil et de sauter quelques idées importantes, sans oublier le torticolis qui en résulte. Aussi, évitez les phrases trop longues, qui n'en finissent plus. Mettez un point final à chaque idée.

→ Ne pas placer trop de texte dans la même cellule d'un logiciel de calcul, tel « Excel ». Cela se lit bien à l'écran, mais c'est une autre histoire lorsque la réponse est imprimée. La fin des phrases trop longues est alors escamotée ou se retrouve sur une autre page et, malheureusement, cela rend la tâche de correction plus difficile.

→ Tenir compte de la mise en page des calculs lors de l'élaboration de leur structure. Par exemple, il arrive que la liste des hypothèses soit présentée dans le haut d'une page, suivie du calcul proprement dit. Lors de l'impression, le calcul risque de s'étendre sur deux pages. Il est préférable de présenter l'intégralité d'un calcul sur la même page. De même, il n'est pas aisé de lire, puis de corriger, une projection du bénéfice futur des cinq prochaines années lorsque les colonnes de calculs sont présentées sur plus d'une page. À cet effet, l'orientation « paysage » est fort utile pour les calculs qui requièrent plusieurs colonnes.

◉ Ne pas utiliser de liquide correcteur (ou ruban-cache). Pitié! Vous n'avez pas le temps. Certains candidats attendent même que le liquide sèche, car ils réécrivent par-dessus. Encore pitié!

→ Ne pas perdre de temps à fignoler le texte à l'aide d'outils offerts par le traitement de texte tels que le dictionnaire ou la recherche d'un synonyme.

◉ Ne pas répéter un en-tête qui se rapporte à plusieurs pages, comme par exemple « *draft* », « non vérifié », « analyse », « rapport préliminaire », « gestion », « projet », « date ». Vous pouvez le mentionner une fois, si cela est utile, mais ne le répétez pas partout. De même, le mot « suite » n'est pas nécessaire quand la discussion d'un sujet excède une page. Un simple rappel du titre suffit.

Certains candidats écrivent en caractères très petits ou ont une écriture difficile à lire, caractérisée, par exemple, par des « pattes de mouche » ou des lettres à peine formées qui se ressemblent toutes. N'oubliez pas que le correcteur doit comprendre votre texte sans éprouver de difficultés. Certes, vous pouvez tenter de changer votre calligraphie, mais cela est parfois difficile, car vous écrivez de cette manière depuis longtemps. Ainsi, si l'écriture est tout de même lisible, je vous rappelle d'aérer votre réponse en laissant une ligne en blanc entre chaque ligne de texte. La lecture sera moins ardue. Dans ces circonstances, la rédaction à l'encre est particulièrement recommandée.

124 Si, par contre, votre écriture est illisible, alors là, il faut faire un véritable effort d'amélioration. Le correcteur essaiera de vous comprendre, mais il y a une limite à sa patience. Après deux ou trois essais infructueux, il passera à la phrase suivante. Vous risquez donc de ne pas recevoir le plein mérite de vos idées. Je vous suggère de faire lire vos réponses à différents confrères afin de déterminer si votre écriture est lisible ou non. De toute façon, certains de vos professeurs vous ont peut-être déjà dit qu'ils avaient de la difficulté à déchiffrer votre écriture. Si tel est votre lot et qu'on vous offre la possibilité de rédiger vos cas à l'ordinateur, n'hésitez pas!

Style de rédaction

Vous avez certainement compris, d'ores et déjà, que je désire que la rédaction de votre réponse à un cas soit la plus efficiente possible. Nul besoin d'adopter un style d'écriture recherché, comme celui utilisé lors d'un travail de session ou d'un projet de thèse. Je vous recommande plutôt d'adopter un style de rédaction direct et précis. Il faut aller droit au but et exprimer son idée sans utiliser des expressions ou des phrases inutilement longues. Ainsi, une phrase d'introduction telle que : « Je vais présenter ci-dessous les avantages et les inconvénients de l'offre de Philimax inc. » est inutile. Il faut éviter le remplissage qui ne contribue pas à l'argumentation des idées.

Il faut d'abord et avant tout viser l'efficience dans la rédaction de cas.

La facilité de rédaction n'est pas la même pour tous. Si vous êtes le membre de l'équipe que les autres désignaient pour composer le texte d'un long travail, cela ne sera pas nécessairement un avantage lors de vos simulations de cas. Il faudra probablement faire des efforts particuliers pour éliminer les phrases vides, qui ne contribuent pas à la résolution des problèmes ou enjeux, et réduire la longueur du texte en présentant les idées plus succinctement.

Voici plusieurs trucs qui vont rendre le style de l'écriture plus efficient.

Utiliser le style télégraphique approprié

Un point essentiel que je désire aborder concerne l'usage d'un style télégraphique approprié. La plupart des candidats en entendent parler, mais plusieurs ont de la difficulté à l'appliquer correctement. Il est dommage de constater que le sens des idées avancées est souvent perdu par un style d'écriture impropre, parfois trop télégraphique, parfois pas assez. Personnellement, je considère que vous devez, la plupart du temps, écrire des phrases complètes, c'est-à-dire ayant un sujet, un verbe et un complément. Ces phrases doivent toutefois traduire simplement les idées exprimées et ne doivent pas être encombrées de mots inutiles. À l'occasion, il arrive que le sujet de la phrase puisse être escamoté sans que l'idée ne perde son sens.

STYLE DE RÉDACTION TROP TÉLÉGRAPHIQUE (À ÉVITER)

FILIALE AU MEXIQUE (CR)

coût : assurer approvisionnement régulier

profit : 60 % tiers

investissement : décision soc mère

∴ centre profit

Ce texte est trop télégraphique. Pour comprendre le sens de la discussion, le lecteur doit commencer par deviner la nature du sujet traité et compléter chaque ligne qu'il lit. Certes, il peut entrevoir vaguement ce que le candidat veut dire, mais cela ne suffit pas. Les idées émises manquent d'explications, et la recommandation ne ressort pas clairement.

**Quand vous rédigez une réponse,
le défi est de composer des phrases
à la fois complètes et concises.**

Quand il évalue une réponse, le correcteur essaie de reconnaître pleinement toutes les idées nouvelles et pertinentes que lui présente le candidat. Par contre, il ne peut ni extrapoler ni ajouter des mots pour que la réponse ait du sens. Si ce n'est pas écrit… le correcteur ne peut pas deviner ce que vous voulez dire.

Ainsi, dans l'exemple ci-dessus, le style télégraphique utilisé oblige le correcteur à faire le lien entre le type de centre de responsabilité et sa justification. C'est beaucoup lui demander. Pour comprendre pleinement le sens de l'argument, le correcteur doit ajouter trop de mots à ce qui est écrit, ce qu'il ne fera pas. Il ne peut pas présumer vos connaissances. Quand vous rédigez votre réponse, vous devez par conséquent exprimer vos idées de façon claire et complète. Vous n'aurez pas la possibilité de rencontrer le correcteur pour lui expliquer ce que vous vouliez dire.

Détermination du type de centre de responsabilité
de la nouvelle filiale du Mexique.
(Ce titre est trop long.)

J'ai procédé à l'examen des caractéristiques de la filiale que vous détenez au Mexique. (Phrase de présentation trop longue; répétition inutile du titre.)

Il faut déterminer s'il s'agit d'un centre de responsabilité qui est un centre de coût ou d'un centre de responsabilité qui est un centre de profit. (Inutile de répéter deux fois le terme « centre de responsabilité ».) Après analyse, je pense qu'il pourrait s'agir d'un centre de coût puisque toutes les décisions d'investissement sont prises à partir de la société mère par une équipe de huit personnes dirigées par le directeur M. Christian. (Cette phrase est un préambule inutile; trop longue description de l'équipe de direction, puisque cela est mentionné tel quel dans le cas.) (Remarque : L'argument vise à rejeter le centre d'investissement alors qu'il devrait plutôt servir à appuyer le centre de coût.) Aussi, la création de la filiale a pour but d'assurer un approvisionnement régulier de matières premières à la société mère. Ma première idée a été que le centre de responsabilité pourrait être un centre d'investissement, mais aucune décision d'investissement n'est prise par les gestionnaires mexicains. (Répétition d'idées déjà exposées; inutile d'insister autant sur une troisième possibilité qui a été écartée d'emblée.)

Ainsi, je pense qu'on pourrait (Début inutile – il est préférable d'aller droit au but; je « pense » n'exprime pas suffisamment de certitude.) considérer la filiale du Mexique (Inutile de revenir sur le fait que la filiale est au Mexique, on le sait déjà.) comme un centre de profit et non comme un centre de coût, (Inutile de dire ce qu'on rejette dans la conclusion.) car la filiale vend près de 60 % de sa production à de tierces parties.

Il ne faut pas oublier qu'au Mexique, ce sont des pesos. Cela va nous compliquer la tâche. (Pourquoi ce paragraphe? On demande de déterminer le type de centre de responsabilité le mieux adapté aux circonstances et non de discuter de la conversion des devises. C'est en dehors de la demande. De toute façon, le fait de dire que cela va « compliquer la tâche » n'ajoute rien de pertinent au texte; c'est une remarque vide!)

Cela signifie que la performance financière de la filiale mexicaine sera évaluée en fonction du bénéfice réalisé. (La conclusion est plus claire ici, mais on pourrait éviter cette répétition inutile en étant plus précis la première fois.) Le profit pourra (Le mot « devra » est préférable au mot « pourra ».) tenir compte des coûts directement liés à l'exploitation de la filiale comme les coûts de matières premières, les coûts de main-d'œuvre, l'électricité, les coûts d'entretien de l'usine, les salaires des dirigeants, etc. (Le mot « coût » qui se répète est inutile; trop d'éléments énumérés.) Il ne faut pas tenir compte des éléments non contrôlables par la filiale, comme le partage des frais communs (frais de publicité, frais de recherche et développement, frais administratifs, etc.) imputés par le siège social. (La répétition du mot « frais » est inutile; trop d'éléments énumérés.)

Le texte précédent n'est certainement pas assez télégraphique, car il comprend plusieurs éléments inutiles. En outre, il renferme plusieurs erreurs… de rédaction. Il est important de comprendre que **tout ce qui est écrit dans ce texte est correct** et qu'il ne contient aucune idée erronée. C'est le style, inutilement lourd, qui nuit à l'efficience. En d'autres mots, c'est la forme et non le fond qui est inadéquate. Si le candidat améliore sa façon d'écrire, il pourra développer un plus grand nombre d'idées dans un même laps de temps.

STYLE DE RÉDACTION TÉLÉGRAPHIQUE (SUGGÉRÉ)

TYPE DE CENTRE DE RESP. – FILIALE MEXIQUE

centre de coût :

- car le but 1er de la filiale est d'assurer un approvisionnement régulier à la société mère

centre de profit :

car près de 60 % de sa production est vendue à des tiers

REC : centre de profit

La filiale sera évaluée sur le bénéfice qu'elle contrôle (frais directement liés à l'exploitation : matières premières et main-d'oeuvre).

Les imputations du siège social (publicité, recherche et développement) ne devraient pas être considérées.

Remarque : Avec l'exemple ci-dessus, mon objectif est d'illustrer le style télégraphique à utiliser. Il faut comprendre que le nombre d'idées présentées pour discuter du type de centre de responsabilité de la filiale mexicaine est probablement insuffisant.

Le style de rédaction de l'exemple est concis, clair, direct, et les idées sont concrètes. Il n'y a pas de verbiage interminable. Le titre précis permet d'éviter une introduction trop longue. En changeant de paragraphe à chaque phrase, la copie est plus aérée, ce qui facilite la rédaction de la réponse, ainsi que sa correction. Remarquez également l'usage des parenthèses pour introduire un exemple ou un commentaire. J'y reviendrai un peu plus loin, mais notez également que certains mots ou expressions, tels que « publicité » et « société mère » pourront être abrégés par « pub. » et « soc. mère ». Aussi, avantage non négligeable, en coupant les phrases plus souvent, vous vous obligez à préciser votre pensée. Prévoyez au moins **une idée différente par phrase**.

Une idée → Une phrase → Un paragraphe

La rédaction d'une réponse où les phrases sont présentées dans un texte continu allonge le temps consacré à l'écriture des mêmes idées. On se sent alors obligé d'ajouter des mots de liaison tels que « cependant », « compte tenu de ce qui précède », « malgré cela », « il s'ensuit que », etc. La présentation d'une seule phrase par paragraphe offre un avantage indéniable à la rédaction. Elle en accélère le rythme!

Malheureusement, les copies de candidats renferment souvent de trop longues phrases qui rendent difficile la compréhension des idées par le correcteur. En voici un exemple : « La société aurait pu gagner trois fois plus de bénéfices si elle n'était pas allée investir dans le secteur des ressources naturelles qui auraient pu générer davantage de dividendes, mais qui n'ont pas été capables de rencontrer leurs promesses. C'eût été préférable de me consulter avant! » Ai-je besoin de commenter?

En certaines circonstances, la composition de phrases complètes (sujet, verbe, complément) n'est pas nécessaire. C'est généralement ce qui se produit quand on doit, par exemple, énumérer des éléments ayant un point commun, c'est-à-dire une « liste de... ». Dans cette situation, il n'y a pas de sujet ou de verbe, et le style devient beaucoup plus télégraphique.

Voici des exemples où une partie de la réponse peut être écrite plus succinctement qu'à l'accoutumée.

- Demande précise : responsabilités d'un comité d'audit ou tâches d'un contrôleur;

- Limites à la réalisation du mandat : informations supplémentaires à obtenir;

- Analyse qualitative : avantages et inconvénients d'un projet d'agrandissement;

- Question comptable : arguments justifiant le traitement proposé;

- Planification de l'audit : procédures à mettre en œuvre;

- Financement : renseignements qui accompagnent une demande d'emprunt;

- Analyse de la situation actuelle : forces / faiblesses / possibilités / menaces.

Lorsqu'il s'agit de recommandations, je vous rappelle qu'il est préférable de les commencer par un verbe à l'infinitif. Le sujet est alors omis. Ainsi, on pourra dire « Ajouter un quart de travail » plutôt que « Vous devriez ajouter un quart de travail.»

Présenter la réponse sous forme de tableau

Il arrive de temps en temps qu'une partie de la réponse d'un cas puisse être présentée sous forme de tableau. Lorsque cela s'y prête, chaque colonne du tableau correspond alors à un élément requis par la demande. Un tableau permet de mieux structurer votre pensée et permet d'accélérer l'élaboration de votre réponse. Notons qu'il n'est pas nécessaire d'encadrer chaque colonne de texte simplement pour en améliorer l'apparence. L'important est de distinguer chacune des parties.

Voici des exemples de tels tableaux.

Avantages et inconvénients de chaque option	Risques potentiels; Minimisation des impacts

Déficiences du contrôle interne; Incidences possibles; Recommandations d'amélioration	Calculs de ratios; Interprétation

Forces / Faiblesses / Menaces / Opportunités	Plan de mise en œuvre Qui, Quoi, Quand, Coût

Il est évidemment possible de créer un tableau lorsque la réponse à un cas est rédigée à l'aide d'un ordinateur. Toutefois, si vous n'êtes pas parfaitement à l'aise avec cette fonction du traitement de texte, qui n'est pas si facile à utiliser, vous risquez de perdre trop de temps à la détermination des diverses propriétés du tableau (ex.: alignement et habillage du texte). La présentation d'une partie de la réponse sous forme de tableau peut certainement se faire sans que le texte soit parfaitement aligné.

Adopter un style simple de conjugaison des verbes

Je vous suggère de recourir à un style simple de conjugaison des verbes. Plus précisément, le temps présent, le passé composé et le futur simple sont à privilégier. Le temps présent est d'ailleurs celui qui est le plus souvent utilisé dans la rédaction d'un cas. L'adoption d'un tel style de conjugaison permet de gagner du temps et de libérer votre esprit, qui doit se concentrer sur le fond et non sur la forme du texte. Il faut donc éviter toute forme compliquée de rédaction : « Je pourrais bien en venir à croire qu'ils auraient pu avancer davantage d'argent s'ils avaient pu arriver à y penser. »

Voici des exemples de verbes conjugués de façon appropriée.

rédaction compliquée (à éviter)	rédaction simplifiée (suggéré)
J'avais remarqué que...	J'ai remarqué que...
Tu auras obtenu...	Tu obtiendras...
Il pourrait être...	Il peut...
Nous finirions...	Nous finirons...
Vous auriez eu...	Vous avez eu...
Ils eussent été...	Ils étaient...

Certains candidats se perdent dans un style de rédaction basé sur le plus-que-parfait, le subjonctif ou le futur antérieur. C'est parfois plus joli, mais la rédaction d'un cas n'est pas un concours littéraire... Il faut que votre idée soit clairement exprimée, ce qui ne signifie pas nécessairement qu'elle doit l'être dans un style d'écriture recherché. Dans la simulation de cas, la limite de temps est une contrainte incontournable.

**L'adoption d'un style de rédaction simple
facilite l'expression des idées.**

Mesurer l'importance à accorder à la grammaire et à l'orthographe

Plusieurs candidats s'interrogent sur l'importance de la grammaire et de l'orthographe dans la rédaction d'une réponse. Il est indéniable que dans la vie réelle, un rapport professionnel doit être bien rédigé et exempt de fautes. C'est également ce que montre la solution officielle d'un cas universitaire ou professionnel. Cette qualité de rédaction est habituellement facilitée par l'usage d'un traitement de texte, qui souligne les fautes en rouge ou en vert, et par un délai de production qui n'est pas aussi restreint que lors d'une simulation de cas.

Il est rare de retrouver directement l'expression « grammaire et orthographe » dans un guide d'évaluation. On retrouve plutôt une section « Communication » qui englobe plusieurs éléments. Ainsi, la communication adéquate et professionnelle des idées peut faire partie de l'évaluation, mais la définition de ce critère est beaucoup plus large que les seules erreurs de rédaction. La logique du développement, la cohérence des propos, la structure de l'analyse et la clarté des idées seront plutôt examinées. Parfois, on évalue aussi la présentation de la réponse (ex.: format, références).

Plusieurs éléments relevés au paragraphe précédent m'apparaissent plus importants que la grammaire et l'orthographe. Un enchaînement logique et cohérent des idées ainsi qu'une approche efficace de résolution des problèmes sont certainement davantage valorisés. Par exemple, le correcteur doit pouvoir comprendre facilement la provenance et la signification des chiffres.

POINT DE VUE

Somme toute, ma position personnelle sur ce sujet est de ne pas faire d'efforts particuliers en cours de rédaction pour utiliser une grammaire ou un vocabulaire exempts d'erreur. Certes, les idées doivent être claires et précises, mais pas nécessairement exprimées de manière parfaite. C'est encore le principe de la prééminence de la substance sur l'apparence (la forme). Ainsi, l'omission d'un « s » pour « les stock » n'est pas une erreur grave, ni le fait d'utiliser deux fois le mot « communiquer » dans la même phrase. Nul besoin de perdre son temps à chercher un synonyme pour enjoliver la lecture. Il en est de même d'une erreur de grammaire comme « j'ai discuter » au lieu de « j'ai discuté ». À mon avis, cela ne vaut pas la peine de s'y arrêter. Il m'apparaît beaucoup plus important de faire adéquatement valoir vos idées au fil de la rédaction.

Certains candidats font toutefois des fautes qui peuvent créer de l'ambiguïté. Par exemple, certains mots sont tellement mal écrits que le correcteur ne peut comprendre de quoi il s'agit, comme « paire de l'argent » au lieu de « perd de l'argent ». Ici, il est assez difficile de saisir le sens de la première expression. De même, quand l'idée est floue ou mal exprimée, il est parfois impossible de savoir s'il s'agit d'une recommandation ou simplement d'un autre argument. Enfin, il est possible que le candidat sache qu'il écrit avec plus de fautes que la moyenne; ce qui est une situation à éviter. Dans ces circonstances, le candidat doit composer son texte avec davantage de soin.

Il y a, en revanche, des candidats qui se préoccupent beaucoup trop de l'orthographe et de la grammaire. Nul besoin de réviser son texte dans cette optique. Je vous rappelle que les correcteurs cherchent fondamentalement les idées nouvelles et pertinentes. C'est seulement lorsque l'idée est incompréhensible que cela nuit à l'évaluation de la réponse.

Présentation de la réponse à un cas

Utiliser des abréviations

Plusieurs candidats se demandent s'ils peuvent utiliser des abréviations dans la rédaction de leur réponse. Ma réponse est oui, pourvu qu'elles soient peu nombreuses et faciles à reconnaître, c'est-à-dire qu'il s'agisse de mots faisant partie du langage des affaires ou d'abréviations très bien connues du langage courant. Il est essentiel de ne pas ralentir la lecture du correcteur. Autrement dit, il ne doit pas avoir à chercher le sens de l'abréviation, laquelle doit être compréhensible et facile à saisir. Ainsi, il ne perdra pas le fil du texte qu'il lit. En fait, si le correcteur ne se rend pas compte qu'il y a des mots abrégés, il sera totalement concentré sur l'évaluation de la pertinence des idées écrites. Par votre façon de rédiger, il faut vous assurer que le lecteur adopte cette attitude tout au long de sa lecture.

Les abréviations doivent être faciles à reconnaître.

Voici des exemples illustrant le manque ou l'excès d'abréviations dans un texte.

RÉDACTION QUI MANQUE D'ABRÉVIATIONS (À ÉVITER)

Selon les Normes internationales d'information financière, il faut comptabiliser le placement en utilisant la méthode de la consolidation proportionnelle, car il y a contrôle conjoint.

RÉDACTION ADÉQUATE (SUGGÉRÉ)

Selon les IFRS, il faut compt. le plac. avec la méthode de la consol. proportionnelle, car il y a contrôle conjoint.

Remarque : Cette phrase est facile à lire malgré les quelques abréviations. Le terme « contrôle conjoint » n'est pas abrégé, car il est moins souvent utilisé en rédaction, mais aussi parce que cela permet de garder le nombre d'abréviations à un niveau raisonnable.

RÉDACTION QUI MANQUE D'ABRÉVIATIONS (À ÉVITER)

En acceptant le partenariat avec Snack Entreprises inc. afin de produire la gamme Crispy Crunch Pack, la coentreprise serait une entité distincte aux fins de l'information financière et des impôts sur le résultat (les bénéfices).

RÉDACTION ADÉQUATE (SUGGÉRÉ)

En acceptant le partenariat avec SE afin de produire la gamme Crunch*, la coentrep. serait une entité distincte aux fins de l'inform. financ. et de l'impôt.

* ou CCP s'il s'agit d'un logo spécifique

RÉDACTION QUI COMPORTE TROP D'ABRÉVIATIONS (À ÉVITER)

$$ST : + < \hat{c} \ / \ VRN$$

RÉDACTION ADÉQUATE (SUGGÉRÉ)

Les stocks sont au plus faible du $\hat{c}$ et de la VRN.

Remarque : Le correcteur doit pouvoir comprendre rapidement le sens du texte sans ajouter des mots et sans se creuser la tête.

RÉDACTION QUI COMPORTE TROP D'ABRÉVIATIONS (À ÉVITER)

Clients ≠ facture ⟶ \$ prod. pas tous compt.

RÉDACTION ADÉQUATE (SUGGÉRÉ)

Puisque certains clients n'ont pas reçu de factures, les prod. compt. peuvent être sous-évalués.

134 Veuillez noter qu'il n'existe pas de liste officielle d'abréviations généralement reconnues publiée par les Ordres professionnels.

Voici tout de même une liste non exhaustive d'abréviations qui peuvent, à mon avis, être utilisées.

ABRÉVIATIONS

CI	contrôle interne	**invest.**	investissement
JAT	juste-à-temps	**financ.**	financement
ctb – compt.	comptabilité – comptabilisation	**méth. compt.**	méthode(s) comptable(s)
ÉDI	échange de données informatisées	**É/F**	états financiers
éval. rend.	évaluation du rendement	**amort.**	amortissement
PCI	prix de cession interne	**FCS**	facteur clé de succès
OSBL	organisme sans but lucratif	**proc.**	procédure(s)
DPA – FNACC	déduction pour amortissement – fraction non amortie du coût en capital	**actions préf. (priv.)**	actions préférentielles (privilégiées)
TI	technologies de l'information	**déduct.**	déductible
REÉR	régime enregistré d'épargne retraite	**JV**	juste valeur
RCI	rendement du capital investi	**div.**	dividendes
PAPE	premier appel public à l'épargne	**MOD**	main-d'œuvre directe
loc-financ.	location-financement	**GPA**	gestion par activités

Voici quelques conseils à suivre en ce qui concerne l'utilisation des abréviations.

- ☙ Dresser une liste d'abréviations connues et acceptables qui sera complétée au fur et à mesure de vos simulations. Cette liste peut être comparée, puis validée avec celle d'autres candidats.

- ☙ Raccourcir une partie d'une expression en gardant les premières lettres, par exemple : « frais gen. de prod. », « emprunt hypot. », « contrat de loc. », « cap. propres », « activ. aband. », « exploit. », « dépendance écon. », etc. Bien sûr, il ne faut pas enlever trop de lettres; « ER » pour entretien et réparation ou « ex » pour exploitation est trop court alors que « CA » peut vouloir dire chiffre d'affaires ou conseil d'administration.

- ☙ Employer un nombre raisonnable d'abréviations dans une même phrase. Il faut un juste équilibre. Ainsi, le fait de sauter un article n'est pas grave, mais les sauter tous et ne laisser que les autres mots, c'est trop. De même, lire une phrase où seules les premières lettres de chaque mot sont écrites rend la tâche de lecture pénible.

Ꝅ Utiliser les initiales du nom de l'entreprise pour laquelle vous travaillez. Il y en a toujours et c'est réellement plus court. Nul besoin du « Inc. » ou du « ltée ». Il en est de même pour les noms d'individus (ex.: Mme D) et, parfois, pour les noms de produits (ex.: « Ale » ou « Rain » en diminutif de « Rain on the Heather Mild Ale »). Penser aux sigles et acronymes connus, tels que « PME » et « ALÉNA ».

Ꝅ Ne pas fournir de liste d'abréviations au début de la réponse à un cas. Cela signifie sans doute qu'elles seront difficiles à reconnaître sans ce glossaire. Si vous devez expliquer l'abréviation, mieux vaut laisser tomber. D'ailleurs, le seul fait d'écrire cette liste enlève du temps précieux à la rédaction. Et surtout, ne demandez pas au correcteur de se référer constamment à la première page de la réponse tout au long de sa lecture!

> Certains candidats présentent une liste d'abréviations au début de leur examen de 4 heures contenant trois ou quatre courts cas. C'est un exercice d'autant plus inutile lorsqu'on sait que chacun des cas sera probablement corrigé par un correcteur différent. Le candidat n'a donc pas le temps de réécrire la liste d'abréviations à chaque fois, et on ne peut raisonnablement s'attendre à ce que les correcteurs se transmettent cette liste entre eux.

Ꝅ Faire attention aux abréviations de mots étrangers au langage des affaires, car elles sont plus difficiles à reconnaître, par exemple : éq. ou $\rightleftharpoons$ (symbole chimique) pour équilibre ou « qu. » pour qualité. D'ailleurs, dans ces deux exemples, trop de lettres ont été coupées pour que l'on puisse savoir de quoi il s'agit.

Ꝅ Donner l'abréviation d'un mot – le plus souvent une expression – la première fois. Cela permet par la suite d'utiliser l'abréviation tout au long de la réponse. Par exemple, si le cas demande de considérer « l'impact sur les systèmes d'information financière » de chaque élément discuté, il est possible d'utiliser l'abréviation « impact » ou « SIF ». Cette façon de procéder est circonstancielle, c'est-à-dire qu'elle est spécifique à un cas particulier. Cela n'arrive pas souvent.

La tentation d'abréger est à la fois moins forte et plus forte lorsque la réponse est rédigée à l'ordinateur. D'une part, comme il peut écrire son texte plus rapidement, le candidat est moins porté à se servir d'abréviations. D'autre part, il peut être tenté d'adopter le style des internautes, dont les messages se font à l'aide d'un nombre de mots réduits au strict minimum, dans un langage unique, où l'anglais et le français s'entremêlent parfois. Par exemple, « ke » pour « que », « all K » pour « en tout cas » (aie!) et « c la ke je voi kil è… » pour « c'est là que je vois qu'il est… ». Il va de soi que ce n'est pas une façon adéquate d'exprimer vos idées. Ces abréviations, plus ou moins faciles à saisir, n'ont pas vraiment leur place dans le langage des affaires.

**Qu'elle soit écrite à la main ou à l'ordinateur,
la réponse à un cas
doit être présentée de manière appropriée.**

Vous avez remarqué ou vous remarquerez que je n'utilise pas beaucoup d'abréviations dans le corps même du texte du présent volume. C'est volontaire. Puisqu'il s'agit d'une publication, et non d'une simulation à faire dans un temps limité, ma rédaction doit respecter les règles de l'art.

POINT DE VUE

Certains cas mentionnent le nombre de mots permis pour l'ensemble de la question, pour une seule ou pour toutes ses parties. Dans cette situation, le travail à effectuer sera suivi d'une remarque de ce genre : « Les réponses doivent comprendre entre 350 et 400 mots. » Le candidat doit respecter cette exigence s'il désire que tout ce qu'il écrit soit pris en compte dans l'évaluation de sa réponse. Il s'agit d'une raison supplémentaire pour adopter un style de rédaction clair, efficient et direct.

Lorsqu'il rédige, le candidat doit être conscient du nombre de mots qu'il utilise. Il faut donc qu'il trouve des astuces pour faire ce calcul rapidement. Je vous suggère de déterminer un nombre moyen de mots par ligne ou par phrase; nombre qui sera par la suite rapidement multiplié par le nombre de lignes ou de phrases écrites. Au fur et à mesure de son expérience en simulation de cas, le candidat pourra plus facilement estimer ce nombre moyen de mots, qui devrait sensiblement demeurer le même d'une fois à l'autre. L'objectif est de s'assurer de respecter la contrainte liée aux mots sans perdre de temps à faire le décompte.

Éviter le style interrogatif

Trop souvent, les candidats répondent au cas en posant des questions, ce qui n'est certainement pas une bonne approche. C'est justement le rôle du candidat de répondre aux questionnements de l'employeur ou du client. Il ne peut lui retourner la balle! Devant une phrase finissant par un point d'interrogation, le correcteur ne connaît pas la position du candidat et il sera incapable de savoir s'il s'agit d'un argument clair, d'une conclusion ou d'une recommandation. Ainsi, le style interrogatif est fortement déconseillé.

Voici des exemples.

> *Devrait-on comptabiliser une provision pour restructuration?*

C'est la question à laquelle il faut justement répondre... Un titre court et clair comme « compt. prov. restructuration » suffit pour situer le correcteur.

> *Devrais-je vous recommander de signer ce contrat d'approvisionnement?*

Il faut une recommandation ferme et justifiée; c'est à vous de prendre position. On signe le contrat ou non?

> *Existe-t-il des avantages économiques futurs?*

Il faut justement que le candidat utilise les indices du cas afin de déterminer si de tels avantages existent ou non. C'est à lui de le faire. Il ne peut retourner les questions à son interlocuteur. S'il s'avère impossible de déterminer l'existence d'avantages futurs, le candidat peut simplement mentionner cette limite à l'analyse.

Il arrive parfois qu'on ait à établir une liste d'informations qui seraient nécessaires pour compléter l'analyse d'un problème ou enjeu. *A priori*, cette situation peut donner l'impression que la forme interrogative est à utiliser puisque le candidat doit déterminer ce qui lui manque (ex.: Quelles sont les économies d'échelle suite au regroupement?). Néanmoins, je maintiens que la rédaction sous la forme de questions est à éviter. Je suggère plutôt la présentation sous forme télégraphique d'une liste d'éléments (ex.: obtenir la liste des coûts qui seront réduits suite au regroupement). Il est certainement préférable de suggérer une action plutôt que de donner l'impression qu'on ne sait pas quoi faire.

Adopter un style positif et constructif

Il m'arrive régulièrement de constater que les candidats adoptent la forme négative dans leur rédaction. En plusieurs circonstances, cela alourdit le texte ou entraîne la répétition inutile de la même idée. Parfois, le candidat ne se rend pas compte que la forme négative, lorsqu'elle est mal utilisée, peut traduire une idée contraire à celle qu'il voulait exprimer. On vous a sûrement déjà dit que la présence de deux négations de suite revient à exprimer l'idée sous une forme positive. Je vous suggère plutôt d'envisager la résolution des problèmes ou enjeux de manière positive et constructive.

Voici une illustration des inconvénients de l'usage d'un style négatif.

STYLE NÉGATIF (À ÉVITER)

> Actuellement, ça ne fonctionne pas très bien dans votre entreprise. Il y a un mauvais contrôle interne lors de l'évaluation des comptes clients et la dépréciation s'est élevée à plus de 89 000 $ au cours du dernier semestre. Effectivement, le contrôleur fait le rapprochement bancaire et les dépôts, puis détermine quels sont les comptes à déprécier. On pourrait demander au secrétaire de faire les dépôts, puis à l'une des propriétaires d'approuver toutes les dépréciations de compte afin de mieux séparer les fonctions.

Les deux premières phrases, d'un style négatif, alourdissent inutilement la rédaction, car le candidat est alors obligé de reprendre un peu plus loin ses idées dans une forme positive axée vers la résolution du problème. De toute façon, la première phrase, qui ne contient aucune idée nouvelle et pertinente, n'est pas nécessaire.

STYLE POSITIF ET CONSTRUCTIF (SUGGÉRÉ)

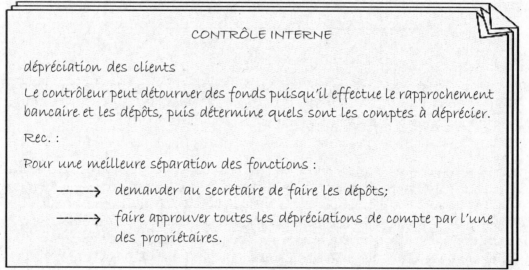

> CONTRÔLE INTERNE
>
> dépréciation des clients
>
> Le contrôleur peut détourner des fonds puisqu'il effectue le rapprochement bancaire et les dépôts, puis détermine quels sont les comptes à déprécier.
>
> Rec. :
>
> Pour une meilleure séparation des fonctions :
>
> ———→ demander au secrétaire de faire les dépôts;
>
> ———→ faire approuver toutes les dépréciations de compte par l'une des propriétaires.

Le texte est plus court : une phrase par paragraphe. Nul besoin de mots de liaison comme « effectivement ». La possibilité d'un détournement de fonds compte tenu de l'absence de séparation des fonctions est clairement indiquée. Le titre « CONTRÔLE INTERNE », quant à lui, permet au correcteur de se situer et peut servir à la discussion d'autres déficiences. De même, le sous-titre « dépréciation des clients » évite au candidat de faire la présentation du sujet qui suit. Dans l'exemple « À ÉVITER », la lourdeur du style a fait oublier au candidat d'écrire la conséquence de la déficience relevée. De plus, l'expression « on pourrait » manque de fermeté. Il faut plutôt aller droit au but et suggérer des moyens de résoudre le problème ou enjeu. Les deux recommandations ci-dessus sont des actions précises et concrètes, exprimées par un verbe à l'infinitif.

Choix des termes

Le choix des termes est un aspect dont il faut tenir compte pour que le sens de l'idée avancée soit pleinement considéré. Certaines expressions, parfois bien connues, peuvent ne pas convenir à l'écriture d'un cas professionnel. Il faut se rappeler que les idées de la réponse doivent être présentées de manière directe, claire, concrète, précise et complète. Plus cet objectif est atteint, plus la performance du candidat risque de s'améliorer.

Voici quelques conseils à suivre dans le choix des termes.

Employer un langage clair et précis

Les candidats utilisent trop fréquemment un langage vague et général. Cela n'est pas adéquat puisque le lecteur ne peut saisir de façon précise ce que l'idée signifie. En d'autres circonstances, le candidat oublie d'écrire des éléments de base qui lui semblent trop évidents, tenant pour acquis que le correcteur les déduira de lui-même. Il faut utiliser, le plus souvent possible, les termes appropriés afin de rendre justice aux idées avancées.

Voici des exemples illustrant la nécessité d'employer un langage clair et précis.

rédaction vague et générale (à éviter)	commentaire	rédaction claire et précise (suggéré)
Elle aura tendance à manipuler les états financiers.	**Qui** peut faire cela? **Pourquoi?** **Comment** peut-elle y arriver?	La propriétaire voudra augmenter le résultat (bénéfice net), car elle désire obtenir un nouveau prêt de la banque.
Avec cela, le gestionnaire sera heureux.	**Avec quoi? Pourquoi?** Être heureux est un état affectif; nous parlons d'affaires ici.	Verser une prime de 5 % au gestionnaire le motivera à maximiser la marge brute de sa division.
L'augmentation du taux d'intérêt par le créancier affecte le risque d'audit.	**Comment** l'augmentation affecte-t-elle le risque? À la hausse? À la baisse? Il faut le préciser.	L'augmentation du taux d'intérêt par le créancier augmente le risque inhérent de l'audit.
Cela n'est pas bien du tout de la laisser tout faire toute seule.	**Qui? Quoi? Pourquoi?** Les expressions « pas bien du tout » et « tout faire » ne veulent rien dire.	La responsable de l'entrepôt est en position de dérober du stock, car il n'y a pas de contrôle interne et personne d'autre qu'elle ne détient de l'information complète sur les marchandises en inventaire.

140

rédaction vague et générale (à éviter)	commentaire	rédaction claire et précise (suggéré)
La société a la motivation d'adopter des méthodes comptables libérales.	Une société ne décide pas... Ce sont des personnes... De plus, l'expression « méthodes comptables libérales » (ou « agressives » ou, à l'inverse « conservatrices ») est trop générale.	Les directeurs ont intérêt à choisir des méthodes comptables qui maximisent le résultat (bénéfice net), car ils désirent faire une première émission d'actions à la Bourse d'ici 3 ans.
Il faut comptabiliser la rénovation du bâtiment, car il y a des avantages futurs.	**Comment** comptabiliser la rénovation? Cela n'est pas clair. L'expression « avantages futurs » est générale et imprécise. **Quels** avantages?	Il faut comptabiliser la rénovation du bâtiment à l'actif, car cela va diminuer les coûts d'électricité des prochaines années.
Le directeur de la filiale a un comportement dysfonctionnel à cause du régime de rémunération.	De **quel genre** de comportement s'agit-il? L'expression « comportement dysfonctionnel » est générale et imprécise.	Puisque sa prime est calculée à partir du rendement du capital investi, le directeur n'a pas intérêt à renouveler régulièrement les actifs; cela affecterait à la baisse le ratio et, par le fait même, sa prime.
Les sommes payées pour l'entretien des véhicules sont une charge en résultat net.	**Payées?** La comptabilité d'engagement (d'exercice) est une notion fondamentale... **Pourquoi?** Il faut une justification au traitement comptable.	Les coûts engagés pour l'entretien des véhicules sont une charge en résultat net, car...
Il faut demander à un expert de confirmer le stock.	**Quel genre** d'expert? Pour confirmer **quoi?** L'idée de « confirmer » est générale et n'explique pas ce qu'il faut faire.	Il faut demander à un vendeur de pièces usagées d'évaluer la valeur de réalisation nette du stock de pièces.
Le prix de cession interne doit être changé.	**Comment? Pourquoi?** Il faut spécifier précisément ce qui doit être changé.	Un prix de cession interne basé sur les coûts standards est préférable afin de s'assurer que les directeurs des deux divisions contrôlent adéquatement leurs coûts.

Le choix des termes est particulièrement important lorsque le candidat fait appel à des concepts théoriques. Par exemple, l'expression « plus probable qu'improbable » concerne la comptabilisation des impôts différés (futurs). Il serait inapproprié de l'utiliser pour justifier la comptabilisation des produits comme suit : « Le recouvrement est plus probable qu'improbable. » Il faut plutôt dire « Le recouvrement est raisonnablement sûr. » Autre exemple : écrire « Il faut faire un dénombrement des modems afin d'en obtenir la juste valeur. » n'est pas adéquat. C'est la « quantité » des modems qui sera obtenue par le dénombrement et non la « juste valeur ». La référence aux concepts clés des normes, règlements, lois, principes, etc. doit donc être la plus exacte possible afin de démontrer vos connaissances.

Les candidats ont vraiment tendance à écrire de manière générale et imprécise, particulièrement lors des premières simulations. Ils craignent de se compromettre et en demandent trop au correcteur. Ce dernier a la responsabilité de bien lire la copie du candidat et d'évaluer adéquatement la réponse, de manière juste et équitable. Il ne peut toutefois pas présumer que le candidat a « voulu dire » ceci ou qu'il « comprend » cela. Il ne faut pas compter là-dessus. Ainsi, il y a une différence entre dire que « L'arrivée de ce concurrent a possiblement affecté la rentabilité. » et dire que « L'arrivée de ce concurrent a provoqué une baisse de la marge brute de 5 %. » Le correcteur ne lira pas la deuxième phrase à la place de la première. Soyez donc le plus concret et le plus précis possible. Qu'avez-vous à perdre?

Opter pour la brièveté

Plusieurs candidats allongent inutilement leur rédaction en y mettant des mots qui rendent, certes, la lecture plus agréable, mais qui sont tout de même inutiles. L'objectif constant devrait être de raccourcir le texte tout en ne perdant rien de l'essentiel des idées véhiculées. On libère ainsi davantage de temps pour la rédaction, temps disponible pour l'écriture d'idées supplémentaires qui seront, nous l'espérons, nouvelles et pertinentes.

Voici quelques exemples illustrant ces propos.

rédaction allongée (à éviter)	rédaction raccourcie (suggéré)
Le montant de 4 000 $... La somme de 4 000 $...	Le 4 000 $...
Tout d'abord, je vais discuter du problème d'éthique de l'auditeur externe précédent.	éthique de l'auditeur précédent :
...le secteur d'activités...	...le secteur...

rédaction allongée (à éviter)	rédaction raccourcie (suggéré)
J'ai remarqué que le prix de cession interne est fixé par le siège social. Cette façon de procéder n'est pas conforme au centre de responsabilité choisi par la haute direction, qui est le centre d'investissement.	L'imposition d'un PCI entre les deux divisions par le siège social va à l'encontre de l'autonomie qui caractérise les centres d'investissement.
Je pense qu'il faut comptabiliser à l'actif, car...	——→ comptabiliser à l'actif, car...
Il pourrait être envisageable d'inscrire cette dépense à l'état des résultats, car...	On peut inscrire cette dépense en charge, car...
D'autres informations seront peut-être nécessaires pour améliorer mon rapport.	C'est une phrase vide! Si c'est pertinent, il faudra tout simplement énumérer ces informations.
Il faut tenir compte des caractéristiques de l'environnement de la société dans la résolution des problèmes.	C'est une phrase vide! À faire au fur et à mesure du développement des idées, s'il y a lieu.

POINT DE VUE

Je suggère l'usage occasionnel de parenthèses en cours de rédaction afin de raccourcir la longueur du texte ou des phrases. Cela est particulièrement utile lorsqu'on désire ajouter des exemples au texte, faire référence à une autre section de la réponse ou à une annexe, justifier une idée ou la compléter par un concept théorique. Par exemple, on peut inscrire l'assertion « exhaustivité » entre parenthèses à côté d'une procédure portant sur la confirmation des clauses d'un contrat. Il arrive également que cela serve à donner une opinion personnelle ou à ajouter un bref calcul. En certaines circonstances, cela permet la rédaction de l'idée en une seule phrase plutôt qu'en deux.

Voici quelques exemples où l'usage des parenthèses est utile.

rédaction allongée (à éviter)	rédaction raccourcie (suggéré)
Tous les coûts nécessaires à l'acquisition d'un terrain doivent être comptabilisés à l'actif, car... Cela comprend les frais d'arpentage, les frais juridiques et les frais de courtage.	Tous les coûts nécessaires à l'acquisition d'un terrain (arpentage, juridiques, courtage) doivent être comptabilisés à l'actif, car...

rédaction allongée (à éviter)	rédaction raccourcie (suggéré)
L'annexe B présente le calcul de la contribution marginale de la division des vêtements de sport. La contribution marginale est meilleure que ce que la propriétaire avait cru.	La contribution marginale des vêtements de sport (annexe B) est beaucoup plus élevée que ce que la propriétaire croit.
Puisque les produits sont différés à la prochaine période, il faut établir les charges afférentes et les différer également. Ce traitement est conforme au processus comptable de rattachement des charges aux produits.	Puisque les produits sont différés à la prochaine période, il faut établir les charges afférentes et les différer également (rattachement des charges aux produits).

Mon objectif ici est de vous encourager à adopter un style qui vous permet d'exprimer vos idées plus rapidement. Pour ce faire, je privilégie un style simple qui présente clairement l'idée émise. Il faut bien comprendre que cela n'entre pas en contradiction avec la profondeur d'analyse qu'exigent certains sujets. Il va de soi que la résolution d'un problème ou enjeu plus important fera l'objet d'un plus grand nombre d'idées.

Utiliser un langage professionnel

La réponse doit toujours être rédigée dans un langage professionnel ou un langage d'affaires. Autrement dit, certaines expressions trop communes utilisées dans une conversation et qui ne veulent à peu près rien dire sont à proscrire. Un langage inapproprié nuit au candidat puisque ses idées, qui manquent de clarté, ne sont pas prises en compte dans l'évaluation de la réponse.

Voici des exemples d'expressions qui, pour des raisons évidentes, sont à bannir.

EXEMPLES D'EXPRESSIONS (À ÉVITER)

→ Cela devrait nous **mettre la puce à l'oreille** que le gérant de la succursale de Trois-Rivières ne veuille pas répondre à nos questions.

→ J'ai **froid dans le dos** rien qu'à penser à ce qui aurait pu arriver si la société avait vendu cette division.

→ Depuis quelques mois, **mine de rien**, la gestion de la trésorerie est devenue **pas mal broche à foin**.

→ Vous parler de financement sans savoir si on va faire le projet? C'est comme **mettre la charrue devant les bœufs**.

→ Vous pouvez acheter cette usine au Congo si vous voulez, mais c'est **à vos risques et périls**.

→ Si vous continuez ainsi, la banque va **tirer la « plug »**.

———→ Cette filiale n'est qu'une **vache à lait**.

———→ Signer cette lettre de déclaration?... Ce serait **de la folie**!

———→ Je n'en crois rien! C'est **l'hôpital qui se moque de la Charité**!

(bon bon... d'accord... je n'ai jamais vu cette phrase sur la copie d'un étudiant, mais j'aime bien cette expression...)

Je désire vous rappeler que le langage utilisé peut être directement pris en compte dans l'évaluation de votre réponse. Le ton professionnel et le tact ainsi que le style clair et concis font partie intégrante d'une communication adéquate et professionnelle des idées.

POINT DE VUE

Les dernières sections ont traité de la présentation de la réponse du candidat : structure de la réponse, style d'écriture, choix des termes. Cela fait beaucoup de choses à gérer en même temps, et il est fort compréhensible que vous ayez de la difficulté à penser à tout. Lorsqu'un élément particulier vous cause des difficultés, tel le fait de faire de longues phrases ou d'utiliser des mots imprécis, je vous suggère ceci : prenez un ou deux sujets particulièrement manqués dans votre réponse, puis faites l'exercice de les rédiger à nouveau. C'est par la pratique que vous pourrez écrire de manière plus efficiente.

Attitudes à adopter dans la rédaction

Dans l'élaboration d'une réponse à un cas, certaines attitudes doivent être adoptées. Autrement dit, dans la manière de résoudre les problèmes ou enjeux, le comportement du candidat suit habituellement certaines règles implicites qui influent sur l'écriture de ses idées.

Voici quelques indications sur les attitudes à adopter.

Garder à l'esprit que la réponse est destinée à un exécutant

La personne qui lit le rapport doit comprendre ce qui est écrit et pouvoir le mettre en application sans avoir besoin de clarifications supplémentaires. Je sais que vous aurez à rédiger pour un conseil d'administration, un client, un supérieur immédiat, etc. Toutefois, le langage doit être axé vers l'exécution des recommandations et la résolution des problèmes ou enjeux, et ce, peu importe le destinataire. Celui qui reçoit votre rapport doit savoir quoi faire concrètement et précisément.

Voici des exemples illustrant ces propos.

rédaction imprécise (à éviter)	commentaire	rédaction dirigée (suggéré)
On devra auditer les stocks, car un audit sera exigé l'an prochain.	La personne qui lit le rapport ne sait pas comment faire sans plus d'explications. **Qu'est-ce qui sera fait? Qu'implique** le terme « auditer »?	On devra assister au dénombrement des stocks le 31 mars, car un audit sera exigé l'an prochain.
La société devrait remettre en question l'association avec ses locataires européens.	Cela est imprécis. **Que faut-il faire** exactement? Sous **quelles conditions?**	La société ne devrait pas renouveler le bail de ses locataires européens à moins de pouvoir changer la clause sur les heures d'accès à l'usine.
Il faut faire une meilleure séparation des fonctions.	Cela ne dit rien. **Qui** est supposé faire **quoi?**	Le réceptionniste doit annexer les factures aux chèques qu'il aura préparés. La contrôleure doit inscrire « payé » sur la facture et poster elle-même les chèques qu'elle aura signés.
La société devrait faire un suivi des mouvements de trésorerie.	Cela est incomplet. **Comment** faire ce suivi? **Pourquoi?**	On doit préparer un budget de trésorerie mensuel afin de mieux prévoir les surplus et déficits de trésorerie.

J'illustre habituellement les propos précédents de la manière suivante : il faut faire comme si le rapport était adressé à quelqu'un qui a réussi une année d'université. Ainsi, on n'a pas à expliquer la différence entre débit et crédit, mais on peut devoir discuter de l'impact du nouveau contrat de location sur les états financiers. Il n'est donc pas totalement vrai que la rédaction tient compte de la personne à qui on s'adresse. Par exemple, il ne devrait pas être nécessaire d'expliquer quelle procédure d'audit effectuer sur les stocks quand on écrit à un associé-auditeur, sauf que… cela peut l'être dans la rédaction d'un cas. Par contre, lorsqu'on s'adresse à un non-initié, tel un avocat ou un notaire, la définition de certains termes ou des explications plus détaillées sont appropriées.

Considérer l'aspect monétaire des événements

Les cas que vous devez rédiger sont conçus par des comptables – et gestionnaires – et sont par le fait même fortement imprégnés par le milieu des affaires. L'aspect monétaire des événements est donc l'élément essentiel. Certes, par endroit, l'aspect humain ou social est à considérer, mais cela n'est habituellement pas un élément majeur. Vous ne devez donc pas leur donner trop d'importance et le fait d'adopter cette attitude maximisera vos chances de réussir vos cas. Évidemment, cela n'a rien à voir avec l'importance que vous et moi pouvons accorder aux diverses questions humaines et sociales.

Voyons des exemples dans lesquels l'aspect monétaire est essentiellement considéré.

- ❧ On s'intéresse davantage au financement des frais de développement qu'au bien-fondé social d'investir dans le produit en question.

- ❧ On rejette un projet d'investissement non rentable dans un nouveau médicament même si sa commercialisation permettrait de guérir plusieurs personnes.

- ❧ On conclura qu'il est préférable de laisser les employés continuer leur grève si cela est avantageux pour la société, qui écoule alors son excédent de stock.

- ❧ On vendra l'usine au plus offrant sans donner beaucoup de poids au fait qu'un des acheteurs est étranger et que l'autre est un groupe de gens d'affaires de la région.

- ❧ On donne des conseils fiscaux à un client qui planifie sa succession en n'insistant pas sur le fait que les legs prévus répartissent inéquitablement les biens entre les héritiers.

- ❧ On suggérera la mise à pied des employés à la suite de la robotisation des installations si cela est l'option la plus économique parmi celles analysées.

Je dois vous dire que les exemples précédents sont un peu exagérés (mais à peine!) afin de vous aider à comprendre le point de vue que j'avance. Certes, dans la réponse, on mentionnera la perte d'emplois à la suite de la robotisation. Cela sera toutefois succinct, sera traité sur le plan qualitatif et ne sera généralement pas assez déterminant pour renverser la décision de robotiser. De même, on pourra mentionner qu'il serait préférable de vendre l'usine à des gens de la région plutôt qu'à des étrangers, mais cela n'affectera pas vraiment le choix final si ces derniers en offrent davantage.

En fait, dans la résolution d'un cas, le sens des décisions d'affaires découle à peu près exclusivement du quantitatif. Bien qu'une liste d'éléments qualitatifs doive être établie, cela ne change habituellement pas la décision suggérée par le résultat du calcul. En général, une ou deux phrases qualitatives par aspect suffisent, si cela est pertinent. Ce n'est qu'en de rares occasions que l'argumentation qualitative sera l'aspect clé. Cela arrive, par exemple, lorsque deux options d'approvisionnement coûtent à peu près le même prix, lorsque la valeur actualisée nette est presque nulle ou que la différence entre le prix offert par les acheteurs étrangers et les gens d'affaires de la région est faible. C'est également possible lorsque les risques liés à l'enjeu sont extrêmement élevés ou que les données utilisées dans les calculs sont très incertaines ou grandement hypothétiques.

**L'aspect monétaire des événements
est l'élément majeur dans la détermination
d'une conclusion ou d'une recommandation.**

En certaines circonstances, la discussion des aspects qualitatifs humains et sociaux prend un peu plus de place. C'est lorsque le candidat doit, entre autres, élaborer une liste d'avantages et d'inconvénients pour un problème ou enjeu particulier. Notez toutefois que les arguments quantitatifs devraient être présentés en premier (ex.: La fusion avec SGV va éliminer la nécessité de régler cette poursuite.). En d'autres mots, les critères quantitatifs tels que l'augmentation du chiffre d'affaires, l'amélioration de la rentabilité ou la maximisation du prix de l'action sont toujours très puissants. C'est donc principalement à partir de ces critères que sera établi votre conclusion ou votre recommandation.

Certains candidats insistent vraiment trop sur l'aspect humain ou social des événements. Cela dépend, je pense, de la personnalité et des valeurs de chacun. Par contre, cela ne doit pas paraître dans la rédaction d'un cas, et le candidat doit conserver une attitude de comptable ou de gestionnaire. Peu importe notre point de vue personnel, il faut rédiger le cas dans l'objectif de résoudre les problèmes ou enjeux de l'employeur ou du client. C'est la seule façon de maximiser le résultat de l'évaluation de votre réponse.

Les cas des récentes années des examens professionnels utilisent de plus en plus le contexte d'un organisme sans but lucratif. Comme on le sait, ces organismes n'ont pas pour objectif premier de réaliser des profits et leur mission est de nature humaine ou sociale. Il est alors compréhensible que les conclusions ou recommandations qui découlent de l'analyse ne soient pas autant strictement influencées par l'aspect monétaire. Les considérations quantitatives et qualitatives y sont donc un peu plus équilibrées. Dans le contexte d'une clinique médicale, par exemple, on considérera divers objectifs sociaux comme la qualité des soins, la confidentialité des dossiers et la rapidité d'intervention. Il faut toutefois noter qu'il est de plus en plus impératif pour ces organismes d'assurer leur propre survie et, qu'à ce titre, les considérations monétaires sont importantes.

Jouer un rôle de premier plan

Vous êtes la personne la mieux placée pour résoudre tous les problèmes ou enjeux d'un cas. Tout tourne autour de vous, car vous êtes le seul qui remarque ce qui ne va pas, ce qui change; le seul qui comprend, évalue, analyse et règle tout. Il y a certes d'autres acteurs dans le cas, mais ils n'ont pas la compétence ni l'objectivité pour répondre aux diverses demandes. Ce sont des acteurs secondaires. C'est à vous qu'on a décerné le rôle principal; vous êtes au premier plan. Sans vous, rien n'est possible!

Dans un cas, le candidat est l'acteur principal.

Ainsi, il ne faut pas se dire « C'est une société publique où il y a un contrôleur et un directeur des finances; ils savent sûrement comment comptabiliser les nouvelles opérations de la période », ou encore, « C'est une entreprise à capital fermé qui a 20 ans d'expérience, où travaille une équipe de six gestionnaires; ils savent alors sûrement quel prix de cession interne choisir. » Si la demande est là ou si des indices de problèmes ou enjeux sont relevés, vous devez en discuter. C'est votre mandat et, bien qu'il paraisse parfois un peu étrange que personne n'ait pu régler certains des problèmes, vous n'avez pas d'autre choix que de répondre au travail à faire.

Certains candidats ont réellement de la difficulté à accepter le mandat qui leur est confié parce qu'ils décident qu'il est impossible qu'il y ait tel ou tel problème. Ce n'est pas la bonne attitude à adopter, car votre tâche est de répondre à toute demande, quelle qu'elle soit. Je vous rappelle que la résolution de cas a pour but d'évaluer votre capacité à résoudre des problèmes ou enjeux, dans un contexte simulant la réalité. Le cas est un prétexte à l'évaluation de vos connaissances et à l'exercice de votre jugement professionnel, dans une perspective intégrée. Cela explique le fait que vous devenez la seule référence dans la situation.

D'un autre côté, vous ne deviendrez jamais un expert en toute discipline. Un comptable n'est pas un avocat ni un spécialiste de l'environnement. Il ne vous revient donc pas « d'évaluer la probabilité » de perdre une poursuite, mais plutôt « de comptabiliser le passif éventuel » en fonction de la réponse du conseiller juridique. De même, votre rôle n'est pas « d'évaluer si des dommages ont été faits à l'environnement », mais de « comptabiliser une provision », s'il y a lieu.

Respecter les pratiques de gestion du client

Vous devez respecter les pratiques de gestion de votre employeur ou de votre client. Essentiellement, les objectifs, les préférences personnelles, la tolérance au risque et les politiques de l'entreprise doivent être pris en considération. Certes, vous devez répondre au mandat et suggérer, par exemple, des améliorations à la gestion des stocks, des procédures de contrôle interne ou de nouveaux moyens de financement. Toutefois, il faut tenir compte de ce que le destinataire du rapport souhaite et ne pas bouleverser outre mesure ou ne pas écarter impunément ce à quoi il tient.

Voici des exemples de ces particularités de l'employeur ou du client.

- Votre client vous informe que, pour des raisons personnelles, il ne veut pas investir son argent dans les grandes compagnies pétrolières.

- La mission de la société, telle qu'annoncée dans toute campagne publicitaire, fait référence à la disponibilité des produits. À cet effet, le directeur des ventes tient à ce qu'il y ait au moins cinq unités de chacun des modèles disponibles en magasin.

- Votre employeur est réfractaire à l'idée que le ratio d'endettement (passifs/actifs) puisse excéder 40 %.

    ◉   Bien que ce soit écrit sur l'état de compte, l'entreprise a pour politique de ne pas facturer d'intérêts sur les comptes dont le retard est inférieur à 21 jours.

    ◉   Le syndicat pour lequel on vous demande d'établir un budget de trésorerie mensuel est convaincu que la grève est la seule option possible.

Faire preuve d'honnêteté

Il faut être honnête dans la résolution de cas en respectant les lois, en adoptant un comportement éthique et en faisant preuve de morale. Vous n'acceptez donc pas de vous associer à toute opération frauduleuse, illégale ou louche. Pas de blanchiment d'argent ou de pots-de-vin! Si cela survient dans le cas, vous devez signaler immédiatement à l'employeur ou au client que cette façon de faire est inacceptable. Celui-ci peut choisir ou non de tenir compte de votre avis, mais il aura à tout le moins été averti. Dans certaines situations, lorsque les faits sont graves, vous pouvez même envisager de vous retirer du mandat ou de quitter votre employeur. (Notez cependant que cela ne vous empêchera pas de traiter des problèmes ou enjeux demandés.) Il est finalement de votre devoir de dénoncer tout comportement inadmissible d'un de vos confrères à votre Ordre professionnel.

Par exemple, on doit mentionner au propriétaire d'une petite entreprise que les avantages personnels reçus de celle-ci (ex.: automobile fournie) sont imposables et doivent être inscrits sur son relevé d'emploi. Nous n'avons pas vraiment le pouvoir de l'empêcher de s'octroyer de tels avantages, car ce sont « ses » affaires, mais on doit l'informer des implications légales ou fiscales. Bien que cela puisse arriver dans la pratique, ce prétexte ne justifie pas le fait de passer outre lors d'une simulation de cas. De même, il est acceptable et même recommandé de minimiser les impacts fiscaux des opérations d'affaires (ex.: au moment de la disposition d'actions), mais il faut respecter les lois fiscales. Dans le cadre du travail à faire, le candidat doit donc sensibiliser l'employeur ou le client à ce point, si nécessaire.

Voici d'autres exemples de situations louches dans lesquelles le candidat doit faire preuve d'honnêteté.

    ◉   Il ne faut pas accepter d'expliquer au client comment travailler « au noir » sans se faire prendre. On ne peut dire à un psychologue, par exemple, de remplir deux carnets de rendez-vous parallèles : l'un pour l'impôt et l'autre pour ses vacances à Bora Bora...

    ◉   Il faut informer le client des conséquences des opérations qui lèsent les actionnaires sans contrôle ou qui sont dans une position minoritaire. Ainsi, la vente d'un actif en deçà de sa juste valeur à une entreprise associée (apparentée) peut porter préjudice à ces actionnaires.

    ◉   Il faut mettre en garde l'employeur qui veut acheter une entreprise dans laquelle on remarque plusieurs opérations louches. Parfois, dans ce genre de situation, le contrôle interne est inadéquat, tolérant par exemple des factures griffonnées sur des bouts de papier, manquantes ou non numérotées. Cela diminue grandement la crédibilité des états financiers qui servent habituellement de point de départ à l'établissement de la juste valeur. Votre employeur décidera peut-être d'acheter tout de même cette entreprise, mais il est de votre responsabilité de lui faire part des risques et incertitudes.

    ◉   Il faut informer le client des implications fiscales potentielles de ses décisions. Ainsi, les transferts de revenus au conjoint ou aux enfants sans raison valable doivent être relevés.

Dans tout processus de simulation de cas, vous devez répondre à la demande de l'employeur ou du client en tenant compte de ses besoins. Par exemple, si vous travaillez pour l'acheteur d'une société, vous devez chercher à minimiser le prix à payer, en faisant la liste des points faibles, risqués, litigieux ou nébuleux. L'analyse doit être honnête, mais le prix offert au vendeur sera, *a priori*, près du minimum de la fourchette de valeur établie. Autre exemple : si vous travaillez pour un organisme de charité qui désire obtenir une subvention de l'État, vous devez maximiser le montant à recevoir. On peut alors suggérer des méthodes de répartition des coûts qui favorisent la position du client. Encore une fois, l'analyse demeure honnête, dans le respect des normes et des lois, mais vous devez tenir compte des objectifs de celui qui vous embauche; particulièrement lorsqu'il y a des choix à faire ou des décisions à prendre.

Faire preuve de considération

On doit faire preuve de considération envers les individus, particulièrement à l'égard de nos confrères. Les critiques personnelles, directes ou agressives, sont donc à éviter; particulièrement lorsqu'elles blâment le destinataire du rapport lui-même! Par exemple, dire que « L'auditeur précédent est incompétent. » n'est pas adéquat. On dira plutôt ceci : « Les normes d'audit n'ont pas été respectées. » On peut critiquer ou émettre une opinion sur des rapports ou des façons de faire, mais il faut éviter de porter un jugement direct sur les individus eux-mêmes. En d'autres mots, il faut faire attention à la manière dont certaines de nos pensées sont exprimées.

D'autre part, il n'est pas convenable de faire référence à d'autres titres comptables que celui que vous convoitez. En fait, l'examen d'un Ordre professionnel ne fera jamais allusion aux autres titres comptables professionnels. Dans un cas, il arrive qu'on parle du comptable de la société, du contrôleur ou de l'auditeur interne d'un ton neutre, et parfois de l'un de nos confrères, mais cela s'arrête là. De même, ce ne serait certainement pas approprié de recommander l'embauche d'un comptable ayant un titre professionnel différent du vôtre. S'il y a lieu, on suggérera l'embauche d'un confrère, car il faut favoriser la profession que l'on exerce.

Analyse quantitative

Les cas font très souvent appel aux calculs. C'est un aspect incontournable de notre profession puisque l'analyse quantitative appuie la très grande majorité des décisions d'affaires. Outre la préparation des états financiers, il y a le calcul du bénéfice imposable, de la valeur actualisée des paiements minimaux au titre de location, des ratios financiers, du point de commande, etc. Les exemples ne manquent pas.

Voici quelques suggestions concernant la présentation d'une analyse quantitative.

Les calculs doivent être aérés et faciles à comprendre.

Aérer les calculs

Les calculs doivent être aérés, faciles à suivre et espacés. N'hésitez pas à utiliser un peu plus de pages, car cela facilitera grandement la compréhension de ce que vous faites. Je vous suggère de laisser une ligne en blanc entre chaque ligne de calcul, voire deux quand il est complexe ou qu'il est, pour le moment, incomplet. Cela facilitera l'ajout d'une explication entre parenthèses, d'un nouveau poste, d'une hypothèse, etc. Ainsi, votre analyse quantitative ne sera pas surchargée.

Les candidats doivent faire particulièrement attention à la présentation de leurs calculs, qui donne bien souvent des maux de tête aux correcteurs. Les chiffres sont parfois trop serrés les uns sur les autres, mal identifiés ou entourés d'explications qui surchargent inutilement la page. S'il se concentre trop sur le défrichage de l'écriture et des chiffres, le correcteur risque de perdre de vue l'ensemble de l'analyse quantitative et de ne pas reconnaître pleinement toutes les idées soumises à son évaluation. Mettez donc toutes les chances de votre côté et présentez clairement vos calculs.

Présenter les calculs sur une page distincte

Il m'apparaît indispensable de présenter les calculs sur une page distincte afin de faciliter la rédaction. Cela contribue aussi, de manière indéniable, à rehausser l'aspect professionnel de votre réponse. On sait qu'il faut habituellement présenter une analyse qualitative suivie d'une conclusion ou d'une recommandation pour accompagner l'analyse quantitative. Il arrive donc fréquemment que l'on rédige de manière interactive l'aspect qualitatif et l'aspect quantitatif d'un même sujet. Il est alors plus facile de le faire sur deux pages distinctes. En effet, puisqu'ils sont interreliés, ces deux aspects ne sont pas totalement écrits l'un à la suite de l'autre.

Je recommande toutefois de faire une exception aux propos du paragraphe précédent : un calcul très court peut être intégré dans le corps même du texte, entre parenthèses ou en retrait. Cela n'altère pas l'aspect professionnel de votre réponse, mais vous évite de perdre du temps dans la préparation d'une page distincte de calcul.

Voici un exemple de cette situation.

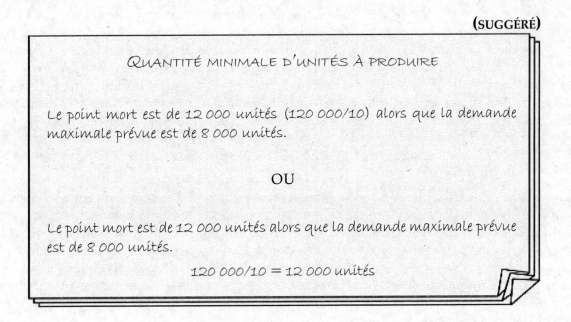

(SUGGÉRÉ)

QUANTITÉ MINIMALE D'UNITÉS À PRODUIRE

Le point mort est de 12 000 unités (120 000/10) alors que la demande maximale prévue est de 8 000 unités.

OU

Le point mort est de 12 000 unités alors que la demande maximale prévue est de 8 000 unités.

120 000/10 = 12 000 unités

Présentation de la réponse à un cas

Comme l'illustre le premier exemple ci-dessus, l'usage de parenthèses facilite la présentation d'un court calcul. Je privilégie cette façon de faire, bien que la deuxième soit également acceptable.

Évaluer la pertinence d'arrondir les chiffres

Avant de faire des calculs, il faut évaluer la pertinence d'arrondir les chiffres. Très souvent, le fait d'arrondir au millier ou au million de dollars n'affecte en rien l'utilité des calculs et permet de gagner un temps précieux. Les données du cas ainsi que l'objectif des calculs vous guideront sur la meilleure décision à prendre en cette matière.

Voici un exemple de données pouvant servir de base au calcul de la contribution marginale.

INFORMATIONS SUR LE PRIX DE VENTE ET LES COÛTS DE TROIS PRODUITS

	L-A	M-M	K-E
Prix de vente	45,00	500 000	1 000
Coûts :			
matières premières	20,00	100 000	235
main-d'œuvre	12,00	80 000	278
frais généraux variables	8,00	120 000	144
frais généraux fixes	14,00	60 000	256

Un bref regard sur les données ci-dessus nous apprend clairement que le calcul de la contribution marginale peut être arrondi au dollar près pour le produit L-A. Il n'est vraiment pas nécessaire de garder le « ,00 » à chaque chiffre. Pour le produit M-M, le calcul peut être arrondi au millier de dollars près, puisque les trois derniers zéros sont inutiles. En ce qui concerne le produit K-E, la première observation nous mène à ne pas arrondir du tout puisque chaque chiffre se distingue. Dans cette situation, il est toujours possible d'arrondir à la dizaine près sans que le résultat de l'opération soit changé de façon importante. En effet, la contribution marginale actuelle est de 343 $ (1 000 – 235 – 278 – 144) alors qu'elle serait de 340 $ (1 000 – 240 – 280 – 140) en arrondissant les données. Évidemment, le calcul ne serait pas très utile si on arrondissait à la centaine près.

Il faut évaluer chaque situation avec jugement et ne pas perdre davantage de temps à chercher la meilleure façon d'arrondir qu'à faire le calcul au complet. Comme le montre l'exemple du produit K-E, le fait d'arrondir chaque chiffre à la dizaine près ne doit pas exiger plus de temps de réflexion que l'usage des chiffres exacts. D'ailleurs, puisque l'arrondissement à la dizaine ne se fait pas aussi naturellement que les autres, je ne le suggère pas. Finalement, notons que la plupart des états financiers sont arrondis au millier ou au million et que le fait d'avoir un ou deux chiffres qui n'ont pas de « 000 » à la fin n'empêche pas d'arrondir l'ensemble des données.

Malheureusement, il arrive souvent qu'un candidat s'embrouille dans ses choix. Ainsi, il commence un calcul en arrondissant au millier de dollars près, mais fait un ou deux ajustements en oubliant cette règle. Il en résulte un solde invraisemblable, voire complètement erroné, qui devient alors très difficile à interpréter.

Voici un exemple illustrant cette situation.

CALCUL DU FONDS DE ROULEMENT RETRAITÉ (en milliers)	
fonds de roulement actuel	255
provision pour rendus	(25)
reclassement d'un placement	12 500
fonds de roulement retraité	12 730

Ce calcul est erroné puisque 13 (ou 12) aurait du être inscrit au lieu de 12 500, pour un fonds de roulement corrigé de 243 (ou 242). Il faut vraiment éviter ce genre de méprise où les chiffres utilisés sont disproportionnés. Vous devez donc demeurer alerte et être conscient qu'il est impossible que le fonds de roulement passe de 255 000 $ à 12 730 000 $! Assurez-vous de la vraisemblance de vos calculs.

Peu importe le mode d'arrondissement que vous choisissez, vous devez l'indiquer quelque part dans votre réponse, généralement la première fois que vous l'utilisez. La mention « *en milliers* » ou « *000 $* » peut être inscrite dans l'en-tête de la page. Lorsqu'on rédige à la main, chaque chiffre peut être annoté comme suit : « *100K* » ou « *100* ⎯ ». Pour des raisons d'économie de temps, j'opte plutôt pour une seule mention du mode retenu. Il n'est pas nécessaire, dans un même cas, de répéter plus d'une fois que les chiffres sont en milliers.

POINT DE VUE

Lorsqu'ils rédigent leur réponse à l'ordinateur, les candidats ont tendance à ne pas arrondir leurs chiffres, d'une part parce que les fonctions mathématiques sont automatisées et d'autre part à cause de la fonction « copier/coller ». Quoi qu'il en soit, les zéros inutiles qui encombrent les calculs doivent tout de même être inscrits au moins une fois. Je vous suggère donc l'arrondissement des chiffres en tout temps afin de faciliter le repérage des données.

Mettre un en-tête sur chaque page de calcul

Un en-tête devrait être présenté au début de chaque page de calcul. Cela vous obligera à déterminer (et à écrire) dès le départ l'objectif à atteindre, car il est beaucoup trop facile de se perdre dans une analyse quantitative inutile. Ainsi, en écrivant « Objectif : déterminer la valeur des *Logements Beau Soleil* » dans le haut de la page, vous devrez avoir considéré le travail à faire, soupesé les données disponibles, puis défini clairement ce que vous désirez calculer.

Outre l'avantage indéniable de vous amener à établir dès le départ le calcul à faire, l'inscription de l'en-tête d'une page de calcul sert à préciser au lecteur ce qui est fait. Par exemple, l'évaluation de la réponse peut tenir compte de l'établissement du résultat (bénéfice) prévisionnel et de la détermination de la valeur de l'entreprise de manière distincte. Certes, ces calculs peuvent, du moins en partie, faire appel aux mêmes données ou être liés entre eux. Ils ont toutefois chacun un objectif précis, et le correcteur doit pouvoir identifier lequel des deux se trouve sur la page afin de récompenser adéquatement les efforts du candidat. Malheureusement, il arrive que le correcteur ne puisse déterminer le type de calcul que le candidat a cherché à faire. Il faut donc prendre le temps de mettre un en-tête descriptif sur chaque page de calcul.

Insérer les pages de calcul au bon endroit

Les pages de calcul sont habituellement placées à la toute fin de la réponse à un cas. Il arrive d'ailleurs, particulièrement dans un long cas, que certains calculs puissent servir à plus d'un sujet (ex.: contribution marginale). Lorsque la réponse est rédigée à la main, le candidat peut vouloir insérer ses calculs à la suite du sujet concerné. C'est une forme d'encouragement positif puisque tout ce qui concerne le même sujet est mis de côté dès que l'analyse – qualitative et quantitative – est terminée. Il sera également plus rapide de placer quelques feuilles en ordre que d'attendre la fin de la simulation et d'en placer quinze ou vingt. Malgré ce qui précède, je crois plus utile de présenter tous les calculs au même endroit, à la toute fin, ce qui favorise la présentation des interrelations entre les sujets.

Je vous déconseille la présentation des calculs au tout début de la réponse. Ils font partie intégrante d'une discussion plus globale et doivent par conséquent accompagner l'analyse qualitative, et non la devancer. Évidemment, si le calcul est la raison d'être du cas – telle la détermination du bénéfice imposable – cela ne s'applique pas.

Les examens universitaires et les examens professionnels contiennent parfois trois ou quatre courts cas. Dans ces circonstances, il faut bien séparer vos calculs et placer chacun d'eux avec le cas auxquels ils se rapportent. Je vous rappelle qu'il y a habituellement un correcteur différent par cas. Ainsi, les calculs mal classés exigent des correcteurs qu'ils se transmettent l'information entre eux. C'est une « manutention » inutile de la réponse, pouvant amener des erreurs ou des oublis, particulièrement quand le numéro de référence du cas est erroné, qu'il n'est pas là ou qu'il n'y a aucun en-tête à la page de calcul.

De plus, il arrive que deux cas exigent une analyse quantitative relativement similaire, tel un calcul des flux de trésorerie. Dans cette situation, il se peut que le calcul soit malencontreusement attribué au mauvais cas. Il n'y a qu'une seule façon de procéder : lorsqu'une simulation ou un examen comprend plusieurs courts cas, il faut insérer les calculs à la suite de la réponse à laquelle ils se rapportent.

Lorsque les calculs sont faits à l'ordinateur, il ne faut pas oublier que seul le résultat généré par la formule apparaît dans la cellule. En conséquence, puisque la réponse est habituellement imprimée pour fins d'évaluation, le correcteur ne voit que le chiffre résultant de la formule et pas la formule elle-même. Il faut donc lui permettre de comprendre ce que vous avez fait, particulièrement lorsqu'il s'agit d'autre chose qu'une simple addition mathématique, telle la pondération d'un bénéfice normalisé ou l'application d'un facteur saisonnier aux prévisions de ventes trimestrielles. Dans ces situations, je vous suggère d'expliquer brièvement la formule mathématique en mots ou de l'inscrire dans un carré à côté du résultat obtenu ('=fonction).

Trois choix s'offrent à vous lorsque vient le temps de présenter les hypothèses de travail se rapportant à un calcul : 1- les présenter dans le corps même du texte de la réponse, 2- les énumérer au bas de la page sur laquelle figure le calcul ou 3- les lister sur une page distincte placée avant ou après celui-ci. Pour ma part, je préfère que les hypothèses soient présentées tout près du calcul auquel elles se rapportent, pour que le lecteur trouve au même endroit toute l'information requise à la compréhension des chiffres. Cela facilitera également votre travail de rédaction.

À mon avis, le choix idéal est de présenter les hypothèses sur la même page que les calculs, si possible au bas de celle-ci. Il faut toutefois éviter qu'un long calcul qui s'étend sur plus d'une page soit entrecoupé par la présentation des hypothèses de travail. Je suggère alors de présenter ces hypothèses sur une page à part, de préférence à la suite du calcul. Il faut comprendre que le lecteur, et en l'occurrence le correcteur, examine généralement le calcul dans son ensemble avant d'en étudier les composantes. Naturellement, il arrive que de courtes hypothèses (ex.: hypothèse 2 % créances douteuses) puissent être intégrées directement dans les calculs. Présentées entre parenthèses, elles ne risquent pas d'altérer l'aspect professionnel de la réponse.

Présenter ses calculs avec efficience

Vous devriez constamment vous demander si vous pouvez présenter vos calculs avec plus d'efficience. Par exemple, il sera plus rapide de présenter le calcul de la contribution marginale par colonne s'il est demandé pour trois produits ou trois usines. De cette manière, les titres de chacun des éléments utilisés dans le calcul (prix de vente, matières premières, main d'œuvre, etc.) ne seront écrits qu'une seule fois. Rien ne vous empêche d'effectuer les calculs en colonnes, dans l'autre sens de la feuille (orientation paysage), s'il le faut. On peut procéder de la même façon pour un budget de trésorerie pour trois trimestres ou un état prévisionnel des ventes. En d'autres mots, lorsque les mêmes éléments se répètent dans différents calculs, il est possible de planifier leur mise en page de façon efficience.

Retraitement de l'information financière

Dans la résolution d'un cas, il faut régulièrement retraiter certains postes ou groupes de postes précis des états financiers et plus rarement un état complet. Puisqu'un tel retraitement de l'information financière consomme beaucoup de temps, il faut tout d'abord vous assurer que cela est absolument nécessaire à la résolution des problèmes ou enjeux du cas. La nécessité de retraiter peut résulter d'opérations oubliées ou mal comptabilisées, ou encore, qui doivent respecter d'autres règles que les normes comptables afin de se conformer à une entente ou à un contrat.

Voici quelques points à retenir lorsque vous devez retraiter de l'information financière.

N'effectuer que les calculs requis pour le cas

La demande du cas précise habituellement quel est le poste ou solde à corriger, comme le résultat (bénéfice net), la marge brute, les flux de trésorerie, les capitaux propres, l'actif net, le fonds de roulement, le ratio d'endettement, etc. Il n'est pas nécessaire de refaire un état tout entier en bonne et due forme lorsqu'un seul chiffre est demandé. C'est le nouveau chiffre qui est important à l'analyse et non la présentation d'un état financier complet. Le calcul peut donc contenir moins de détails et être structuré différemment des états financiers habituels. Ainsi, la présentation du coût des ventes en ses composantes – stock au début, achats, stock à la fin – n'est pas automatiquement nécessaire dans le calcul d'une marge brute retraitée. Afin de ne pas perdre un temps précieux, il faut adopter une façon rapide de présenter un calcul, tel le résultat (bénéfice net) retraité de l'exemple suivant.

(SUGGÉRÉ)

RÉSULTAT (BÉNÉFICE NET) RETRAITÉ - 20X3

Résultat (Bénéfice net) actuel (après impôts)		98 000
Ajustements :		
– acomptes sur ventes @	(20 000)	
– coût des ventes ⓑ	12 000	
– coûts de garantie ©	(15 000)	
	(23 000)	
– Impôts (40 %)	9 000	(14 000)
Résultat (Bénéfice net) retraité		84 000

@ Les acomptes reçus pour des commandes de 20X4 ne sont pas des produits en 20X3, **car** les biens ne sont pas encore livrés.

ⓑ Il faut augmenter le stock de la fin, **car** des marchandises ont été oubliées lors du dénombrement physique.

© Comme les ventes ont eu lieu en 20X3, il faut inscrire les coûts de garantie afférents **afin de** rattacher les charges aux produits (3 % x 500 000).

Dans l'exemple ci-dessus, ainsi que pour tout calcul présenté dans un cas, les rubriques qui accompagnent les chiffres peuvent être davantage abrégées. On se permet donc bien souvent un peu plus d'abréviations que d'habitude sur une page de calcul. Par exemple, on pourrait voir « I (40 %) » pour « impôts (40 %) » et « gar. » ou « ĉ de gar. » pour « coûts de garantie ». L'important est de situer le chiffre utilisé de manière succincte. Remarquez également que les calculs devraient être arrondis au millier de dollars près.

POINT DE VUE

Il arrive que des candidats écrivent « XXX » en guise de montant d'un ajustement donné. Ils désirent ainsi signaler qu'ils ont pensé à cet aspect dans leur analyse quantitative, mais qu'ils n'ont rien calculé parce qu'ils manquaient de renseignements ou, tout simplement, de temps. Bien que l'intention soit bonne, il faut comprendre que l'évaluation des calculs requiert justement la présence de chiffres. Le manque d'information permettant d'effectuer un calcul peut aussi bien être signalé dans l'analyse qualitative. Dans la même veine, il est inutile d'expliquer de manière détaillée comment on ferait tel ou tel calcul. Le correcteur corrige les calculs fournis avec la réponse d'un cas, non pas ceux qui auraient pu y être!

Utiliser les références appropriées

Les références ⓐ, ⓑ, ⓒ, etc. expliquent les ajustements présentés dans le calcul. Ces notes explicatives doivent être brèves et peuvent être présentées au bas de la page, s'il y a de la place, ou autre part dans le texte; naturellement pas deux fois. Pour des raisons d'efficience, les postes concernés par la même explication doivent utiliser la même référence (ex.: référence ⓐ pour les ventes et les produits différés). Il ne faudra donc pas s'en faire s'il y a un bris dans la séquence des références. Pour ma part, je préfère l'usage des lettres en tant que références afin d'éliminer le risque de confusion lorsque des chiffres sont écrits juste à côté d'autres montants (ex.: 210 ⓐ plutôt que 210(4)).

Dans l'exemple de la page 156, les références sont placées juste à côté du poste concerné. On pourrait également, tel qu'illustré à la page 159, les présenter dans une colonne à part. Cela facilite le suivi des références, pour le candidat et pour le correcteur.

Vous pouvez remarquer la simplicité des explications données dans les références de l'exemple ci-dessus. Nul besoin de rappeler les faits ou de répéter les montants. La raison (notez l'usage du « car ») ou la justification y est mentionnée, ce qui est le but essentiel d'une explication. Trop de candidats perdent du temps à justifier de façon élaborée leurs calculs ou leurs hypothèses. À moins d'écrire en gros caractères, je dirais que l'explication d'un ajustement ou d'une correction peut généralement se résumer en deux ou trois lignes.

**Les notes explicatives accompagnent les calculs;
elles ne les remplacent pas.**

158 Voici un exemple d'explications trop détaillées se rapportant au point ⓒ de l'exemple ci-dessus.

EXPLICATIONS TROP DÉTAILLÉES (À ÉVITER)

ⓒ Je vais ajuster l'état des résultats et l'état de situation financière (bilan) pour tenir compte des coûts de garantie de la période 20X3. Je vais débiter une charge de 15 000 $ à l'état des résultats et créer une provision pour garanties dans le passif courant (à court terme).

Comme les ventes ont eu lieu en 20X3, il faut inscrire les coûts de garantie afférents **afin de** rattacher les charges aux produits (3 % x 500 000).

Il est évident que le premier paragraphe en entier est inutile, car il ne contient aucune idée nouvelle, une fois l'ajustement présenté dans le tableau de l'information financière retraitée. De plus, il n'est pas nécessaire de parler de l'impact sur l'état de situation financière (bilan) si la résolution des problèmes ou enjeux ne le requiert pas. Ici, l'axe de la demande est le résultat (bénéfice net). Le second paragraphe est adéquat, car il justifie bien l'ajustement requis pour les coûts de garantie et il explique la provenance du montant de 15 000 $.

Penser « débit-crédit »

Il faut penser débit-crédit à chaque ajustement qui est fait afin de s'assurer que l'équilibre existe et d'éviter de coûteux oublis. C'est donc une bonne idée de penser aux écritures de journal, ce qui ne veut toutefois pas dire de les écrire dans la réponse. Il est également bien certain qu'il ne faut pas refaire l'état des résultats si, par exemple, seuls des ajustements au fonds de roulement sont nécessaires. Penser aux deux aspects de l'écriture – débit et crédit – est un truc qui permet de ne pas oublier d'ajuster tous les postes concernés.

Il est très rare d'apercevoir des écritures de journal dans la solution officielle d'un cas. Ce n'est tout simplement pas demandé. Le candidat doit plutôt dépasser l'étape des écritures et établir comment elles influent sur certains postes précis des états financiers. Ce ne serait donc pas une bonne idée d'énumérer toutes les écritures d'ajustement en guise de calculs ou à titre d'explications de ceux-ci. Il faut penser débit-crédit, mais non l'écrire.

Il arrive toutefois qu'une opération comptabilisée dans les registres comptables ou qu'une écriture de correction soit difficile à saisir. L'énoncé du cas n'est peut-être pas clair, le sujet est parfois trop complexe ou l'ajustement requis touche plusieurs postes à la fois. Dans ces circonstances, rien ne vous empêche de faire une écriture de journal pour vous-même, dans l'aide-mémoire ou sur une feuille de brouillon.

Faire un seul calcul d'impôt pour tous les ajustements

Je suggère d'établir tous les ajustements, puis d'effectuer un seul calcul global de l'impôt, comme dans l'exemple présenté à la page 156. La présentation des ajustements en retrait facilite ce calcul des impôts et favorise la compréhension du lecteur. Vous n'avez donc pas à calculer individuellement l'impôt afférent à chacun de ceux-ci, ce qui est plus rapide.

Il existe aussi une autre possibilité, soit de commencer le calcul par le résultat (bénéfice) actuel avant impôts. Une fois tous les ajustements terminés, l'impôt pourra être directement calculé sur la totalité du résultat (bénéfice) retraité. Bien sûr, les deux approches sont valables, et le candidat peut choisir celle qu'il préfère. Selon mon expérience, il semble qu'il y ait moins d'erreurs et d'oublis avec la seconde. À vous de voir!

Choisir la voie la plus efficiente pour retraiter l'information financière

Lorsqu'il s'agit de retraiter un état financier, il faut utiliser son jugement professionnel et choisir la voie la plus efficiente. J'ai illustré précédemment la situation dans laquelle, à partir du résultat (bénéfice net) actuel, les ajustements nécessaires sont pris en compte pour arriver au résultat (bénéfice net) retraité. Il s'agit de « l'approche marginale », qui est le plus souvent utilisée. Par contre, si le nombre d'ajustements est élevé, il sera parfois plus facile et plus rapide de reprendre tous les postes individuels ou groupes de postes de l'état des résultats. Il s'agit de « l'approche intégrale ». Cela est toutefois plus rare et survient dans des circonstances particulières, tel un état contenant peu de postes différents.

(SUGGÉRÉ)

ÉTAT DES RÉSULTATS RETRAITÉ – 20X3

Ventes (– 20 000)	ⓐ	550 000
Coût des ventes (– 12 000)	ⓑ	300 000
Marge brute		250 000
Charges commerciales et administratives		65 000
Amortissement		30 000
Coûts de garantie (+ 15 000)	ⓒ	15 000
Résultat (Bénéfice) avant impôts		140 000
Impôts (40 %)		56 000
Résultat (Bénéfice net)		84 000

Remarques : Le sous-total de la marge brute n'est pas nécessaire.
Les chiffres devraient être arrondis au millier de dollars près.

Il faut bien lire l'énoncé du cas afin de répondre à la demande. Il y a, je le souligne, une énorme différence entre « refaire l'état des résultats » et « établir le résultat (bénéfice net) retraité ». On rencontre presque exclusivement la seconde demande, qui n'exige pas la présentation en bonne et due forme d'un nouvel état. Si le candidat ne saisit pas cette nuance, il risque fort de perdre du temps précieux à préparer un état, certes bien fait, mais inutilement détaillé. Il arrive même que des candidats présentent, en guise de comparaison, l'état de la période précédente. Il est totalement inutile de recopier les données du cas dans le seul but d'obtenir des états financiers comparatifs. À ma connaissance, le retraitement d'états financiers pour plus d'une période est extrêmement rare.

Voici d'autres situations où l'analyse quantitative est dirigée vers un poste ou groupe de postes précis des états financiers. Dans ce contexte, l'objectif est :

- de s'assurer que le fonds de roulement est maintenu au niveau requis par la banque (ou autres ratios, tel le ratio d'endettement);

- de déterminer la valeur aux livres d'une société dans le contexte d'un rachat d'actions;

- d'établir le loyer supplémentaire découlant d'un contrat fondé sur le chiffre d'affaires;

- d'effectuer une analyse financière à partir de chiffres retraités;

- de calculer la prime au rendement à verser aux dirigeants compte tenu de règles spécifiques (ex.: résultat (bénéfice) contrôlable).

Le correcteur ne tiendra certainement pas compte d'un état de situation financière (bilan) complet, corrigé et dressé en bonne et due forme, lorsqu'il n'est pas requis (même s'il balance!) Pour un calcul du fonds de roulement retraité, par exemple, ce sont les ajustements à l'actif et au passif courant (à court terme) qui sont pertinents. Nul besoin de faire l'état de situation financière (bilan) en entier pour obtenir ce résultat.

(SUGGÉRÉ)

Fonds de roulement retraité

Actif courant (à court terme)	270 000	Passif courant (à court terme)	200 000
Stocks ⓑ	12 000	Produits différés ⓐ	20 000
		Impôts exigibles	(9 000)
		Provision pour garanties ⓒ	15 000
Actif retraité	282 000	Passif retraité	226 000

Fonds de roulement retraité : 282/226 = 1,25

L'évaluation d'une réponse ne tient pas compte des opérations mathématiques comme telles. Le correcteur considère plutôt la justification et la qualité des ajustements présentés, ainsi que l'interprétation des résultats obtenus par les calculs.

Compte tenu de cette remarque, vous ne serez pas surpris d'apprendre qu'une erreur mathématique ne fera pas de différence sur l'évaluation d'un cas. Par exemple, les deux réponses suivantes seront équivalentes.

M. D'Astous :	*coût des ventes (– 12 000)* ⓑ	*300 000*
Mme Bouffard :	*coût des ventes (– 12 000)* ⓑ	*302 000*

Il en est ainsi parce que, dans les deux situations, l'ajustement de « – 12 000 » est adéquat. Que le solde final soit de 300 000 $ ou de 302 000 $ n'est pas le critère d'évaluation. C'est d'ailleurs la même chose en ce qui concerne les écritures comptables. Ce n'est pas l'écriture qui compte, mais l'ajustement qui est fait à l'information financière.

**Ce sont les ajustements ou les corrections
qui comptent dans l'évaluation.**

Notons finalement qu'il est inutile de perdre son temps à inscrire les signes de dollars à côté de chaque chiffre. Si vous ne pouvez vraiment pas vous en empêcher, écrivez-les seulement en haut, puis en bas de chaque colonne de chiffres. Il est par contre nécessaire de spécifier de quoi il s'agit lorsque ce n'est pas de l'argent (ex.: tonnes, unités, litres, etc.).

Refaire un état au complet quand la demande l'exige

Il est possible que la demande d'un cas exige de refaire un état quasi complet, habituellement l'état des flux de trésorerie ou l'état des résultats, quelquefois un état *pro forma*, et, très rarement, l'état de situation financière (bilan). Vous n'avez alors pas le choix, il faut répondre au travail à faire. Sachant qu'un tel calcul requiert beaucoup de temps, assurez-vous deux fois plutôt qu'une de sa pertinence.

Lorsqu'on observe les cas d'examens professionnels publiés au cours des dernières années, on recense très peu de cas ayant demandé un état de situation financière (bilan) complet retraité. Quant à l'état des résultats, il est rare qu'on doive le refaire au complet. L'état des flux de trésorerie, en particulier la section liée aux activités opérationnelles (d'exploitation), est le plus populaire et est régulièrement demandé dans les examens professionnels.

La présente section du volume aborde le retraitement des trois états, quelle que soit leur popularité chez les auteurs de cas. À ma connaissance, plusieurs des cas utilisés dans les cours universitaires demandent de corriger des états financiers. Je dois donc également tenir compte de cet objectif d'apprentissage.

Dans le cadre de la préparation d'un état financier complet retraité, je vous suggère les étapes suivantes :

1- Présenter tout nouvel état sur une page distincte

Dans l'objectif de faciliter la construction d'un état retraité, je suggère une page différente par état. Il est certainement plus pratique d'utiliser des feuilles quadrillées ou un logiciel de calcul. Par ailleurs, placer le bilan de côté – format paysage – est souvent préférable, les actifs à gauche et les passifs et capitaux propres à droite. Lorsqu'ils sont tous les deux demandés, je vous conseille de dresser l'état de situation financière (bilan) et l'état des résultats simultanément. La rédaction sur deux pages distinctes facilitera votre travail puisque vous pourrez terminer les deux états dans un seul et même effort.

2- Créer le cadre de l'état à retraiter

Avant de penser aux ajustements proprement dits, je vous suggère d'inscrire le titre des grandes sections de l'état, comme par exemple les trois catégories d'activités de l'état des flux de trésorerie, ainsi que l'actif et le passif courant et non courant (à court et à long terme) de l'état de situation financière (bilan). On inscrit ensuite les noms des postes connus (provenant du cas) en laissant un espace (de deux à trois lignes) entre chacune des grandes sections de l'état. À cette étape, il ne faut pas se préoccuper des chiffres non retraités.

3- Inscrire les ajustements dans l'état

Il faut maintenant inscrire les montants des ajustements ou des corrections entre parenthèses, à côté du poste concerné. La plupart d'entre eux feront référence – ①, ②, ③, etc. ou ⓐ, ⓑ, ⓒ, etc. – à une brève explication présentée plus loin. La même référence peut servir à deux endroits différents lorsqu'elle concerne le même ajustement.

Extrait de l'état de situation financière (bilan) – 31 décembre 20X3

Passif courant (à court terme)

Emprunt bancaire	4 000
Produits différés (+ 20 000) ⓐ	40 000
Impôts exigibles (– 9 000)	56 000
Provision pour garanties (+ 15 000) ⓒ	15 000
Etc.	

Le solde des postes qui ne changent pas, tel l'Emprunt bancaire de 4 000 $, n'est pas écrit deux fois. Il en est de même de tous les chiffres non retraités, tel le solde avant correction de 65 000 $ des Impôts exigibles. Nul besoin de les écrire entre parenthèses, puis de les réécrire dans la colonne de droite. Il faut aller chercher les montants qui proviennent directement du cas à la toute fin seulement, lors des calculs de totaux par poste. Vous le savez déjà, seules les idées nouvelles seront prises en compte dans l'évaluation par le correcteur. Cela s'applique également aux chiffres.

> J'ai déjà mentionné que l'évaluation de la réponse tient essentiellement compte des ajustements ou corrections que vous avez apportés à l'information financière. Il faut donc minimiser le temps alloué au recopiage, néanmoins indispensable, des données fournies dans l'énoncé du cas.

Lorsque vous avez devant vous deux états à retraiter en même temps, il sera plus efficient de terminer l'impact complet d'un ajustement avant de passer à un autre. Penser débit-crédit facilite grandement votre tâche. Je vous suggère d'ailleurs de composer les notes explicatives au fur et à mesure et de les présenter à un endroit commun aux deux états. Il serait moins efficient et plus difficile de faire toutes les corrections d'un état, puis toutes celles de l'autre, pour finalement préparer l'ensemble des explications. En ce qui concerne les coûts de garantie, par exemple, cela exigerait du candidat qu'il revienne à trois reprises sur le sujet – à l'état des résultats, à l'état de situation financière (bilan), dans les notes explicatives –, ce qui demande plus d'énergie et augmente les risques d'erreurs ou d'oublis.

4- Additionner tous les totaux en même temps

Les additions des totaux ou sous-totaux devraient se faire en même temps, question de rapidité. Cela permet de séparer la rédaction entre la partie analyse et la partie mathématique. Cette dernière étape est nécessaire, mais doit être aussi courte que possible. Ainsi, dans la présentation de l'état, on sépare l'actif de son amortissement cumulé, sans toutefois calculer le solde net. Seul le total des actifs nous intéresse.

164 Les sous-totaux et les totaux indispensables de l'état des flux de trésorerie concernent le cumul des activités opérationnelles (d'exploitation), d'investissement et de financement ainsi que le solde de la trésorerie. À l'état de situation financière (bilan), ce sont le total de l'actif courant et non courant (court et long terme), du passif courant et non courant (court et long terme) et des capitaux propres. À l'état des résultats, le résultat (bénéfice) avant impôts et le résultat (bénéfice net) doivent être distingués.

Que faire si l'état de situation financière (bilan) ne balance pas?

Il ne faut pas s'en préoccuper! Cela est chose courante dans un contexte où le temps pour simuler un cas est limité. Il est toutefois impératif de montrer que le lien entre l'état de situation financière (bilan) et l'état des résultats a été compris, par l'entremise du calcul des résultats non distribués (bénéfices non répartis). Illustrons ces propos par l'exemple suivant.

(SUGGÉRÉ)

Extrait de l'état de situation financière (bilan) – 31 décembre 20X3

Total de l'actif	710 000	Total du passif	420 000
		Capital	100 000
		Résultats non distribués	
		(Bénéfices non répartis)	
		(126 000 ⓓ + 84 000 ⓔ – 10 000 ⓕ)	200 000
		TOTAL	710 000

ⓓ solde au début

ⓔ résultat (bénéfice net) retraité

ⓕ dividendes

Dans cet exemple, on constate au premier coup d'œil que l'état de situation financière (bilan) ne balance pas. En effet, l'addition du passif et des capitaux propres donne plutôt 720 000 $. Toutefois, j'ai inscrit 710 000 $ pour être conforme au total de l'actif. Je n'ai pas fait l'erreur de ceux qui établissent automatiquement le solde des résultats non distribués (bénéfices non répartis) au montant nécessaire pour que l'état balance (ex.: 190 000 $), sans en montrer la provenance. Si je procédais comme tel, j'ajouterais une erreur supplémentaire, soit celle de ne pas utiliser correctement le résultat (bénéfice net) retraité, diminué des dividendes. Il est donc préférable de ne pas corriger arbitrairement un poste et de simplement présenter le même total des deux côtés. Somme toute, je ne vous conseille pas de chercher activement la raison pour laquelle l'état ne balance pas.

POINT DE VUE

Certains candidats ont vraiment beaucoup de difficultés à accepter que leur état de situation financière (bilan) ne balance pas. À ce propos, rappelez-vous vos premiers cours de comptabilité, où une simulation ou un problème comptable vous a fait perdre beaucoup de temps, simplement pour une inversion de chiffres ou un zéro de trop... Alors, si l'état ne balance pas, vous pouvez examiner très brièvement les ajustements apportés afin de chercher une erreur évidente. Toutefois, ne perdez pas de temps et passez vite à autre chose, car le coût (temps dépensé) excède généralement les avantages (amélioration de la précision du résultat).

Cette logique s'applique également à l'état des flux de trésorerie. Habituellement, vous connaissez déjà le montant de la trésorerie du début et de la fin de la période. Il est donc facile de déterminer la variation nette de la trésorerie au cours de cette période, par différence. Toutefois, il est fort peu probable que le cumul des activités opérationnelles (d'exploitation), des activités d'investissement et des activités de financement arrive exactement à cette variation. Il ne faut alors pas revenir ajuster le solde de la trésorerie du début ou de la fin, car ces chiffres sont connus et exacts. On laisse l'état des flux de trésorerie tel quel, avec des chiffres qui ne balancent pas...

Je vous rappelle que les calculs font couramment partie de la réponse d'un cas. Toutefois, ils consomment rapidement une bonne partie du temps si précieux dont on dispose pour une simulation ou un examen. Il faut donc définir clairement l'objectif de l'analyse quantitative afin de l'axer directement sur ce qui est essentiel. De plus, la présentation efficiente des calculs est un objectif qu'il faut constamment tenter d'atteindre. Autrement dit, il faut chercher des trucs afin de présenter plus rapidement les mêmes données et résultats.

Partie 4
Analyse d'un cas

Analyse de la solution proposée
Analyse du guide d'évaluation
Correction d'une réponse
Appréciation de sa performance

La simulation d'un cas n'est qu'une partie du processus d'apprentissage du candidat. Personnellement, je crois qu'il faut prévoir consacrer environ deux fois plus de temps à l'analyse d'un cas qu'à la simulation proprement dite. Par exemple, un cas de 4 heures demandera approximativement 8 heures supplémentaires de travail. Au début, il ne sera pas rare de passer jusqu'à 10 heures afin de s'assurer d'une analyse complète.

Chaque cas comprend au moins trois parties : l'énoncé, la solution proposée et le guide d'évaluation. Régulièrement, nous en trouvons aussi une quatrième, soit les commentaires sur la performance des candidats ou les commentaires des correcteurs. Il arrive aussi qu'une réponse réelle d'un candidat soit fournie en supplément, à titre d'exemple. Parfois, mais plus rarement, cet exemple figure à titre de solution proposée (ou officielle). Une fois la simulation d'un cas terminée, il y a donc plusieurs documents à considérer dans l'analyse de celui-ci.

Voici les étapes que je suggère de suivre dans le processus d'analyse d'un cas.

1. Analyse de la solution proposée

2. Analyse du guide d'évaluation

3. Correction d'une réponse

4. Appréciation de sa performance

Chacune de ces étapes est nécessaire à l'apprentissage et fera l'objet de plus amples explications dans les sections suivantes.

Analyse de la solution proposée

Vous devez prendre le temps de lire la solution proposée du cas que vous venez tout juste de simuler. À mon avis, c'est une étape indispensable au perfectionnement et je ne vois aucune raison valable de la négliger. D'une part, il s'agit d'une excellente source d'idées pertinentes qui, par la même occasion, vous permettent de réviser plusieurs sujets. D'autre part, c'est la base incontournable de l'évaluation ultérieure de votre réponse.

Voici quelques points importants concernant l'analyse de la solution proposée.

Analyser le cas simulé le plus tôt possible

Dans votre horaire d'étude, prévoyez du temps pour faire l'analyse du cas simulé dès que possible après la simulation. De cette façon, l'énoncé du cas sera encore frais dans votre mémoire, ce qui vous évitera de perdre du temps à essayer de le remémorer. À mon avis, l'idéal serait de lire la solution proposée le jour même de la simulation, le reste du travail pouvant attendre quelques jours à la rigueur. En ayant déjà lu la solution proposée, vous pourrez plus facilement reprendre le fil du cas pour l'analyse du guide d'évaluation et la correction de votre réponse.

Il est préférable de lire la solution proposée dans les heures qui suivent une simulation.

POINT DE VUE

Si vous me le permettez, je vais clarifier deux termes que j'utiliserai à plusieurs reprises dans le reste du volume. Tout d'abord, la « solution proposée » (ou officielle) d'un cas est habituellement présentée sous forme de texte continu. Il s'agit d'une réponse adéquate au cas.

Quant au « guide d'évaluation » qui accompagne la solution proposée, il présente les critères d'évaluation du cas. Bien que j'utilise toujours ce terme de référence, d'autres appellations peuvent le décrire, tels que « guide d'appréciation » ou « barème de correction ».

Il arrive que la solution proposée et le guide d'évaluation soient imbriqués l'un dans l'autre. Malgré cela, il est toujours possible de repérer, puis séparer chacune des parties pour fins d'analyse.

L'évaluation d'un cas est régulièrement effectuée par une tierce personne, généralement un professeur. À cause de cela, plusieurs candidats attendent d'avoir reçu leur copie corrigée avant d'entreprendre tout travail sur un cas. Comme il peut parfois s'écouler jusqu'à deux ou trois semaines avant la remise de la correction, je vous suggère fortement de ne pas attendre aussi longtemps. Même si vous n'avez pas votre propre copie en main, vous pouvez à tout le moins lire la solution proposée et débuter votre analyse.

Si les circonstances vous permettent de faire une photocopie de votre réponse avant de la remettre, cela vous permettra d'effectuer une analyse complète du cas, puis de vous corriger. Ultérieurement, vous pourrez comparer votre propre évaluation à celle du correcteur externe, ce qui sera très enrichissant. La rédaction d'un cas à l'ordinateur est un avantage indéniable puisque le candidat détient automatiquement une copie de sa réponse avec laquelle il peut immédiatement travailler.

Lire la solution proposée

Il est essentiel de lire attentivement la solution proposée. D'une part, le candidat profite de l'occasion pour parfaire ses connaissances des problèmes ou enjeux en cause. D'autre part, il peut observer la manière dont les concepts théoriques sont appliqués à un contexte spécifique.

À l'étape de la lecture de la solution proposée, le candidat doit prendre en note les sujets à réviser. Il se peut, effectivement, qu'il ait manqué d'idées, qu'il se soit trompé ou qu'il n'ait pas su comment traiter adéquatement un problème ou enjeu en cours de rédaction. Au fur et à mesure des simulations, vous devez relever ces sujets qui exigent une étude supplémentaire et les inscrire à votre agenda.

Il est tentant de ne pas lire la solution proposée et de se rendre directement au guide d'évaluation. Toutefois, il faut savoir que le guide d'évaluation ne contient généralement pas autant de détails que la solution proposée. Par exemple, le guide peut mentionner que le retraitement du fonds de roulement doit contenir au moins trois ajustements pour atteindre le « niveau de passage » – que l'on peut également appeler « seuil de réussite ». Le candidat doit alors obligatoirement se référer à la solution proposée afin d'obtenir la liste des ajustements valables, les calculs exacts et leurs explications. Il en va de même pour l'analyse qualitative puisque le guide fera, par exemple, référence à une « discussion raisonnable des principaux risques ».

POINT DE VUE

Plusieurs candidats lisent trop rapidement ou en diagonale la solution proposée. Ils simulent leur cas puis, peut-être par curiosité, vont directement se corriger sans plus attendre. Je trouve que cela est fort dommage; d'un côté à cause de toute la richesse d'idées fournies dans la solution proposée, d'un autre côté parce qu'il doit être plus difficile de se corriger sans avoir pris connaissance de l'ensemble des idées contenues dans la solution. Certes, le candidat n'a pas à fournir une performance aussi parfaite que dans la solution proposée, mais il doit tout de même s'assurer de se situer dans l'axe de la demande. En ne lisant pas la solution, le candidat se prive également d'apprendre de bonnes idées qui pourraient ultérieurement lui être utiles et, qui sait, se trouver au premier plan de la résolution du prochain cas.

À l'heure actuelle, plusieurs cas accompagnés d'un barème de correction détaillé, sous forme de points, sont en circulation. Puisqu'un tel barème sépare bien les idées de la solution proposée, le consulter est particulièrement formateur lors des premières simulations. Dans cette situation, il peut être acceptable de lire plus rapidement la solution proposée. Vous devez néanmoins exercer votre jugement afin de vous assurer d'avoir bien compris toutes les idées du barème, idées souvent présentées de manière très télégraphique.

Établir les paramètres du cas

La première chose qu'un candidat doit faire lorsqu'il se trouve face à la solution proposée est de relever ce qui lui est particulier. Cet exercice lui permettra de réviser – ou d'établir – les paramètres du cas afin de mieux comprendre le contenu et la structure de la solution proposée. En d'autres mots, il faut s'assurer d'une compréhension complète de ce qui forme le « cadre du cas ». À la partie 1 du présent volume, j'ai soulevé la nécessité de ne pas sortir de ce cadre lors de la rédaction de votre réponse. Ici, lors de l'analyse postérieure à la simulation, il faut s'assurer de bien assimiler ce que cela implique.

Voici quelques points à revoir afin d'établir les paramètres spécifiques à un cas.

✑ *Comprendre le travail à faire.* Toute solution proposée à un cas découle automatiquement de la demande ou du travail à faire. Il est donc nécessaire de pouvoir expliquer la présence – voire l'absence en certaines circonstances – de chacun des problèmes ou enjeux. Cette démarche est particulièrement importante lorsque la demande est inhabituelle ou lorsque des problèmes ou enjeux implicites sont concernés. En d'autres mots, vous devez justifier la présence de chaque sujet de la solution eu égard à la demande.

ⓔ *Constater l'impact du rôle.* Très relié au contenu du travail à faire, le rôle influe sur l'angle d'approche des problèmes ou enjeux de la réponse. Par exemple, la liste des informations nécessaires à la finalisation du dossier sera différente si un fiscaliste prépare la déclaration fiscale d'un client ou s'il agit à titre d'auditeur au nom de l'État. Il faut prendre conscience que l'angle avec lequel on aborde les sujets varie avec le rôle qui vous est attribué.

ⓔ *Identifier l'axe de la demande.* Le candidat qui n'a pas réussi à déterminer correctement l'axe de la demande des problèmes ou enjeux importants du cas peut maintenant le faire à l'aide de la solution proposée. Par exemple, cela permet de comprendre pourquoi le choix de la méthode d'amortissement d'un actif n'est pas un sujet pertinent lorsqu'il faut établir le prix d'achat d'une entreprise.

ⓔ *Ressortir les particularités du contexte.* Chaque cas est unique. Outre le travail à faire, le rôle à jouer ainsi que les problèmes ou enjeux à traiter, on remarque aussi d'autres éléments qui influent sur votre réponse. Par exemple, le fait qu'il y ait un surplus de production dans le secteur est une information qui teinte la discussion. Aussi, les biais, les objectifs, les conflits, les risques, etc. sont des éléments pertinents.

**Il faut relever les particularités d'un cas,
puis évaluer leur effet sur la solution.**

ⓔ *Examiner la structure de la solution.* Tout au long de la lecture de la solution proposée, je vous suggère de relever la structure de ce qui est présenté, pour trois raisons. Premièrement, cela aide à déterminer le niveau de profondeur de la discussion, deuxièmement, cela permet l'identification des interrelations entre les sujets et troisièmement, cela fait ressortir la démarche d'analyse utilisée. En examinant la structure de la solution proposée – entre autres à l'aide des titres et des sous-titres – le candidat sera à même de comprendre, du moins *a posteriori*, la structure « idéale » de la solution.

Voici des exemples de ce qui peut être observé par l'examen de la structure de la solution proposée.

→ Ordonnancement des sujets. Par exemple, avant de procéder au calcul du bénéfice imposable, il faut retraiter l'état des revenus de location, car il contient plusieurs erreurs. Autre exemple : le calcul des flux de trésorerie présenté en annexe sert à l'analyse de deux sujets différents, soit le calcul des redevances sur contrat et l'option de financement.

→ Étapes suivies dans la résolution d'un problème ou enjeu. Par exemple, on peut remarquer qu'il faut tout d'abord discuter du bien-fondé de l'inscription d'une provision pour rendus avant d'aborder la manière d'en estimer le montant. Autre exemple : l'analyse quantitative est indispensable pour déterminer lequel des trois fournisseurs offre les meilleures conditions à moyen terme.

→ Façon de présenter les sujets. Par exemple, la solution est présentée sous forme d'un tableau en trois colonnes comme suit : risque d'affaires – impact – solution suggérée. Autre exemple : les améliorations suggérées au projet de contrat sont présentées sous la forme d'une énumération.

POINT DE VUE

Il m'apparaît indispensable de fixer les paramètres du cas dès le début de l'analyse de la solution proposée. Toutefois, je conçois aisément que certains éléments soient remarqués plus tard, au fil de la lecture de la solution.

Étudier minutieusement chaque composante de la solution proposée

Nous arrivons maintenant à l'étape où un candidat s'apprête à prendre connaissance du contenu de la solution proposée. Vous remarquerez que je ne parle pas ici de « lire » la solution, mais d'en « étudier minutieusement chaque composante ». Je m'attends donc à ce que la lecture soit active, c'est-à-dire remplie de questionnements et de remises en question. Elle sera également interactive avec l'énoncé du cas ou toute autre référence utile. La lecture n'est donc pas strictement linéaire. Il faut donc constamment se questionner sur la pertinence de chaque composante de la solution. « Pourquoi? » est d'ailleurs une question que le candidat se posera très souvent. Pourquoi tel sujet est absent de la solution? Pourquoi tel autre n'est pas important? Pourquoi fallait-il discuter des questions comptables en premier lieu? Pourquoi le regroupement n'est-il pas abordé du point de vue de la fiscalité? Tout ceci, sans perdre de vue le travail à faire, le rôle à jouer et l'axe de la demande.

Pourquoi?
Voilà une question récurrente dans l'analyse de cas.

L'une des choses importantes est de s'assurer de pouvoir expliquer la présence de chaque problème ou enjeu de la solution, en tenant compte des paramètres du cas. Il vous faudra donc très souvent revenir sur l'énoncé du cas afin de retracer les indices qui permettaient l'identification de chacun d'entre eux. *A posteriori*, la plupart des sujets de la solution s'expliquent assez bien. Vous devrez probablement faire davantage d'efforts pour cibler et comprendre la présence de problèmes implicites, tel le manque d'indépendance de certains membres du conseil d'administration.

Il arrive qu'un candidat n'ait pas bien identifié la situation à la lecture du cas. Entre autre, cela peut l'avoir amené à discuter d'aspects qui n'étaient pas exactement requis par le travail à faire. Supposons, par exemple, que votre client désire acquérir une entreprise qui connaît des difficultés financières. Il n'y aura probablement pas de sujet « difficultés financières » dans la solution proposée. Ce qui compte, c'est plutôt de voir la « cause » de ces difficultés, ainsi que « l'impact », sur l'acquisition projetée. En fait, c'est ce que l'acheteur désire savoir. Vous n'avez pas à donner de conseils au vendeur sur la façon de redresser la situation financière – à moins que ce soit expressément demandé. De même, si la décision de permettre aux clients de la société d'acheter via un site Web est déjà prise, ce ne sera pas un sujet dans la solution proposée. Par contre, une liste des contrôles nécessaires à l'usage de cette nouvelle stratégie de vente peut vous être demandée.

Une fois les problèmes ou enjeux déterminés, vous devez vous assurer de saisir l'importance de chacun dans la solution. Par exemple, il faut pouvoir expliquer pourquoi il y a davantage de profondeur pour les questions comptables que pour les aspects fiscaux. En relisant l'énoncé du cas, vous constaterez peut-être que la comptabilisation des opérations de la période préoccupait davantage le comptable interne. Ou encore, vous pourrez expliquer que la comptabilisation d'un passif éventuel est un sujet de moindre importance puisque les parties se sont entendues à l'amiable sur le montant à débourser.

> **POINT DE VUE**
>
> Nombre d'observations que vous ferez en examinant la structure de la solution vont vous servir à la prochaine simulation. Par exemple, on peut remarquer que la discussion sur les conséquences de la perte d'un client important est séparée entre les impacts à court terme et les impacts à long terme. C'est une idée intéressante, naturellement lorsque les impacts ne sont pas les mêmes d'un horizon à l'autre, qu'on peut retenir pour un prochain cas.

Je vous explique, ci-après, les exercices qui vous permettront d'étudier, avec minutie, les composantes de la solution proposée.

Comprendre les idées de la solution

Il m'apparaît indispensable de prendre le temps de comprendre, purement et simplement, chacun des éléments de la solution proposée. Chaque idée, chaque argument et chaque calcul avancé doit être lu et compris. Sauf exception, le candidat doit être à l'aise avec le contenu de l'ensemble de la solution. Il arrive donc fréquemment qu'un candidat doive retourner à ses volumes de référence afin de se remémorer la théorie de certains sujets.

Au fil de votre lecture, je vous suggère de relever les liens entre les problèmes ou enjeux eux-mêmes. Ceux-ci peuvent apparaître tout au long de la solution, mais on les remarque souvent dans une conclusion ou une recommandation. L'observation de l'interrelation entre les sujets vient souvent confirmer leur ordonnancement dans le plan de réponse. De plus, leur identification vous permet de placer en perspective les diverses parties du travail à faire.

POINT DE VUE

Il arrive que des candidats délaissent volontairement certaines parties de la solution proposée. De manière délibérée, ils ne s'arrêtent pas sur les sujets de moindre importance ou, pire encore, ils négligent les sujets qu'ils jugent un peu trop complexes. C'est une mauvaise idée. D'une part, la lecture d'un cas est un excellent moyen de réviser ses connaissances, peu importe l'importance du sujet pour un cas donné. D'autre part, des idées semblables peuvent être fort utiles pour résoudre le prochain cas. Tant qu'à investir son temps dans l'analyse d'un cas, aussi bien en retirer tous les intérêts!

Relier la solution aux indices du cas

L'intégration au cas et à ses particularités est une condition essentielle à la réussite. Vous devez constamment porter attention aux indices de l'énoncé du cas qui permettent d'expliquer le contenu de la solution proposée. Il faut donc prendre conscience de ce lien immuable entre les indices d'un cas et sa solution. Pour y arriver, je vous suggère de faire régulièrement l'exercice de prendre chacune des idées de la solution proposée et d'expliquer comment, à partir de l'énoncé du cas, vous auriez pu y penser. En d'autres mots, il faut chercher l'indice qui explique la présence de l'idée dans la solution. Cela vous permettra de comprendre comment votre propre réponse doit être intégrée au cas et vous aidera à améliorer la qualité de la lecture du prochain cas. Vous vous apercevrez ainsi que l'énoncé de chaque cas contient une foule d'indices pertinents à la résolution des problèmes ou enjeux.

Voici plusieurs exemples expliquant la présence d'un élément donné de la solution proposée à l'aide d'indices du cas.

EXEMPLES DE LIENS ENTRE LA SOLUTION PROPOSÉE ET UN INDICE DE L'ÉNONCÉ DU CAS

Élément de la solution proposée	Indice du cas
L'analyse du point mort renseigne sur le nombre minimal d'unités qu'il faut vendre. Ce calcul est pertinent étant donné l'ampleur des coûts fixes.	Les coûts fixes du secteur d'activité sont élevés, particulièrement lorsqu'il s'agit d'un nouveau produit.
Certains postes de l'état des résultats doivent être retraités afin de pouvoir calculer le ratio de couverture des intérêts, puisque la société a de la difficulté à respecter cette clause de la banque.	Le directeur général se demande si la banque va accepter de renouveler le prêt venant bientôt à échéance.
Un calcul des flux de trésorerie futurs renseigne sur la capacité financière (ou viabilité) de l'entreprise.	Étant donné la perte de ce client important, on ne sait pas si l'entreprise pourra encore continuer son exploitation.

Élément de la solution proposée	Indice du cas
Il faut discuter des méthodes comptables choisies, puis conclure sur la pertinence de ces choix, compte tenu des faits du cas (ex.: des stocks désuets peuvent justifier une dépréciation).	L'avocate vous demande d'examiner les états financiers afin de déterminer s'ils respectent les normes comptables.
Il faut identifier, puis analyser les postes pour lesquels la variation est la plus importante. Le calcul de certains écarts complète la discussion.	La propriétaire cherche à comprendre pourquoi le résultat (bénéfice) réel est inférieur au résultat (bénéfice) prévu puisque les ventes ont augmenté.
Le délai de récupération de l'investissement doit être au plus de trois ans; la durée de vie utile des actifs concernés est, *a priori*, de trois ans.	Dans ce secteur d'activité, la durée de vie d'un produit est de trois ans.
Il faut dresser un état de situation financière (bilan), en tout ou en partie, à la juste valeur.	L'acheteur est principalement intéressé par les actifs de cette société.
Le taux d'actualisation du calcul de la valeur actualisée nette est haussé pour tenir compte d'un risque supplémentaire. De plus, en guise d'analyse de sensibilité, un scénario plus pessimiste est rapidement établi.	Le directeur du marketing mentionne qu'il y a davantage d'incertitude qu'à l'accoutumée dans les prévisions des ventes futures.

Cette liste d'exemples est loin d'être exhaustive, et dépend du cas particulier auquel chacun se réfère. Parfois, vous remarquerez que l'indice est clair et direct, comme la demande de l'avocate ou de la propriétaire, par exemple. En d'autres circonstances, vous devrez réunir deux ou trois indices, situés à des endroits différents dans l'énoncé du cas. La durée de vie des produits du secteur peut très bien être mentionnée à la première page du cas, alors que la description du projet d'investissement figure en annexe.

POINT DE VUE

Il m'arrive souvent d'entendre les commentaires suivants de candidats qui ont quelques simulations à leur actif : « Il y a tellement d'idées dans le texte du cas! », « Tout est dans le cas! », « Je cherche à me compliquer la vie, mais je ne tiens pas assez compte des idées fournies dans l'énoncé du cas. » Tout cela est vrai. La solution proposée (et, éventuellement, le guide d'évaluation) découle directement des indices du cas. Au fond, il est normal qu'il en soit ainsi puisque chaque cas à résoudre est distinct et comporte ses particularités propres. Voilà pourquoi la recherche des liens entre les indices de l'énoncé du cas et la solution proposée est si importante. Plus on en trouve, plus on comprend et… plus facile sera la prochaine simulation.

L'utilisation des indices de l'énoncé du cas est indispensable à la rédaction d'une réponse adéquate.

Avec l'expérience, il vous sera de plus en plus facile de repérer les indices pertinents à la première lecture du cas que vous simulez. Ils sembleront presque être écrits en caractères gras ou en lettres de feu! Je vous le souhaite!

Faire appel aux concepts théoriques

Je vous recommande de porter une attention particulière aux notions et concepts théoriques auxquels on se réfère dans la solution proposée. Tel que mentionné précédemment dans ce volume, les exposés théoriques ont rarement leur place dans la réponse à un cas. Par contre, il faut appliquer, dans une intégration simultanée, la théorie à la pratique. Au fil de votre lecture, vous devez relever les concepts théoriques – normes, règlements, lois, principes, etc. – qui sont utilisés dans la solution. Par exemple, dans la discussion portant sur la comptabilisation d'un contrat de location, les deux concepts théoriques suivants peuvent être abordés : « durée du contrat de location *versus* durée économique de l'actif » et « valeur actualisée des paiements minimaux ». En fiscalité, par exemple, il peut s'agir d'un article de loi portant sur les opérations entre conjoints.

Vous devez observer de quelle manière les indices du cas sont reliés aux concepts théoriques dans la résolution des problèmes ou enjeux. Je vous suggère de lire la solution proposée en étant constamment attentif à cet objectif. Dans les exemples ci-dessous, vous remarquerez que la théorie et les indices du cas s'imbriquent dans la même phrase ou le même paragraphe. Le candidat doit donc relever les indices du cas et déterminer quel concept est pertinent dans la discussion.

POINT DE VUE

Toute observation d'une solution proposée nous amène à une constatation importante. Il faut **connaître la théorie lorsqu'on rédige un cas**. Si un candidat ne se rappelle pas les concepts sous-jacents à la comptabilisation d'un contrat de location, par exemple, il ne pourra certes pas fournir une réponse adéquate. De plus, il faut savoir quel aspect de la théorie est concerné dans un cas particulier. Les concepts théoriques à discuter ne sont pas le fruit du hasard; ils sont directement reliés aux indices du cas.

**Il faut pouvoir identifier les notions et
concepts théoriques qui s'appliquent à un cas.**

Voici l'extrait d'une solution proposée où le candidat signale, avec des flèches, que le concept de la « prise de renseignements dans le cadre d'une mission d'examen » est en cause. Plus loin, l'indice du cas utilisé pour l'application pratique de ce concept théorique est souligné. Cela permet de conclure qu'on ne peut réaliser la mission d'examen de la manière habituelle.

Dans cette mission d'examen, la prise de renseignements auprès des membres de la direction n'est peut-être pas appropriée, car ceux-ci semblent avoir intentionnellement surévalué les coûts figurant dans le rapport.

Dans l'extrait qui suit, le candidat souligne l'indice du cas qui va lui permettre de déterminer le type de contrat de location. Ici, on réfère au concept de « l'accès à la propriété du bien au terme du bail ».

Puisque le coût d'achat est inférieur à la juste valeur estimative à la fin du contrat de location, cela pourrait être considéré comme une option d'achat à prix de faveur. Par définition, cela procure une certitude raisonnable que le bien deviendrait notre propriété à la fin du contrat de location.

Finalement, l'exemple qui suit souligne l'action effectuée par M. Smith, soit celle d'avoir divulgué de l'information à l'acheteur. Ce geste ne respecte pas notre code déontologique qui requiert « le secret professionnel » (« confidentialité »).

M. Smith n'a pas respecté le code déontologique en remettant l'information financière de nature confidentielle de FG à l'acheteur potentiel.

Analyse d'un cas

Discerner les idées pertinentes

Le candidat doit apprendre à ressortir les idées nouvelles et pertinentes contenues dans la solution proposée. Comme celle-ci est rédigée dans un texte continu, présenté sous la forme d'un rapport professionnel, il est normal que le style d'écriture soit plus recherché, voire allongé. Il faut donc en arriver à identifier les idées qui seront prises en compte par le correcteur lors de l'évaluation d'une réponse.

Il faut ressortir les idées nouvelles et pertinentes de la solution proposée.

Voici tout d'abord, à titre d'exemple, un extrait d'une solution proposée contenant des idées pertinentes, qui sont soulignées d'un trait simple. Je vous propose ensuite un exemple de rédaction efficiente, qu'un candidat aurait pu rédiger à titre d'exercice.

EXEMPLE OÙ LES IDÉES PERTINENTES SONT EXTRAITES DE LA SOLUTION PROPOSÉE

Les flux monétaires de LCA ltée :

Au cours des deux dernières années, LCA ltée a subi d'importantes pertes sur ses activités ordinaires (courantes). En 20X4, les pertes ont atteint 3,58 millions de dollars (5,88 millions de dollars en 20X3). Cependant, le résultat (bénéfice net) était de 1,94 million de dollars et, fait encore plus important, les sorties nettes de trésorerie liées aux activités opérationnelles (d'exploitation) étaient de 1,19 million de dollars (30 millions de dollars en 20X3). Cela signifie que la trésorerie s'améliore et qu'elle est de beaucoup inférieure aux pertes opérationnelles (d'exploitation) présentées à l'état des résultats. Les flux de trésorerie provenant des opérations ordinaires (normales) constituent un aspect important à prendre en considération dans l'évaluation de la capacité de LCA ltée à poursuivre son exploitation. La nouvelle émission d'actions envisagée pour 20X5 aura pour effet d'améliorer les flux de trésorerie, mais seulement à court terme.

POINT DE VUE

POINT DE VUE

Je suggère au candidat qui lit la solution proposée d'un cas de trouver une façon bien personnelle de faire ressortir les différentes idées. Il peut naturellement les souligner ou les surligner en couleur. Toutefois, on peut imaginer que le texte de la solution sera rapidement surchargé d'annotations. Le fait de placer chaque idée entre parenthèses ou de mettre un crochet (ou tout autre signe) au début de chacune d'elles allégera le processus. On peut également barrer ou rayer d'un petit « x » les mots, les phrases ou – plus rarement – les paragraphes inutiles. Ainsi, par exemple, il arrive que la solution officielle d'un cas débute par un ou deux paragraphes d'introduction qui ne contiennent aucune idée nécessaire à la résolution des problèmes ou enjeux.

EXEMPLE OÙ LES IDÉES PERTINENTES DE LA SOLUTION PROPOSÉE SONT RÉDIGÉES AVEC EFFICIENCE

Flux de trésorerie LCA :

———→ Les pertes d'exploit. sont imp. depuis 2 ans (X4 : 3,58 et X3 : 5,88); m̂ s'il y a un résultat (bén. net) de 1,94 en X4.

———→ Il est imp. de considérer les flux des opér. dans l'évaluation de la capacité de survivre de LCA.

———→ Pt positif : les flux d'opér. (d'exploit.) s'améliorent depuis 2 ans (X4 : -1,19 et X3 : -30) et sont inférieurs à la perte opér. (d'exploit.)

———→ L'émission des act. en X5 va améliorer la trésorerie, mais seulement à CT.

Cet exercice de rédaction n'est pas toujours facile, mais il faut s'y entraîner de façon régulière afin d'améliorer sa capacité d'écrire un plus grand nombre d'idées dans un même laps de temps. Vous remarquerez que les idées de l'exemple ci-dessus sont exprimées au temps présent, sont concrètes, claires, précises et directes. Les phrases sont complètes, le nombre d'abréviations y est raisonnable, il n'y a pas de mots inutiles et l'usage des parenthèses est fort utile.

POINT DE VUE

Il est certainement profitable de prendre le temps de réécrire sur une nouvelle page les idées de la solution proposée en adoptant un style de rédaction plus direct. Cet entraînement à l'écriture plus précise des idées vous apprendra à rédiger avec davantage d'efficience. Je vous suggère de faire cet exercice de temps en temps pour les parties d'une solution – rarement un cas en entier – qui vous ont occasionné davantage de difficultés.

Analyse d'un cas

> Quelquefois, la solution proposée est accompagnée d'un barème de correction indiquant la valeur de chaque idée : un demi-point, un point ou deux points. Dans cette situation, le texte continu d'une solution proposée est déjà séparé en fonction des idées pertinentes qu'il contient. À chaque fois qu'il vous est possible d'obtenir un tel barème, je vous encourage à le lire et à l'analyser.

Il arrive que certains cas ne soient pas accompagnés d'une solution proposée qui soit complète et exhaustive. À la place, à titre d'exemple, on y présente la réponse réelle d'un candidat qui a réussi le cas de manière satisfaisante. L'objectif est de vous montrer le niveau de performance qu'un candidat peut raisonnablement espérer s'il utilise efficacement le temps qui lui est imparti dans la simulation ou l'examen. Il faut se rappeler qu'un tel « rapport satisfaisant » ne contient pas toutes les idées valables et que le résultat attribué n'atteindra vraisemblablement pas le niveau d'évaluation le plus élevé. On peut toutefois dire qu'une réponse satisfaisante – mais pas nécessairement parfaite – permet généralement au candidat de rencontrer sans équivoque tous les critères du niveau de passage (exigences minimales du seuil de réussite) de chacune des compétences du guide d'évaluation. Si je puis me permettre d'utiliser un pourcentage, disons qu'une réponse satisfaisante recevrait une note entre 75 % et 85 %, compte tenu d'un niveau de passage fixé à 60 %.

POINT DE VUE

Il arrive parfois qu'un exemple de « rapport insatisfaisant » soit fourni à même la solution proposée. Habituellement, le résultat de cet exemple de rapport se situe sans équivoque sous le niveau de passage. Il est certes intéressant de le lire et de cumuler la liste des erreurs qu'il contient. Toutefois, je considère qu'il est plus utile de vous attarder sur un « rapport satisfaisant » – qui contient des exemples à retenir –, puis de vous concentrer sur l'évaluation de votre propre réponse.

Tout en lisant la solution proposée, je vous suggère de relever également la manière dont les idées sont exprimées. Jusqu'ici, vous avez compris les idées de la solution, relié celles-ci aux indices du cas, fait appel aux concepts théoriques et discerné les idées pertinentes. Regardez maintenant comment la solution se construit. Cela vous aidera à générer davantage d'idées et à mieux les structurer lors de la prochaine simulation.

À cette fin, je vous suggère entre autres de mettre en relief...

- la présence d'un « car » (puisque, pour, étant donné, afin de) qui justifie les idées avancées. Ce faisant, vous allez sûrement constater que bon nombre d'idées de la solution proposée s'expliquent de cette façon. « Car... » est un petit mot qui facilite grandement l'intégration de vos idées au cas.

- la présence d'un « donc » (ainsi, je recommande) qui énonce une conclusion ou une recommandation. « Donc... » est un petit mot qui vous rappelle constamment qu'il faut terminer adéquatement toute discussion ou analyse.

- les idées qui expliquent ce qu'il faut faire, en réponse à la question « comment? ». Dans certaines circonstances, on peut également souligner les éléments qui répondent aux questions suivantes : « quand? », « combien? », « qui? » et « où? ».

Voici l'exemple d'une solution proposée ayant été annotée par un candidat.

EXEMPLE D'ANNOTATIONS D'UN EXTRAIT D'UNE SOLUTION PROPOSÉE

Les primes que peuvent demander les clients qui ont acheté le produit NEWTRY représentent un passif potentiel, (car) il découle des ventes de la période. Selon les estimations du contrôleur, il existe à l'heure actuelle un potentiel de plus de 25 000 demandes. Ce passif, en contrepartie d'une charge à l'état des résultats, représenterait (donc) 125 000 $ au maximum. *combien* En outre, il se pourrait que certaines primes ne soient jamais réclamées.

Il est évident qu'il existe un passif (puisque) toute demande doit être obligatoirement honorée. Cependant, il est difficile d'estimer le passif potentiel (étant donné) le peu de données historiques. Je recommande la *REC* comptabilisation d'un montant estimatif raisonnable basé sur les statistiques du secteur.

Dans le cadre des procédures d'audit, il faudra examiner l'ampleur des *REC* demandes qui seront faites après la clôture de la période. *comment*

Remarque : « ↑ » pour « concept théorique ».

Comprendre l'analyse quantitative de la solution proposée

Tout comme pour chaque idée qualitative de la solution, vous devez absolument faire l'effort de comprendre toute analyse quantitative de la solution proposée. Ainsi, le contenu des annexes doit être analysé et bien assimilé. Le but est d'établir ce qui justifie chacun des calculs présentés et d'identifier les composantes les plus importantes. Il faut également déterminer quels sont les chiffres provenant directement du cas et les distinguer de ceux qui devaient être générés par le candidat.

Il faut bien comprendre chacun des calculs de la solution proposée.

Voici des exemples de questions auxquelles il faut répondre lorsqu'on examine les calculs d'une solution proposée.

- ✇ L'utilité du calcul eu égard à la résolution des problèmes ou enjeux.
  - → Pourquoi calculer le coût total des deux sources d'approvisionnement sur cinq ans pour déterminer quel contrat signer?
  - → Quelle est la raison justifiant un calcul d'écart sur ventes par pays?

- ✇ Le choix des moyens afin de répondre à l'objectif recherché.
  - → Pourquoi avoir calculé le résultat (bénéfice) pondéré passé au lieu de prendre les prévisions du vendeur et baser l'évaluation de la juste valeur sur les données futures?
  - → Comment pouvait-on en venir à penser au calcul du taux de rotation des stocks?

- ✇ Le choix des hypothèses.
  - → Pourquoi tel taux d'actualisation?
  - → Pourquoi ce calcul sur sept ans?
  - → De quelle manière est-on arrivé au chiffre de ventes de l'état des résultats prévisionnel?

- ✇ La provenance de l'information financière utilisée.
  - → Quel est le motif justifiant la prise en compte d'un boni pour le nouveau directeur dans l'état des flux de trésorerie prévisionnel?
  - → Pourquoi a-t-on tenu compte de l'inflation dans le calcul du coût d'approvisionnement des matières premières?

- ✇ Le lien entre l'analyse quantitative et qualitative.
  - → En quoi est-ce important de calculer l'effet du nouveau contrat sur le résultat (bénéfice net)?

Il faut savoir qu'une solution proposée contient bien souvent des calculs un peu trop élaborés, qu'il serait très difficile de réaliser dans un contexte où le temps de la simulation est limité. Il m'arrive même de penser qu'il serait carrément impossible de seulement recopier tels quels les calculs de la solution proposée dans l'intervalle de temps accordé. Et là, il n'y a pas d'identification du calcul à faire, de formule à créer à l'ordinateur, de recherche de données, de « pitonnage » sur la calculatrice ou d'erreurs à compenser… Il faut donc être conscient que les calculs d'une solution proposée sont plus détaillés qu'il ne le faut. Cette situation s'explique par le fait que la publication externe d'une solution se présente habituellement sous la forme d'un rapport en bonne et due forme. Tel que discuté ci-dessus, vous devez tout de même comprendre tous les calculs de la solution officielle.

La solution proposée d'un cas contient souvent des calculs plus élaborés que nécessaire.

Il m'apparaît donc nécessaire de s'interroger sur la présentation des calculs. D'une part, vous devez évaluer la profondeur que vous étiez en mesure d'atteindre, compte tenu de l'importance du sujet et du temps disponible. Vous devez identifier les composantes importantes des calculs, soit celles qui devaient absolument être présentes pour une réponse adéquate. *A posteriori*, c'est une bonne idée d'estimer le temps qui était nécessaire à la rédaction d'un calcul adéquat. Cela vous aidera à mieux planifier le calcul des simulations suivantes.

D'autre part, il faut également se demander s'il n'y a pas d'autres manières d'arriver au même résultat. Ainsi, on peut retraiter un résultat (bénéfice net) en faisant directement les ajustements à partir du résultat (bénéfice net) actuel ou en réécrivant chacun des postes de produits et de charges. En général, lorsqu'il rédige sa réponse, le candidat choisit la première méthode de calcul alors que la solution proposée d'un cas est habituellement présentée selon la deuxième.

Dans la plupart des situations, à savoir si l'acquisition d'un nouvel équipement en vaut la peine, par exemple, on peut utiliser soit l'approche intégrale ou l'approche marginale pour effectuer le calcul. Les deux approches aboutissent au même résultat, malgré leur cheminement différent. Je vous suggère donc de tenter régulièrement l'exercice de refaire le même calcul que la solution proposée, mais d'une manière différente. Qui sait? La prochaine fois, compte tenu des données disponibles, vous serez peut-être obligé d'adopter l'une des deux approches.

POINT DE VUE

L'objectif de ce dernier exercice est double. Le fait de calculer de nouveau le même résultat d'une manière différente vous permet de vérifier si vous avez réellement bien compris les particularités d'un problème ou enjeu. De plus, cela vous permet de chercher une approche plus rapide et plus efficiente pour présenter le même calcul. Dans les solutions proposées, l'analyse quantitative est souvent longue, détaillée et présentée sans souci d'économie de temps. Vous pourrez très souvent trouver une façon plus courte de présenter les composantes essentielles d'un calcul.

Analyse du guide d'évaluation

Une fois que vous avez lu et compris la solution proposée, vous pouvez maintenant vous intéresser au guide d'évaluation qui contient les directives à suivre lors de la correction. Le candidat qui a jusqu'ici effectué avec sérieux l'analyse du cas devrait comprendre plus facilement comment appliquer le guide d'évaluation.

Voici plusieurs points importants concernant l'analyse détaillée d'un guide d'évaluation.

Étudier le guide d'évaluation

Il est primordial de prévoir le temps nécessaire à l'étude du guide d'évaluation. Cela va tellement de soi que j'ai de la difficulté à concevoir que je doive même justifier cette remarque. Néanmoins, j'ai souvent vu des candidats qui ne prenaient pas le temps de faire une telle analyse, surtout lors des premières simulations. L'étude du guide d'évaluation est d'autant plus nécessaire que les résultats aux premiers cas sont habituellement faibles. En fait, le guide ne sert pas seulement à corriger votre copie, il sert également à parfaire votre formation.

POINT DE VUE

À mon avis, plusieurs candidats n'adoptent pas la bonne attitude face au guide d'évaluation. Ils en critiquent le contenu et en viennent trop souvent à la conclusion que tout est de la faute du guide. J'ai souvent entendu des commentaires tels que : « Si le guide était bien fait, j'aurais réussi ce cas. » (!) ou « Cette façon de résoudre le cas est erronée, cela ne m'avance à rien d'étudier le guide. » (!), ou encore, « Il n'y a pas assez d'importance accordée à la gestion dans ce guide, ils ne comprennent pas la situation. » (!)

Il s'agit là d'une critique du guide d'évaluation et non d'une étude de celui-ci. Cela ne donne absolument rien et fait perdre du temps, car on ne peut pas changer un guide. Il faut essayer de le comprendre et non chercher à le changer ou le dénigrer. Ce sera alors beaucoup plus constructif. Il est malheureusement trop facile d'adhérer à la maxime suivante : « Un travailleur maladroit blâme injustement ses outils. » En adoptant une attitude négative envers le guide d'évaluation, le candidat ne cherchera pas à s'améliorer et fera les mêmes erreurs lors des prochaines simulations.

Au cours des années, les professeurs et les Ordres professionnels ont développé plusieurs façons d'évaluer la performance d'un candidat à un cas. À l'heure actuelle, la tendance est d'utiliser une approche relativement globale. Toutefois, il n'est pas rare qu'un cas soit corrigé à l'aide d'une approche semi-globale ou à l'aide d'un barème de correction. Il arrive, par exemple, que les premiers cas simulés par des candidats soient corrigés par un décompte de points afin de les aider à comprendre ce qu'est une idée nouvelle et pertinente.

POINT DE VUE

Les cas qui sont corrigés à l'aide d'un barème de correction déterminent un pointage qui peut être global – par problème, enjeu ou section – ou très détaillé, tel ½, 1 ou 2 points par idée. Par exemple, on peut accorder 5 points pour la détermination d'indicateurs de performance. Le barème peut être silencieux sur la façon d'allouer ces points ou il peut fournir une liste de six idées acceptables valant 1 point chacune, pour un maximum de 5 points.

Outre cette brève explication, je ne traiterai pas davantage de cette façon de corriger un cas puisqu'elle est de moins en moins utilisée.

Chaque guide d'évaluation contient habituellement une liste des compétences (ou des indicateurs) qui sont évaluées. Leur appellation, ainsi que leur nombre, varie en fonction des particularités de chaque cas. Il est facile de comprendre, par exemple, que la compétence « prise de décisions de gestion » se retrouve dans le guide d'évaluation des cas pour lesquels il existe un problème ou enjeu de gestion. De même, la compétence « finance » peut se retrouver deux fois dans le même cas, pour deux aspects différents.

Pour chacune des compétences d'évaluation, le guide spécifie les critères nécessaires à l'obtention de chacun des niveaux de performance établis. Il va de soi que ces critères sont fortement reliés au contenu de la solution proposée. L'atteinte d'un niveau donné implique habituellement que tous les critères nécessaires aux niveaux inférieurs sont également rencontrés.

Dans un premier temps, le correcteur évalue le résultat du candidat à chacune des compétences du guide d'évaluation, à savoir si la compétence est réussie. Par la suite, le résultat de toutes les compétences du guide est considéré afin d'obtenir un résultat qui qualifie globalement la performance d'un candidat, à savoir si le cas est réussi. Pour déterminer ce résultat, plusieurs possibilités existent. Parfois, on exige un niveau de performance minimal par compétence individuelle ou pour un groupe de compétences. Dans d'autres circonstances, le résultat global s'appuie sur la pondération des diverses compétences de manière à générer, par exemple, une note sur 100.

Le tableau de la page suivante illustre divers niveaux d'évaluation d'une compétence.

En fait, chaque compétence est évaluée en fonction de critères qui déterminent le niveau de performance atteint par la réponse. Tel que montré au tableau, il existe différentes approches d'évaluation ou façons de qualifier les niveaux d'évaluation. Dans le présent volume, mon objectif n'est pas de vous expliquer les tenants et les aboutissements de chacune d'entre elles. Je désire plutôt vous les présenter brièvement afin de pouvoir mieux illustrer mes propos ultérieurs quant à la façon d'analyser, puis d'utiliser un guide d'évaluation. Lorsque vient le temps d'évaluer la réponse d'un candidat, on peut dire qu'une échelle de mesure de la performance existe pour chacun des cas.

NIVEAUX DE PERFORMANCE – POUR UNE COMPÉTENCE – SELON DIFFÉRENTES APPROCHES D'ÉVALUATION

	niveau inférieur	niveau inférieur	niveau de passage (seuil de réussite)	niveau supérieur
non traité	compétence minime	en voie de la compétence	compétent	hautement compétent
compétence non démontrée	rendement inférieur aux attentes	rendement inférieur aux attentes	rendement conforme aux attentes	rendement supérieur aux attentes
0	1	2	3	4 ou 5
≤ 10 %	≤ 45 %	> 45 % et < 60 %	≥ 60 % (ou 65 %)	≥ 90 %

Quelle que soit l'approche d'évaluation retenue, l'objectif est d'évaluer adéquatement la performance d'un candidat. Certes, le choix des critères d'évaluation pour chaque compétence, ainsi que la façon de les appliquer, voire la pondération, peuvent varier de l'une à l'autre. Toutefois, il faut comprendre que certaines caractéristiques sont fondamentales à toute approche d'évaluation. Les voici.

◎ On peut toujours identifier quel est le « niveau de passage » que le candidat doit atteindre, et préférablement dépasser, pour réussir une compétence. L'échelle de mesure peut varier, quant à sa forme et ses exigences, mais le fond demeure le même. Il y a toujours des exigences minimales à la réussite. Habituellement, l'atteinte du niveau de passage à chacune des compétences du guide d'évaluation signifie la réussite du cas par le candidat.

> Le tableau de la page précédente fait référence à la performance habituellement exigée au niveau de passage ou au seuil de réussite. Il faut toutefois savoir qu'un professeur ou un Ordre professionnel peut changer, s'il le désire, le niveau de passage. Par exemple, pour une compétence particulièrement mal réussie par l'ensemble des candidats, le niveau de passage pourrait être abaissé de « compétent » à « en voie de la compétence », ou encore, passer du niveau « 3 » au niveau « 2 ». Naturellement, on peut aussi tout simplement « assouplir » les exigences requises au niveau de passage.

◎ Il y a généralement peu de candidats qui réussissent à atteindre le niveau supérieur de l'échelle de mesure. Sans énoncer une généralité, disons que moins de 10 % des candidats atteignent le niveau « hautement compétent », le niveau « supérieur aux attentes », le niveau « 5 » ou la note de « 90 % et plus ».

◎ En ce qui concerne les niveaux au-dessous du niveau de passage, la répartition des candidats entre eux varie d'un cas à l'autre. Par exemple, si la compétence « éthique » n'était pas facile à cerner, on constatera que la performance d'un bon nombre de candidats demeure dans les niveaux inférieurs. Malgré ce qui précède, il faut retenir ceci : la grande majorité des candidats se situent autour du niveau de passage, soit juste au-dessus ou juste en dessous.

◎ Les idées de la réponse qui seront retenues dans l'évaluation de la performance possèdent sensiblement les mêmes caractéristiques, soit :

→ de s'inscrire dans le cadre du travail à faire et du rôle à jouer.

→ de s'intégrer au contexte particulier – ainsi qu'aux indices – du cas.

→ d'être complètes, précises, exactes, nouvelles et pertinentes.

→ d'être compréhensibles pour le correcteur.

Finalement, notons que tous les conseils donnés dans les parties précédentes de ce volume sont valides, peu importe l'approche d'évaluation retenue. Je vous en rappelle quelques-uns :

→ La réponse doit être planifiée afin de s'assurer de traiter adéquatement de tous les sujets principaux ainsi que d'une majorité des autres.

→ La profondeur de la discussion sur un sujet dépend de son importance.

→ Toute discussion ou analyse se termine par une conclusion ou une recommandation.

→ Les calculs effectués doivent être utiles, compte tenu des problèmes ou enjeux à traiter.

→ La présentation efficiente des idées et des calculs permet d'écrire davantage d'idées dans un même laps de temps.

Lorsqu'un cas est évalué selon une approche d'évaluation globale, le guide établi la liste des compétences ainsi que les grands critères de correction. Il ne présente pas de manière détaillée chacune des idées qui sont considérées dans l'évaluation, ni leur valeur.

Il ne faut pas croire que le fait d'utiliser des critères globaux pour évaluer une performance signifie que la correction n'est pas dirigée. La manière d'appliquer les critères est relativement précise et tout correcteur de simulation ou d'examen professionnel en conviendra. Afin de s'assurer d'une correction juste et équitable, et surtout constante d'un candidat à l'autre, un correcteur exerce certes son jugement professionnel, mais dans le cadre de balises. Ainsi, pour qu'un candidat obtienne le niveau de passage, les critères à rencontrer sont assez précis.

Examiner minutieusement le contenu du guide

Il m'apparaît indispensable d'examiner le contenu du guide d'évaluation avec minutie. D'une part, parce qu'il faut comprendre de quelle manière il a été structuré en fonction des particularités du cas. D'autre part, parce que cela vous oriente sur la façon d'évaluer la performance de chaque compétence.

Il est plus facile de corriger sa réponse suite à l'analyse du guide d'évaluation.

Lorsqu'on se trouve face au guide d'évaluation, la première chose à faire est d'en étudier la structure. C'est comme regarder l'ensemble de la forêt avant d'en étudier chaque arbre. On s'attarde ainsi à l'organisation du guide en relevant les diverses compétences d'évaluation. On peut constater, par exemple, que l'éthique est un enjeu suffisamment important pour faire l'objet d'une compétence distincte dans le guide. Autre exemple : la fiscalité est une section distincte, car on doit spécifiquement examiner les conséquences fiscales de la fermeture de l'usine.

Il faut par la suite établir le lien entre la solution proposée et le guide d'évaluation afin de comprendre **le pourquoi** de chacun des critères qui y est énoncé. Tout comme pour l'analyse de la solution proposée, il m'apparaît indispensable de trouver la justification de chaque composante du guide d'évaluation. À mon avis, aucune d'entre elles ne doit être négligée, même si vous jugez qu'il s'agit d'un point trop complexe ou qui ne vous paraît pas, pour le moment, pertinent ou important. Vous devez, à ce moment-ci, être capable d'identifier de manière raisonnable les idées nécessaires à la réussite de chacune des compétences du guide. Pour cette raison, et aussi parce que le guide d'évaluation ne contient que les grands critères de correction ou présente un texte très succinct, il est indispensable de faire constamment référence à la solution proposée.

Lorsque vous examinez minutieusement le contenu d'un guide d'évaluation, je vous suggère de porter une attention particulière à tout ce qui peut **faire la différence entre réussir ou non** un cas. Il faut donc s'attarder à bien comprendre tous les critères nécessaires à l'atteinte du niveau de passage et ce, pour chaque compétence. Naturellement, je vous encourage fortement à viser plus haut que la simple obtention du minimum nécessaire à la réussite d'un cas.

Il faut comprendre chacun des critères à rencontrer au niveau de passage ou seuil de réussite.

Les correcteurs de simulations et d'examens professionnels seront tous d'accord pour vous dire que la plupart des candidats se retrouvent autour du niveau de passage proprement dit. En fait, la distribution des résultats suit habituellement une courbe normale. En conséquence, on constate souvent qu'il en manque peu à un candidat pour réussir une compétence et, à l'inverse, on remarque qu'un autre candidat a réussi de justesse. Parfois, le fait d'être d'un côté ou de l'autre du niveau de passage tient à peu de choses, comme l'absence ou la présence d'une recommandation justifiée, ou encore, le manque de profondeur (ou la profondeur suffisante) dans la discussion d'un sujet donné. Voilà pourquoi je vous suggère fortement de porter attention à tout ce qui semble indispensable à la réussite de chacune des compétences du guide d'évaluation.

Voici une liste de ce qui peut être observé lors de l'examen minutieux d'un guide d'évaluation.

ANALYSE DÉTAILLÉE DU CONTENU DU GUIDE D'ÉVALUATION

Objectif d'analyse	Exemples d'observations
Faire le lien entre la structure de la solution proposée et le guide d'évaluation. Remarque : Cette analyse est plus facile lorsque la solution proposée a été préalablement bien analysée.	– La solution relève fréquemment l'impact du traitement des questions comptables sur le ratio dettes/capitaux propres; au niveau de passage, le guide exige que le ratio soit retraité et contienne au moins trois ajustements. – La solution proposée débute avec la description des objectifs conflictuels des parties : ceux des propriétaires et ceux du syndicat. Par la suite, dans la discussion de chaque question comptable, l'impact sur chacune des deux parties est mentionné. Au niveau de passage, il faut faire ce lien pour tous les sujets importants.
S'attarder sur les mots utilisés pour expliquer chaque critère du guide Les mots « aborder », « comparer », « énumérer », « estimer », « évaluer », « expliquer », « identifier », « traiter » « réaliser », « retraiter », etc., ont leur signification propre.	– Simplement **aborder** le choix entre vendre les actifs ou les actions permet tout juste de ne pas obtenir le niveau d'évaluation le plus bas. Pour atteindre le niveau juste en dessous du niveau de passage, il faut **traiter** de l'un ou de l'autre en avançant quelques arguments pertinents. – **Identifier** les erreurs de calcul d'une analyse préparée par le client signifie qu'il faut les lister en les justifiant. **Retraiter** l'analyse du client veut dire qu'il faut reprendre l'information financière en corrigeant les erreurs relevées.
Identifier les interrelations entre les sections.	– Il faut déterminer le prix de vente de l'entreprise avant de calculer, pour fins de comparaison, l'impact fiscal de la vente des actions ou des actifs. Sans ce lien, il est impossible d'obtenir le niveau de passage de la compétence « fiscalité ». – Un des avantages de l'achat du nouvel entrepôt est de diminuer le temps de livraison, ce qui diminue les frais variables. Cette économie de coûts est l'un des éléments importants à considérer dans le calcul du prix à demander dans l'offre de services.
Observer l'usage des deux conjonctions – **et** – **ou** – à différents endroits.	– La recommandation basée sur l'analyse qualitative – **et** – quantitative est nécessaire à l'atteinte du niveau de passage. Par contre, une recommandation basée seulement sur l'une – **ou** – l'autre ne peut dépasser le niveau juste en dessous. – Au niveau de passage, il faut analyser diverses options pour la continuité de l'entreprise – **et** – élaborer un plan de mise en œuvre.

Objectif d'analyse	Exemples d'observations
Repérer la présence d'un critère d'évaluation déterminant, indispensable ou inhabituel.	– Il est impératif de retraiter le résultat (bénéfice net) à l'intérieur de la compétence « information financière ». Autrement, la performance du candidat demeure au niveau le plus bas. – Il faut indiquer les limites à l'analyse quantitative effectuée pour accéder au niveau supérieur. – Parmi les diverses questions comptables, la discussion en profondeur de la comptabilisation d'une participation dans une société sous influence notable est indispensable au niveau de passage.
Examiner la gradation nécessaire pour passer d'un niveau d'évaluation à un autre. Remarque : Une partie de cet examen peut également être faite à l'intérieur d'autres objectifs.	– Il faut discuter d'au moins **trois** questions comptables pour atteindre le niveau de passage. Il en fallait seulement **deux** au niveau précédent. – Le niveau de passage requiert la discussion de **plusieurs** questions comptables. Au niveau juste en dessous, il faut discuter de **certaines** – remarquez le « s » – d'entre elles. – Au niveau de passage, il faut comparer les deux options avec **suffisamment de profondeur** et formuler une recommandation fondée sur l'analyse. Au niveau juste en dessous se situe une analyse qui **manque de profondeur;** sans recommandation.
Considérer les commentaires sur la performance des candidats ou les commentaires des correcteurs.	– « Les candidats ont décrit les procédures additionnelles à faire au lieu de relever les déficiences dans le travail déjà fait. » Remarque : Il faut donc s'assurer de récompenser la présence de déficiences – et non de procédures – lors de l'évaluation de la performance. – « Les candidats n'ont pas fourni de discussion sur le type d'assurance qui pouvait répondre aux besoins des utilisateurs. » Remarque : En d'autres mots, il faut tenir compte de ces besoins pour obtenir le niveau de passage.

En résumé, il faut tout d'abord prendre du recul et examiner la structure générale du guide d'évaluation. Puis, il faut prendre connaissance du contenu en prenant le temps d'examiner, avec minutie, chaque composante : compétences et critères. Votre compréhension du guide d'évaluation doit être la plus complète possible. Voilà pourquoi je vous ai ci-dessus présenté une liste d'objectifs d'analyse. Mon but est de vous montrer le genre de questions qui se posent. Je ne vous demande certainement pas de les apprendre par cœur! D'ailleurs, ces divers objectifs ne sont pas totalement indépendants les uns des autres et, je le rappelle, l'important est d'effectuer un travail d'analyse complet. Libre à vous de planifier cette analyse de la manière qui vous plaît.

192 Un peu plus tôt dans ce volume, j'ai mentionné la grande utilité de faire le lien entre les idées de la solution proposée et l'énoncé du cas. Je vous suggère de faire de même avec le guide d'évaluation. Le fait de partir du guide et d'aller retracer l'indice du cas qui justifie la présence de tel ou tel critère d'évaluation est fort révélateur. Cet exercice est toujours utile, particulièrement lors des premières simulations.

Il faut dire que le processus de préparation du guide d'évaluation est similaire à cette façon de procéder. En effet, lorsqu'un auteur de cas, un Jury d'évaluation ou un groupe de correcteurs se demandent si telle ou telle idée doit être prise en compte, ils se posent les mêmes questions : Est-ce pertinent à l'égard du rôle à jouer et du travail à faire? Est-ce qu'il y a, quelque part dans l'énoncé du cas, un ou plusieurs indices permettant au candidat d'y penser? Une réponse positive à ces deux questions est indispensable pour que l'idée puisse être considérée dans l'évaluation.

POINT DE VUE

Parce que j'en discute séparément, le lecteur pourrait croire que l'analyse de la solution proposée et du guide d'évaluation sont deux parties bien distinctes. Cela ne se passe pas nécessairement ainsi. En fait, il arrive fréquemment que tout le processus soit réalisé simultanément puisque ces deux activités se complètent réellement fort bien. Vous pouvez, par exemple, effectuer l'analyse section par section ou sujet par sujet, ou encore, varier votre approche d'un cas à l'autre. Toute façon de faire est naturellement acceptable, à la condition que tous les objectifs d'apprentissage soient atteints.

Tirer des constatations de l'analyse de la solution proposée et du guide d'évaluation

Il est naturellement important de résumer les leçons à retenir de tout le travail « post-simulation ». Vous devez donc prendre le temps de noter toute observation découlant de l'analyse de la solution proposée et du guide d'évaluation. Les particularités du cas sous étude doivent être soulignées tout autant que les éléments qui peuvent être communs aux cas précédents. Éventuellement, la comparaison des observations (similitudes et différences) entre tous les cas simulés sera nécessaire. Nous discuterons de la préparation de notes de synthèse sur un cas ainsi que de l'analyse de l'ensemble des cas à la partie 5 du présent volume.

Je vous présente, ci-dessous, des exemples de constatations pouvant découler de l'analyse de la solution proposée et du guide d'évaluation. Pour des fins de présentation uniquement, j'ai classé les diverses constatations en trois groupes, soit celles ayant trait aux paramètres du cas, celles portant sur le contenu de la solution ou du guide et celles concernant la présentation des idées. Vous noterez que chacune des constatations commence par un verbe à l'infinitif (Il faut...).

EXEMPLES DE CONSTATATIONS – PARAMÈTRES DU CAS

→ Cibler dès le départ les divergences de vue entre les parties.

→ Ne pas utiliser de mots tels que « profit » et « point mort » dans l'analyse lorsqu'il s'agit d'un organisme sans but lucratif.

→ Ne pas traiter de sujets qui influent seulement sur l'audit de la prochaine période.

→ Faire le lien entre les méthodes comptables choisies et l'objectif du directeur de voir sa prime annuelle augmenter.

→ Puisqu'il s'agit d'une société ouverte depuis quelques mois, il est important de faire référence aux documents qui devront être remis aux autorités de réglementation des valeurs mobilières.

→ Utiliser les éléments de l'analyse forces/faiblesses/possibilités/menaces tout au long de la réponse, plutôt que de se contenter de les énumérer au tout début.

EXEMPLES DE CONSTATATIONS – CONTENU DE LA SOLUTION OU DU GUIDE

→ Penser aux flux de trésorerie quand la viabilité financière est en doute.

→ Calculer la contribution marginale par heure-personne, car il s'agit là d'une contrainte majeure.

→ Soulever le fait que l'obtention du brevet est indispensable dans l'aspect « faisabilité de la vente » afin d'obtenir le niveau de passage.

→ Chercher une solution pour mitiger ou éliminer chacun des risques commerciaux relevés.

→ Discuter de l'impact de la présence de nombreuses opérations entre parties liées (apparentées) sur le prix d'achat de l'entreprise.

→ Faire référence aux lois fiscales puisque le travail à faire consiste à préparer un dossier destiné aux autorités fiscales concernant le point en litige.

→ Penser aux impacts d'une décision sur les autres sujets. Ici, la fusion avec NewCo, qui injecterait plus de 10M, réglerait le problème de trésorerie de la société.

→ Distinguer clairement les idées à inclure dans chacune des parties demandées. L'étendue du travail nécessaire à la mission d'examen faisait partie intégrante du deuxième rapport!

→ Présenter la réponse dans un tableau contenant les avantages des trois options offertes : achat des actifs, location des actifs et achat des actions.

→ Débuter la réponse par un en-tête de lettre, car c'est exactement ce qui est demandé!

POINT DE VUE

Un dernier point mérite votre attention. Jusqu'à présent, j'ai décrit plusieurs étapes de l'analyse d'un cas comme si elles devaient être réalisées individuellement par les candidats. Or, cela n'est pas toujours nécessaire. En fait, je suis d'avis qu'on peut faire une partie de l'analyse de la solution proposée et du guide d'évaluation avec des confrères. Cela permet de partager différents points de vue et d'obtenir une réponse aux nombreux « pourquoi? » qui surgissent régulièrement dans ce processus. Les discussions de groupe peuvent également apporter un nouvel éclairage sur la façon de considérer un cas. D'ailleurs, les rencontres périodiques avec d'autres personnes visant le même apprentissage créent une motivation certaine à maintenir le rythme de l'étude.

Correction d'une réponse

Arrivé à ce point, vous connaissez très bien la solution proposée ainsi que le guide d'évaluation. Dans le cadre de vos divers questionnements, vous avez probablement relu des parties de l'énoncé du cas à quelques reprises. Vous êtes maintenant prêt à corriger votre réponse.

Voici quelques aspects à considérer dans la correction d'une réponse.

Prendre le temps nécessaire pour corriger sa réponse

Il est indispensable de prendre le temps nécessaire pour corriger toute réponse à une simulation. À mon avis, cela fait partie intégrante du processus d'apprentissage, et cette étape ne doit pas être négligée sous de faux prétextes. Le manque de temps, la crainte de ne pas avoir un bon résultat, le fait d'en avoir marre de travailler sur le même cas, la certitude de se rappeler tout ce qu'on a écrit ou toute autre raison semblable ne devraient pas entrer en ligne de compte.

> **La correction des simulations est
> nécessaire à l'apprentissage.**

Je sais que plusieurs candidats ont de la difficulté à cette étape. Disons surtout qu'il s'agit principalement d'une évaluation de sa propre performance, et cet aspect, à mon avis, prend parfois un sens négatif. On sait que les résultats obtenus lors des simulations de cas sont assez faibles, particulièrement au début. Le taux d'échec est souvent élevé, et peu de candidats atteignent le niveau de passage. Pour ces raisons, la correction d'une réponse à une simulation est une étape souvent négligée. Quant à moi, je vous recommande fortement de prendre le temps de toutes les corriger. Il faut y voir un objectif constructif où l'analyse de la façon dont on a résolu le cas est un aspect indispensable à l'apprentissage. Il arrive très souvent que de bons candidats, ayant une forte moyenne à l'université, aient beaucoup de difficultés à rédiger des cas. Ce qui peut expliquer, *a priori*, leur réticence à vouloir se corriger, mais renforce d'autant plus la nécessité de le faire.

Distinguer les idées pertinentes

Je vous suggère, lorsque vous corrigez ou évaluez votre réponse à un cas, de distinguer les idées de votre copie qui sont adéquates, c'est-à-dire nouvelles et pertinentes. Ce sont elles qui seront prises en compte dans l'évaluation. Commencez par les mettre en évidence en les soulignant au stylo ou au crayon marqueur, ou en les marquant par des guillemets, des crochets ou tout autre signe. Vous pouvez ensuite ajouter à côté de chacune une annotation qui vous permettra de déterminer à quelle partie du guide d'évaluation – problème ou enjeu, compétence, critère d'évaluation, etc. – elle se rapporte.

POINT DE VUE

Certains candidats ne veulent pas du tout écrire sur leur copie. Peu importe les raisons invoquées, je suis persuadée qu'une analyse active des idées de votre réponse est indispensable. De plus, cela vous permettra également, *a posteriori*, d'analyser l'efficience de votre rédaction. Si vous désirez que votre réponse originale demeure intacte, vous pouvez tout simplement la photocopier ou l'imprimer de nouveau aux fins d'analyse. Par ailleurs, si votre réponse a été rédigée à la main, je vous suggère d'annoter votre copie avec un stylo d'une couleur différente.

Lors de la correction d'une simulation ou d'un examen, le correcteur doit parfois décider s'il va tenir compte d'une idée un peu faible, imprécise ou incomplète. Dans certaines circonstances, il va accorder le bénéfice du doute et retenir tout de même l'idée dans l'évaluation. Il n'existe toutefois aucune règle stipulant, par exemple, que « après trois idées faibles, on en retient une ». Certains candidats appliquent une règle semblable lorsqu'ils évaluent leur réponse et ils ont tort. De tels automatismes n'existent pas en correction.

Pour qu'elle soit retenue dans l'évaluation, l'idée avancée doit tout de même être assez forte. Bien que mon commentaire puisse paraître un peu arbitraire, quoiqu'il soit basé sur mon expérience personnelle, je dirais que l'essence de l'idée doit être présente au moins à 80 % pour qu'elle soit prise en compte. Et, malgré tout… cela dépendra du 20 % manquant. En correction, chaque situation est unique, et la décision de récompenser une idée ou un ensemble d'idées relève du jugement professionnel du correcteur.

Il n'est pas toujours facile de savoir quand une idée écrite est considérée adéquate, particulièrement dans une approche d'évaluation par compétences. En effet, une phrase rédigée lors d'une simulation est rarement identique à celle de la solution officielle d'un cas. Il faut alors vous demander si l'idée écrite sur votre copie a **le même sens** que celle véhiculée dans la solution proposée (et dans le guide d'évaluation), même si les mots utilisés diffèrent. Autrement dit, l'usage de synonymes n'empêche pas le candidat d'être récompensé, pourvu que l'idée majeure soit présente dans son texte.

Voici des exemples qui vous aideront à déterminer si l'idée émise est adéquate et mérite d'être retenue dans l'évaluation.

EXEMPLES D'IDÉES POUVANT ÊTRE RETENUES OU NON DANS L'ÉVALUATION

Idée de la solution proposée	Idée non retenue dans l'évaluation	Idée retenue dans l'évaluation
« Il faudra présenter un état des flux de trésorerie à la banque. »	Il faudra faire part de la situation financière à la banque.	Il faudra présenter un état des entrées et sorties de trésorerie au créancier.
L'idée majeure concerne l'état des flux de trésorerie. Le candidat doit montrer qu'il a compris la pertinence de cette information pour la banque.	L'idée des flux de trésorerie n'est pas présente. Le terme « situation financière » est trop vague. L'idée de communiquer l'information à la banque est valable, mais ce n'est pas l'aspect le plus important.	Le terme « entrées et sorties de trésorerie » est un synonyme acceptable de « flux de trésorerie ». L'idée importante est donc présente. Parler du créancier plutôt que de la banque ne fait pas de différence.

Idée de la solution proposée	Idée non retenue dans l'évaluation	Idée retenue dans l'évaluation
« Nous devons communiquer avec l'auditeur précédent au sujet du différend. »	Il faut communiquer avec l'autre auditeur et discuter de tout point critique avec lui.	Il faut communiquer avec l'autre auditeur et discuter de sa position au sujet des immobilisations incorporelles.
L'idée majeure a trait au différend. Le candidat doit montrer qu'il saisit la nécessité de discuter de celui-ci avec l'auditeur précédent.	L'idée de discuter du différend actuel n'est pas présente, car l'expression « tout point critique » est trop vague. L'idée de communiquer avec l'auditeur est valable, mais n'est pas suffisamment reliée aux particularités du cas.	En parlant de la position de l'autre auditeur au sujet des immobilisations incorporelles, le candidat fait directement référence au différend. L'idée importante est donc présente.
« La valorisation des stocks aurait dû faire l'objet de plus de procédures. »	On aurait dû faire plus de procédures d'audit sur les stocks.	La juste valeur des stocks aurait dû être davantage auditée.
L'idée majeure concerne la valorisation des stocks. Le candidat doit montrer que l'assertion relative à la valeur n'a pas été adéquatement auditée.	La faiblesse remarquée sur le plan de la valorisation des stocks n'a pas été clairement établie. L'idée que l'audit a été insuffisant est là, mais elle est imprécise.	En faisant référence à la juste valeur, le candidat mentionne précisément et correctement l'assertion à propos de laquelle l'audit a été déficient. L'idée importante est donc présente. Bien que l'expression « être davantage auditée » soit légèrement moins précise que « faire l'objet de plus de procédures », l'idée sera tout de même retenue aux fins de l'évaluation.
« Il faut faire enquête sur tout indice de chèque falsifié. »	Tous les chèques émis doivent être examinés.	Il faut examiner davantage les chèques dont le nom ou le montant a été changé.
L'idée majeure concerne le fait que des chèques falsifiés ont pu être faits et qu'ils doivent donc faire l'objet d'une enquête particulière.	L'idée d'enquêter sur les chèques falsifiés n'est pas là puisqu'on réfère à tous les chèques sans exception. L'idée d'examiner les chèques est bonne, mais pas assez adaptée aux circonstances.	L'idée d'examiner les chèques falsifiés est là puisque le candidat a précisément défini ce qu'il cherchait. L'idée importante est donc présente.

Analyse d'un cas

Idée de la solution proposée	Idée non retenue dans l'évaluation	Idée retenue dans l'évaluation
« Le taux d'actualisation du projet doit tenir compte du coût moyen pondéré du capital actuel de la société. »	*Le taux d'actualisation du projet doit tenir compte du coût de financement.*	*Le taux d'actualisation du projet doit tenir compte du coût de la structure du capital actuel (prorata de l'emprunt et des actions).*
L'idée majeure a trait au coût moyen pondéré du capital. Le candidat doit montrer qu'il a compris que cela servait de point de départ à la détermination du taux d'actualisation.	L'idée du coût moyen pondéré du capital n'est pas présente. Le coût du financement ne correspond pas au coût moyen pondéré du capital. L'idée du lien entre le coût du financement et le taux d'actualisation est bonne, mais ce n'est pas suffisant.	En décrivant le coût de la structure du capital en fonction du prorata de l'emprunt et des actions, le candidat fait référence au coût moyen pondéré du capital. L'idée importante est donc présente.

Une idée nouvelle et pertinente est une idée adéquate.

Il peut certainement arriver que vous ayez écrit une idée nouvelle et pertinente et que celle-ci n'apparaisse pas dans la solution proposée. Il ne faut pas en déduire pour autant qu'elle n'est pas adéquate. C'est à vous de juger si elle se situe dans le cadre du cas, c'est-à-dire qu'elle répond au travail à faire et au rôle à jouer, dans l'axe de la demande. D'ailleurs, la plupart des guides d'évaluation sont suffisamment souples pour qu'une telle idée soit tout de même prise en considération.

Plusieurs candidats sont réellement embêtés lorsqu'il s'agit d'évaluer si leur idée est conforme aux attentes, surtout quand sa formulation diffère de celle de la solution proposée. Il faut retenir l'idée lorsque le sens majeur y est véhiculé, comme illustré dans les exemples ci-dessus. Je crois personnellement que le candidat qui hésite à décider si l'idée doit être retenue ou non devrait y renoncer. Cette hésitation signifie qu'il a de la difficulté à évaluer si l'idée majeure est présente ou qu'il n'est pas certain que l'idée écrite soit pertinente. En cas de doute, par prudence, j'estime alors préférable de ne pas retenir l'idée dans l'évaluation d'une réponse et j'inscris un « +/– » à côté de celle-ci. À mon avis, dans l'incertitude, il est préférable de sous-estimer plutôt que de surestimer la performance à une compétence ou à une simulation.

Lorsqu'ils évaluent leur réponse à un cas, plusieurs candidats ne font pas suffisamment la différence entre ce qu'ils savent, ce qu'ils ont pensé et ce qu'ils ont écrit. J'ai déjà rencontré des candidats qui disaient avoir bien réussi un cas… et n'avaient même pas relu leur propre réponse! Ils s'étaient évalués en se basant sur le souvenir de ce qu'ils avaient écrit ou pensé! Il va de soi que je suis contre cette façon de procéder qui consiste « à se mettre la tête dans le sable ». De cette façon-là, le candidat a toujours un bon résultat, car il se justifie ainsi : « J'ai voulu dire ceci… », « J'y ai pensé, mais j'ai oublié d'écrire cela… », « Je vais sûrement l'écrire la prochaine fois. », etc. C'est de la fausse représentation! Il m'apparaît difficile de se rappeler de tout ce qu'on a écrit, surtout pour un long cas. De plus, il arrive fréquemment que l'on s'aperçoive que l'idée écrite n'est pas aussi claire que ne l'était la pensée… Finalement, je me demande ce que signifie un tel résultat, qui manque de fondement et d'objectivité. Lors de l'évaluation officielle d'un cas, le candidat ne pourra pas venir expliquer sa pensée ou démontrer toute l'étendue de sa connaissance au correcteur. Seules les idées écrites sont retenues, peu importe ce que le candidat pense ou sait. C'est ainsi que le système fonctionne et, franchement, je n'imagine pas d'autres façons d'évaluer une réponse.

Plusieurs candidats se demandent s'il y a une correction négative dans l'évaluation d'une réponse à un cas. Disons qu'une idée écrite qui est contredite un peu plus loin dans le texte ne sera probablement pas retenue puisque le texte est alors confus et imprécis. Il faut donc que le candidat évite, autant que possible, de se contredire ou d'émettre des propos incohérents. Il arrive toutefois qu'une idée écrite à la page 5, par exemple, soit prise en compte dans l'évaluation même si le candidat se contredit plus loin, à la page 12. Tout dépendra des circonstances, qui peuvent inclure la distance physique entre les deux idées. Une contradiction faite dans le même paragraphe ou la même page attire davantage l'attention que s'il y a sept pages entre les deux commentaires. De même, une contradiction sur une recommandation majeure est plus visible. Le correcteur n'est pas spécifiquement à la recherche des idées qui se contredisent, mais remarquera celles qui sont flagrantes.

**Pour obtenir une évaluation objective de sa performance,
il faut corriger sa réponse avec rigueur.**

On me demande souvent si le fait d'écrire une « fausse » idée nuit lors de l'évaluation d'une réponse. Par exemple, un candidat peut écrire quelque chose comme : « Vous n'avez pas besoin d'emprunter, car le solde de vos résultats non distribués (bénéfices non répartis) est très élevé. » On sait que ce solde n'a pour ainsi dire rien à voir avec le solde de la trésorerie. D'une part, il faut comprendre que nous sommes tous un peu nerveux quand on simule un cas. Il arrive à tout le monde – même aux candidats qui atteignent le niveau d'évaluation supérieur – d'écrire une idée, disons, un peu bizarre. D'autre part, il faut dire que les correcteurs expérimentés en ont vu d'autres. La présence d'une ou deux idées malencontreuses ne dérangera pas l'évaluation. On n'en tiendra tout simplement pas compte. Par contre, si leur nombre démontre que le candidat manque de connaissances ou de jugement professionnel, cela va probablement influer sur l'évaluation d'une compétence telle que « communication » ou « qualités professionnelles ».

Commenter sa propre réponse

Personnellement, j'aime bien commenter ma propre réponse à un cas, d'abord pour mettre en évidence les idées pertinentes. J'y inscris aussi tout commentaire pouvant se révéler utile dans l'évaluation de ma performance ou qui peut m'aider à résoudre le prochain cas.

Voici des exemples de commentaires inscrits sur la réponse d'un candidat.

EXTRAIT DE LA RÉPONSE ANNOTÉE D'UN CANDIDAT – EXEMPLE A

Marie et Jean s'occupent de tout et sont donc bien placés pour manipuler les états financiers.

Commentaire du correcteur :

Attention aux automatismes! Ils n'ont pas les connaissances nécessaires pour manipuler les états financiers!

EXTRAIT DE LA RÉPONSE ANNOTÉE D'UN CANDIDAT – EXEMPLE B

Le chiffre d'affaires généré par employé est un indicateur de performance qui peut être manipulé. Je vous recommande plutôt de...

Commentaire du correcteur :

Il y a eu des mises à pied injustifiées le mois dernier. Utilise cet indice du cas pour rendre ton texte plus concret; pour expliquer la manipulation.

EXTRAIT DE LA RÉPONSE ANNOTÉE D'UN CANDIDAT – EXEMPLE C

Quoi qu'il en soit, c'est très grave de ne pas avoir remis à l'État les sommes prélevées en son nom.

Commentaire du correcteur :

Il faut résoudre tout problème soulevé dans la discussion. Que recommandes-tu pour le futur? Explique en quoi cela est « très grave ».

Voici, à titre de suggestions, quelques annotations qui peuvent également servir à commenter le texte de votre propre réponse à une simulation.

- « car » pour la justification d'une idée. Il est utile de signaler la présence, mais surtout l'absence, d'une telle justification.

- « CONC » pour conclusion et « REC » pour recommandation. Il s'agit de désigner les idées qui sont des commentaires globaux ou des actions à entreprendre. On peut aussi utiliser le mot « donc ».

- « cont » pour contraire ou contradictoire. Le candidat relève les endroits où il contredit une idée précédemment avancée ou dans laquelle il y a incohérence:

- « INC » pour incomplet. Il est pertinent de relever le fait que la discussion manque de profondeur, ou encore, qu'une idée est incomplète.

- « +/– » pour plus ou moins clair ou exact. Ce signe permet de pointer les idées qui ne seront probablement pas retenues dans l'évaluation, mais qui ont tout de même une certaine valeur.

- « W » pour faible (ou « *weak* ») est un signe assez répandu, même s'il est anglais. Ce signe permet l'identification d'une idée pas très forte, tel un argument subtil à l'excès ou qui manque de précision.

- « dump » pour « *dumping* » de la théorie sans application au contexte du cas. Vous le savez déjà, il faut intégrer la théorie au cas de façon simultanée.

- « + » ou « pour » et « – » ou « contre » afin de signaler les arguments qui constituent des avantages ou des inconvénients. Cela facilite la correction des idées en elles-mêmes et permet de mieux évaluer si la discussion est équilibrée.

- « R » pour répétition de la même idée. Il faut comprendre qu'une même idée qui se répète dans une discussion donnée, même en des mots différents, n'est pas prise en compte deux fois dans l'évaluation.

- ①, ②, ③, etc. ou ⓐ, ⓑ, ⓒ, etc. Ces annotations servent à indiquer le nombre d'idées (ex.: procédures d'audit), d'aspects ou d'arguments avancés sur un aspect particulier.

- « PLO » pour « pour les oiseaux »... ou « NP ou N/A » pour « non pertinent ». Cela signifie que l'idée, la phrase, le paragraphe ou la page est inutile, compte tenu du travail à faire.

Analyse d'un cas

Il n'est certes pas facile d'évaluer sa propre réponse à un cas à partir d'un guide qui en définit globalement les grandes lignes. Cet exercice est particulièrement difficile au tout début, quand le candidat en est à ses premières simulations. C'est que cela requiert la détermination de ce qui est adéquat et suffisant pour réussir chaque compétence, voire le cas. Comment déterminer si chacun des critères du niveau de passage est rencontré? Quel est le niveau de profondeur nécessaire pour considérer que tel ou tel critère est satisfait? Quelles sont les exigences requises pour accéder au niveau supérieur? Et finalement, est-ce que le cas simulé a été réussi compte tenu de l'ensemble des compétences du guide? Autant de questions auxquelles il faut répondre et qui requièrent un bon jugement.

Si vous avez bien analysé tant la solution proposée que le guide d'évaluation, cela facilitera grandement votre tâche de correction. Il m'apparaît évident qu'une excellente compréhension du cas vous aidera à déterminer le niveau de performance de votre réponse à chacune des compétences. Je vous rappelle aussi que les solutions publiées ont un caractère officiel et une apparence professionnelle qui les rendent plus élaborées et mieux présentées que ce qui est nécessaire. Il ne faut donc pas perdre de vue le temps limité qui caractérise la résolution d'un cas.

**Une bonne compréhension du cas
facilite l'évaluation de votre réponse.**

POINT DE VUE

Personnellement, je prends des notes sur le guide d'évaluation lui-même au fur et à mesure de la lecture de ma réponse à un cas. J'y inscris les numéros de page, une référence à la compétence concernée, et autres commentaires qui me seront utiles à l'étape de l'évaluation finale. Cela facilite le repérage ultérieur des idées sur la copie. Ainsi, il est plus rapide d'évaluer la qualité de l'analyse des divers moyens de financement si j'ai identifié tous les endroits de ma réponse qui en traitent.

Voyons maintenant comment vous pouvez effectuer votre correction.

Déterminer le niveau de performance atteint

Chaque compétence du guide d'évaluation contient les critères nécessaires à l'obtention de chaque niveau de performance. La plupart du temps, le guide établi clairement les critères, de manière succincte, ce qui facilite votre évaluation. D'autre fois, il faut lire attentivement les explications afin de faire ressortir la liste des critères à rencontrer. Il est naturellement impératif d'identifier chacun des critères pour fins d'évaluation. À moins d'avis contraire, l'obtention d'un niveau donné exige que tous les critères sans exception soient rencontrés.

Une fois la liste des critères en main, je vous suggère de commenter brièvement chacun d'entre eux au fil de votre correction. De manière générale, un « *oui* » ou un « *non* » peut suffire, quoique d'autres annotations puissent être utiles. Ainsi, on peut faire ressortir ce qui manque pour qu'un niveau de performance soit atteint. À titre d'encouragement, un candidat peut établir qu'il y est « *presque* » arrivé. Lorsqu'il désire déterminer sa performance à une compétence, le premier réflexe d'un candidat devrait être d'évaluer s'il obtient le niveau de passage.

À titre d'exemple, voici la liste des critères nécessaires à l'obtention du niveau de passage de la compétence « comptabilité financière ». On y remarque les annotations du candidat.

EXEMPLE D'ÉVALUATION D'UNE COMPÉTENCE AU NIVEAU DE PASSAGE

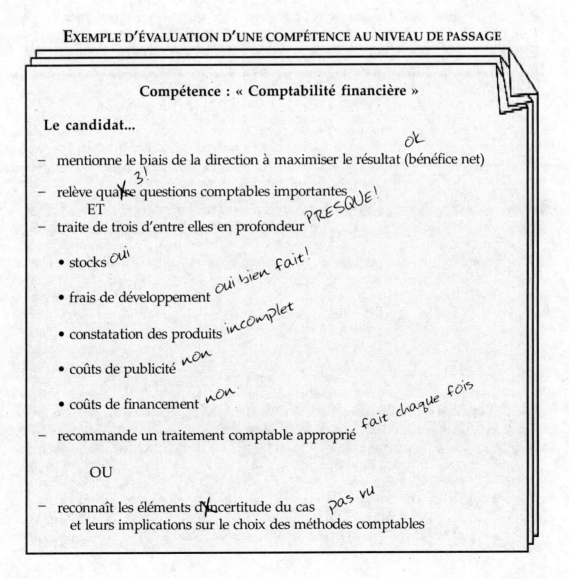

Compétence : « Comptabilité financière »

Le candidat...

- mentionne le biais de la direction à maximiser le résultat (bénéfice net)   *ok*

- relève quatre questions comptables importantes   *3!*
   ET
- traite de trois d'entre elles en profondeur   *PRESQUE!*

   • stocks   *oui*

   • frais de développement   *oui bien fait!*

   • constatation des produits   *incomplet*

   • coûts de publicité   *non*

   • coûts de financement   *non*

- recommande un traitement comptable approprié   *fait chaque fois*

   OU

- reconnaît les éléments d'incertitude du cas   *pas vu*
   et leurs implications sur le choix des méthodes comptables

Analyse d'un cas

204   Tel l'exemple de la page précédente, lorsqu'un candidat n'obtient pas le niveau de passage – et cela arrive très souvent –, il doit recommencer le processus d'examiner chacun des critères du niveau inférieur qui suit, et ainsi de suite. C'est la marche à suivre lorsqu'on débute par l'évaluation du niveau de passage. Je sais toutefois que certains candidats préfèrent plutôt débuter leur évaluation par l'examen des critères des niveaux inférieurs. C'est moins décourageant! Quoi qu'il en soit, en toutes circonstances, le candidat doit s'assurer de bien comprendre les critères du niveau de passage car c'est ce niveau qui fait la différence.

> Certains candidats cessent l'évaluation d'une compétence dès qu'ils se rendent compte qu'ils n'atteignent pas le niveau de passage. Ainsi, par exemple, un candidat qui a oublié de traiter du biais de la direction pourrait décider d'arrêter sa correction et ne pas regarder les autres critères de la compétence « comptabilité financière ». Je ne suis certainement pas d'accord avec cela. Même si le candidat sait qu'il n'obtiendra pas le niveau de passage, il est indispensable d'analyser l'ensemble des critères. D'un côté, cela lui permet de comprendre ce qui est nécessaire à la réussite de ce genre de compétence et, d'un autre côté, cela sert de renforcement positif. Il est certes encourageant de constater, par exemple, que la discussion portant sur les questions comptables est « presque » adéquate. Le fait d'oublier de mentionner le biais de la direction n'invalide certainement pas la performance des autres aspects.

Il peut arriver qu'un candidat sache à l'avance que sa réponse est clairement insuffisante, voire carrément silencieuse, pour une compétence donnée. Dans ces circonstances, la question de s'approcher du niveau de passage ne se pose même pas. Il est naturellement inutile de perdre son temps à aller écrire un « *non* » à côté de chacun des critères. Assurez-vous toutefois de bien comprendre ce qu'il fallait faire pour réussir cette compétence.

Lorsqu'un candidat obtient le niveau de passage, il peut certainement dire qu'il a réussi cette compétence. Il peut en être fier, tout en allant maintenant voir s'il obtient le niveau au-dessus. Le plus souvent, ce niveau exige une qualité supérieure de discussion pour tous les critères du niveau de passage, puis ajoute un ou deux éléments plus difficiles. Dans l'exemple précédent, le niveau supérieur pourrait exiger, par exemple, que le candidat « reconnaisse les éléments d'incertitude du cas et leurs implications sur le choix des méthodes comptables. » Au lieu d'un « OU » placé entre les deux derniers critères, on remarquerait alors la présence d'un « ET ».

POINT DE VUE

Personnellement, quand je corrige un cas, je m'assure d'avoir bien déterminé le niveau atteint pour la copie évaluée à partir des deux côtés. Je m'explique. Supposons, par exemple, que je crois que le niveau de performance approprié pour une compétence donnée correspond au niveau de passage. En guise de validation, je m'assure que tous les critères du niveau juste en dessous sont satisfaits. Par la suite, je vais vérifier que la réponse ne satisfait pas l'ensemble des critères du niveau juste au-dessus. Cela confirme mon évaluation.

Plusieurs candidats ne vont tout simplement jamais voir quels sont les critères nécessaires à l'obtention du niveau supérieur. Pour eux, il n'y a que le niveau de passage qui est intéressant, ou encore, ils se disent que « De toute manière, c'est presque impossible à atteindre! » C'est à peu près vrai, mais cela ne rend pas l'exercice inutile pour autant. Le fait de comprendre l'impact des incertitudes sur le traitement comptable est certainement un aspect important. Par exemple, la difficulté d'estimation des avantages économiques futurs découlant des frais encourus dans la phase de développement est un concept théorique important. Qui sait? Cela sera peut-être un critère indispensable à l'atteinte du niveau de passage dans le prochain cas.

J'ai la même opinion quand il s'agit d'une compétence mal réussie par la plupart des candidats. Il m'apparaît inutile de se dire que « Puisque personne n'a abordé cette compétence, je n'ai pas besoin de l'étudier. » La difficulté de réussir une compétence n'invalide pas l'utilité d'en analyser le contenu.

Évaluer sa performance lorsque les critères sont généraux

Il faut admettre que les critères d'évaluation ne sont pas toujours décrits aussi précisément qu'on le voudrait. Lorsque le guide est très sommaire, en sortir un *modus operandi* devient plus difficile. Par exemple, « analyse des méthodes comptables pour s'assurer que les normes professionnelles ont été respectées », ou encore, « analyse et interprète les mesures de performance financière à des fins décisionnelles » ne fournissent pas beaucoup de directives à la correction. Il faut alors trouver le moyen de définir plus en détail les critères d'évaluation.

Dans ces situations, il est clair qu'une excellente compréhension de la solution proposée devient un atout. Habituellement, cette solution « officielle » atteint le niveau supérieur ou obtient la mention « très fort » à chacun des critères du niveau de passage. Tous les éléments importants y sont mentionnés, un peu comme s'il n'y avait pas de contrainte de temps. Un calcul des flux de trésorerie prévisionnel, par exemple, tiendrait adéquatement compte de toutes les données du cas. Aucun élément important ne serait omis. C'est une solution « quasi » parfaite.

Un peu plus tôt, à la page 178, nous avons présenté l'exercice de discerner les idées pertinentes de la solution proposée au cas. Cela est certainement utile ici. En général, au niveau de passage, on peut dire qu'un candidat doit avoir écrit la majorité – pas la totalité – des idées de la solution proposée dans sa propre réponse. Il faut être conscient qu'on n'attend pas des candidats qu'ils écrivent avec les mots exacts de la solution proposée ou qu'ils reprennent exactement les mêmes idées. Cela est toutefois un très bon guide sur le niveau de profondeur à atteindre.

On dit souvent qu'il n'y a « pas de bonne réponse ». Cela signifie que le guide d'évaluation est suffisamment ouvert pour qu'une idée nouvelle et pertinente émise par le candidat puisse être considérée, même si elle n'est pas explicitement mentionnée dans la solution proposée. Cela implique donc que deux candidats peuvent obtenir le niveau de passage en ayant présenté des arguments différents. Par exemple, un candidat qui conclu que le risque de la mission d'audit est élevé peut appuyer sa position par des éléments différents de ceux de son voisin, tout en ayant la même conclusion. La réponse des deux candidats peut être adéquate.

Il y a toutefois une limite à cette liberté d'expression. Le fait, par exemple, que la société soit sans contrôleur depuis six mois peut être un élément déterminant. Sans cet élément, la discussion sur le risque de la mission d'audit peut être jugée comme étant incomplète. Il faut d'ailleurs être prudent lorsqu'on reconnaît une idée qui n'apparaît pas dans la solution proposée ni dans le guide. Cela n'est pas si fréquent.

Une fois les idées pertinentes ressorties, le candidat doit identifier la démarche suivie ou la structure d'analyse de la solution proposée. Le but est de faire ressortir chaque aspect requis. Par exemple, dans une discussion sur les questions d'exploitation courante, il peut être nécessaire de relever les secteurs problématiques à l'aide d'une analyse de ratios. Ou encore, avant de conclure sur le traitement comptable approprié, il peut être nécessaire d'envisager deux possibilités, comme la comptabilisation à l'actif ou la passation en charges, par exemple. L'identification de la démarche ou de la structure d'analyse est très importante puisque, en temps normal, le niveau de passage exige que chacun des aspects importants soit présent.

Si ce n'est pas déjà fait, il faut prendre le temps d'identifier tout aspect déterminant, voire indispensable, pour une réponse complète. En d'autres mots, il arrive qu'une compétence exige du candidat d'avoir considéré un aspect particulier du cas. « Voir la nature du conflit résultant de l'incompatibilité des objectifs à court terme et à long terme » est un exemple. Cela vient signaler l'importance de faire ressortir le conflit dans la réponse. Le candidat qui ne l'a pas vu n'atteindra probablement pas le niveau de passage.

POINT DE VUE

Il faut naturellement tenir compte de l'importance des sujets ou des aspects qui doivent être discutés. Un candidat ne peut pas s'attendre à obtenir le niveau de passage s'il ne discute pas de ce qui est important. Certes, la discussion d'un sujet de moindre importance va probablement être considérée aux niveaux d'évaluation inférieurs. Toutefois, ces sujets de moindre importance ne font habituellement pas la différence au niveau de passage. C'est votre performance sur les problèmes ou enjeux importants qui détermine la réussite d'un cas.

Aux pages suivantes, vous trouverez des exemples quant à la façon d'appliquer un guide d'évaluation à partir de la solution proposée.

Façons d'appliquer un guide d'évaluation à partir de la solution proposée

Extrait du guide d'évaluation Le candidat...	Dans la solution proposée, on remarque que...	Au niveau de passage, il faut probablement...
« analyse certaines déficiences du contrôle interne relevées au cours de l'audit. »	– quatre déficiences sont relevées : 1- prêts aux employés, 2- séparation des fonctions lors des périodes achalandées, 3- révision des rapports par la direction, 4- contrôles relatifs aux stocks. – l'impact de chaque déficience est mentionné, suivie d'une ou deux recommandations d'amélioration.	– discuter d'au moins trois des déficiences relevées. – justifier la déficience, mentionner l'impact sur la gestion de la société, puis suggérer au moins une recommandation « concrète » pour mitiger ou éliminer chaque déficience. Remarque : Il est peu probable que l'analyse d'autres déficiences que l'une des quatre mentionnées dans le guide soit considérée.
« a procédé à une analyse des forces, faiblesses, possibilités et menaces de la société. »	– chacune des quatre sections est présentée sous forme d'un tableau : cinq forces, six faiblesses, cinq possibilités, trois menaces. – les premiers éléments listés sont reliés à la situation financière (rentabilité, liquidités, solvabilité, etc.).	– énumérer des éléments dans chacune des sections. – fournir une réponse équilibrée; ce ne sera pas adéquat de présenter sept forces et deux faiblesses seulement. – présenter des éléments reliés à la situation financière, particulièrement dans les forces et les faiblesses.
« traite des questions importantes de planification de la mission initiale d'audit et des secteurs présentant un risque de mission élevé. »	– la discussion sur le risque vient en premier, suivie de l'importance relative, de la stratégie, pour se terminer par les secteurs de risque importants et procédures connexes. – les secteurs de risque importants sont au nombre de trois : démarcation des produits, passifs non comptabilisés et fonds en fidéocommis.	– que chaque aspect de la planification du mandat soit présent. Ici, l'omission d'un commentaire sur la stratégie peut s'accepter, mais seulement parce quon ne parle aucunement du contrôle interne dans le cas. – expliquer pourquoi un secteur est risqué et donner une procédure « concrète » à chacun pour au moins deux secteurs de risque sur trois. Les procédures pertinentes sont celles qui répondent aux divers risques. Remarque : Il faut sûrement démontrer qu'il s'agit d'un audit « initial » pour obtenir le niveau de passage. La présence d'une conclusion à l'analyse du risque est probablement indispensable au niveau de passage.

Extrait du guide d'évaluation... Le candidat...	Dans la solution proposée, on remarque que...	Au niveau de passage, il faut probablement...
« traite de critères appropriés sur lesquels l'organisme pourrait se fonder lorsqu'il envisage l'ajout de nouvelles régions à son programme. »	– plus de neuf critères différents sont mentionnés, puis expliqués. Deux d'entre eux sont à peine abordés, ce qui signifie qu'ils sont de moindre importance. – l'énoncé du cas fait état de la mission, rappelle les principaux objectifs et présente les résultats financiers de l'organisme sans but lucratif.	– mentionner et expliquer raisonnablement environ cinq critères parmi les plus importants. – tenir compte du fait qu'il s'agit d'un organisme sans but lucratif (mission, objectifs, résultats). Remarque : Un candidat peut certainement suggérer un critère pertinent qui n'est pas prévu dans la solution. Toutefois, on ne pourrait pas en remplacer trois puisque les critères les plus importants sont certainement inclus dans la solution.
« compare avec suffisamment de profondeur les logiciels proposés par chacun des fournisseurs et il recommande de choisir l'un des deux. »	– la présence d'une liste d'avantages et d'inconvénients pour chacun des deux systèmes. – les points avancés tiennent compte des problèmes subis par la société au cours du dernier trimestre.	– mettre en évidence le fait que l'un ou l'autre des systèmes élimine ou mitige les problèmes rencontrés. – présenter un nombre suffisant d'avantages et d'inconvénients. Tout dépend du nombre d'éléments avancés dans la solution, mais disons qu'il en faut, *a priori*, deux ou trois pour chacun des logiciels. – faire une recommandation pour atteindre le niveau de passage. Une excellente analyse sans une prise de position claire ne sera pas suffisante. Remarque : L'important est de présenter une recommandation justifiée. La solution sera acceptable, que l'on recommande l'un ou l'autre des systèmes. – faire ressortir les différences entre les deux systèmes, afin de bien les « comparer », tel que demandé.
« voit les inconvénients de l'accord de financement proposé et il suggère d'autres sources de financement. »	– la solution présente et explique trois inconvénients; tous sont importants. – cinq autres sources de financement sont listées. Trois d'entre elles découlent directement des indices du cas; les deux autres sont plus générales.	– discuter des trois principaux inconvénients. Remarque : Il se peut qu'une analyse en profondeur de deux des trois inconvénients suffise, mais cela n'est pas sûr. – suggérer au moins trois autres sources de financement dont au moins deux qui découlent des indices du cas.

Tel que discuté précédemment, l'évaluation par compétences permet la reconnaissance d'idées nouvelles et pertinentes qui ne sont pas nécessairement mentionnées dans la solution proposée. Toutefois, le candidat ne peut s'écarter de ce qui est attendu dans une solution. En d'autres mots, si une question comptable importante demande la discussion de deux possibilités, le candidat ne peut espérer atteindre le niveau de passage s'il n'en a vu qu'une seule. Et ce, même s'il présente, disons, trois justifications à sa conclusion. Il n'a tout simplement pas présenté chaque aspect de la démarche d'analyse sur ce sujet. En résumé, on peut reconnaître la validité d'une idée différente émise par un candidat, mais cela ne l'exempte pas de traiter de toutes les parties importantes requises.

Outre ce qui précède, d'autres éléments peuvent influer sur l'évaluation de votre réponse. La considération de ceux-ci est particulièrement utile lorsque les critères d'évaluation sont généraux, ou encore, lorsque vous avez l'impression d'être trop sévère ou d'être trop généreux.

Voici la liste de ces éléments.

- *Tenir compte des objectifs de la compétence – des attentes.* La plupart des guides d'évaluation vont signaler en peu de phrases ce que la compétence désire essentiellement mesurer. Cela vous aide à déterminer les éléments indispensables à la réussite. Par exemple, on peut retrouver la mention suivante : « Le candidat conseille ses clients au sujet des opportunités de planification fiscale. » Ici, il est clair que ce sont les « opportunités » qui seront évaluées. Un candidat qui mentionne plutôt le traitement fiscal des nouvelles opérations de la période ne peut espérer atteindre le niveau de passage dans cette compétence particulière.

- *Tenir compte du niveau d'évaluation visé.* Vous savez déjà que le niveau de passage est le niveau le plus critique, puisqu'il fait la différence. Il m'apparaît donc indispensable d'adopter une attitude un peu plus sévère lors de l'évaluation des critères de ce niveau. On peut se permettre d'être un peu plus généreux lorsqu'on évalue un niveau inférieur, mais pas lorsque la réussite d'une compétence est en jeu. En d'autres mots, la montée d'un niveau inférieur à un autre peut être légèrement teintée de facilité, mais pas lorsqu'il s'agit d'atteindre le niveau du passage.

- *Lire les commentaires des correcteurs.* Fort souvent, ces commentaires viennent préciser le guide d'évaluation en soulignant les faiblesses, oublis et erreurs des candidats. Par exemple, on peut y lire que : « Les candidats n'ont pas appliqué leurs connaissances au contexte particulier d'une clinique médicale. » Cela signifie qu'un candidat qui présente une réponse un peu trop générale, sans tenir compte des particularités propres à ce genre d'organisme, n'atteindra probablement pas le niveau de passage.

🌀 *Tenir compte de la performance de l'ensemble des candidats,* lorsque l'information est disponible. En fait, sous toutes réserves, il faut réaliser que la performance des autres candidats peut influer sur l'évaluation de la vôtre. Par exemple, il se peut que la plupart des candidats n'aient pas vu qu'il y avait un sérieux problème de trésorerie, alors que vous avez pu cerner et analyser cet aspect. Vous pourrez probablement hausser la valeur de vos idées. L'inverse est également vrai. Si tous les candidats ont effectué un très bon calcul des produits prévisionnels, une analyse incomplète sera un peu plus sévèrement évaluée.

Certains guides présentent la répartition des candidats à chacun des niveaux d'évaluation, le plus souvent sous forme de pourcentages. Par exemple, dans la compétence « gestion des risques », on peut constater que 18 % des candidats se situent au niveau de passage et que 43 % d'entre eux se situent juste en dessous. Cette information vous permet de dire que les critères du niveau de passage sont assez difficiles à atteindre. Vous ferez de même en évaluant votre propre réponse.

Finalement, lors de la correction d'une simulation, je vous signale que certains comportements sont à éviter. Toute évaluation doit se faire dans le respect des critères de correction, et il faut faire attention à ne pas biaiser le processus – même involontairement. Je vous présente donc une liste de mises en garde à retenir dans votre mémoire vive tout au long de votre correction.

Il ne faut pas...

🌀 *croire qu'un très bon exposé théorique remplace une intégration au cas.* Vous le savez déjà, vos idées doivent être constamment intégrées au contexte particulier du cas. Ainsi, la description de deux méthodes d'évaluation d'une entreprise ne remplace certainement pas le calcul proprement dit de sa valeur. À moins que ce soit clairement demandé, un exposé théorique n'est pas utile en soi, même s'il est complet et bien fait. Un candidat qui montre ses connaissances sans les appliquer au cas n'obtiendra pas le niveau de passage, et probablement même pas le niveau juste en dessous.

🌀 *traiter les idées sans se soucier de leur qualité ou de leur importance.* Par exemple, supposons qu'un cas demande la liste des avantages à l'ouverture de magasins dans un nouveau territoire. Il est clair que « pouvoir compter sur des fournisseurs fiables » est un avantage plus important que « de se faire connaître d'un plus grand nombre de consommateurs ». Un candidat n'obtiendra pas le niveau de passage s'il ne présente que des éléments peu importants, même s'il en a beaucoup! Le volume d'idées ne compense pas leur manque de qualité.

🌀 *penser que la réussite d'une compétence influence positivement l'évaluation des autres,* et *vice versa.* Par exemple, un candidat peut très bien réussir l'analyse du développement projeté alors que son analyse du financement manque de profondeur. Chaque compétence est évaluée séparément – ce qu'il ne faut toutefois pas confondre avec la nécessité de faire des interrelations entre les sujets. La performance obtenue à une compétence n'a donc pas d'effet d'entraînement sur les autres. Le correcteur ne sera pas « plus généreux » sur la compétence « financement » si la compétence « investissement » est réussie... même jusqu'à se mériter le niveau supérieur.

🌀 *compenser un élément manquant par un autre.* Par exemple, le cas peut demander l'analyse de deux questions comptables importantes : les opérations en devises étrangères et la comptabilisation du regroupement. Le candidat peut avoir fait une très bonne analyse sur la deuxième question, tout en esquivant la première. Toutefois, il a très bien discuté d'un sujet de moindre importance, telle la valorisation des placements. Cela ne compense pas l'absence de l'un des deux sujets principaux requis au niveau de passage.

Autre exemple : Il faut présenter au moins trois risques, leur impact ainsi qu'une recommandation pour mitiger ou éliminer chacun d'entre eux. Le candidat présente plutôt quatre risques, suivis de recommandations appropriées, sans mentionner l'impact. Le fait d'avoir présenté quatre risques au lieu de trois, même avec des recommandations, ne compense pas l'absence de l'impact dans la discussion. Il faut traiter de chaque partie demandée.

🌀 *présumer de la facilité des critères d'évaluation.* En l'absence de précision ou d'explication quant à l'application d'un critère, il ne faut pas s'imaginer que la réussite d'une compétence devient automatiquement plus facile. Par exemple, le niveau de passage peut faire référence à une analyse en profondeur des questions comptables. Il m'apparaît clair que le candidat doit émettre des recommandations sur le traitement comptable approprié de chaque question. Si on remarque, par exemple, l'absence d'une mention explicite quant à la nécessité de faire des recommandations, cela doit donc être interprété avec discernement. N'oubliez pas que toute discussion comptable doit aboutir à une recommandation et ce, quel que soit le cas.

POINT DE VUE

Certains candidats me disent qu'ils visent systématiquement le chiffre trois. Par exemple, ils vont présenter trois avantages et trois inconvénients dans une analyse d'investissement. Ou encore, ils vont établir tout au plus trois hypothèses à l'analyse quantitative. Il m'est difficile de justifier un tel automatisme puisque chaque situation est distincte. Un candidat qui s'arrête à trois avantages peut certainement en manquer un qui serait plus important. Certes, je comprends qu'un candidat puisse vouloir limiter une analyse afin de suivre son plan de réponse et, à ce titre, le chiffre trois peut paraître idéal. Toutefois, il faut donner la profondeur adéquate à tout problème ou enjeu important, et il n'y a pas de chiffre magique! Si vous n'avez que deux arguments à l'esprit, pourquoi « forcer » l'écriture d'un troisième qui ne sera pas pertinent?

Échanger des copies simulées avec d'autres candidats

Lors d'un processus officiel de correction d'examens professionnels, les correcteurs s'exercent tout d'abord à corriger bon nombre de copies-réponses en guise de test. Ils acquièrent ainsi une expérience de correction du même cas; expérience qui leur permet d'évaluer plus objectivement la réponse des candidats. Il en est de même pour les professeurs et correcteurs qui évaluent les réponses de plusieurs étudiants au même examen. En tant que candidat, il est sûrement plus difficile de corriger une seule copie, la sienne de surcroît, sans avoir une idée de la performance des autres candidats pour le même cas.

Il est formateur de pouvoir lire ou corriger les réponses d'autres candidats.

Il est stimulant de procéder régulièrement à l'échange de copies simulées avec des confrères. On fait donc évaluer sa réponse à un cas par quelqu'un d'autre. Cette idée offre plusieurs avantages, tel qu'exposé ci-dessous.

⊘ Cela permet de prendre connaissance d'une façon différente de rédiger. Ainsi, le fait d'observer l'efficience de la rédaction ou d'examiner la démarche d'un autre candidat qui obtient une meilleure évaluation est souvent profitable. S'il y a lieu, l'autre candidat-correcteur pourra signaler ses difficultés à comprendre la façon dont vos idées sont exprimées, à reconnaître les calculs effectués ou à lire votre écriture.

⊘ Souvent, on évalue plus objectivement la copie d'un autre candidat que la sienne. D'ailleurs, dans l'évaluation de leur propre copie, certains candidats sont soient trop sévères ou trop généreux. Un autre correcteur, en revanche, évalue ce qu'il lit, et non tout ce que l'auteur d'une réponse sait ou a voulu dire. Cela permet aussi la confrontation avec d'autres correcteurs plus ou moins sévères que soi. Certains donnent un peu plus souvent le bénéfice du doute que d'autres… ou un peu moins… tout comme dans la correction réelle.

⊘ Cette façon de procéder apporte du changement dans le processus, qui est relativement long et trop souvent solitaire. Je suggère d'ailleurs la formation d'une équipe de trois à cinq personnes à cet effet. On peut ainsi corriger plusieurs copies différentes et être corrigé par plusieurs correcteurs différents. La formation d'une équipe de travail permet effectivement de pouvoir corriger le même cas plus d'une fois. Supposons qu'une simulation de 4 heures contienne trois courts cas. Chacune des trois personnes du groupe peut corriger la simulation du même cas pour tous, y compris la sienne. Cela permet au candidat de comparer différentes approches aux mêmes problèmes ou enjeux et d'acquérir de l'expérience qui lui permettra de mieux appliquer le guide d'évaluation. Le même processus peut aussi être fait pour les longs cas. Ainsi, quatre personnes peuvent, à tour de rôle, s'engager à corriger le même cas pour tous, à une date prévue à l'avance. Finalement, je suggère au candidat-correcteur de garder sa propre réponse pour la fin.

Appréciation de sa performance

Nous voici arrivés à une étape fort intéressante, soit l'appréciation de votre performance. Il s'agit ici de prendre du recul afin d'examiner objectivement les résultats de la simulation et de pouvoir en tirer des leçons pour mieux résoudre le prochain cas.

Voici les éléments qui devraient être considérés dans l'évaluation de votre performance.

Évaluer le niveau de performance au cas simulé

À juste titre, le premier réflexe d'un candidat est d'évaluer s'il a réussi le cas simulé. Autrement dit, le fait de répondre aux exigences minimales de passage à chacune des compétences du guide est le premier indice de la qualité de sa performance. C'est un objectif fort légitime que de viser le succès. Il faut toutefois comprendre que plusieurs facteurs peuvent influencer la performance, tels que la complexité du cas, la nervosité ou la fatigue du candidat, le rôle joué, l'aisance personnelle du candidat à discuter des problèmes ou enjeux traités, etc. Ces facteurs accroissent la difficulté de juger, en toute impartialité, sa performance à une simulation.

Il est naturel et compréhensible de comparer l'évaluation obtenue en fonction de ce qui est requis au niveau de passage. Toutefois, il faut relativiser son résultat. Lorsque l'une des compétences du cas est difficile à cerner ou à traiter, l'obtention du niveau juste au-dessous du niveau de passage peut être un bon résultat en soi. Ainsi, lorsque la plupart des candidats n'ont tout simplement pas vu les problèmes ou enjeux de cette compétence, le fait de l'avoir vue et traitée, même si l'évaluation demeure dans un niveau inférieur, est excellent. Certes, il faut constamment viser l'obtention du niveau de passage et ce, pour chaque compétence du guide d'évaluation. Toutefois, il faut également évaluer sa position en fonction des circonstances, entre autres par rapport au groupe.

POINT DE VUE

Le fait de lire les commentaires sur la performance des candidats ou les commentaires des correcteurs et de prendre connaissance de la position de l'ensemble des autres candidats vous permet de mieux vous situer par rapport à la moyenne. Et, qu'on le veuille ou non, le positionnement par rapport au groupe est un critère important dans notre domaine. Certes, vous désirez progresser en fonction d'objectifs qui vous sont propres. Toutefois, toute discussion sur le sujet revient à dire que vous devez à tout le moins obtenir des résultats au-dessus de la moyenne pour réussir. En conséquence, savoir que : « Les candidats ont consacré suffisamment d'attention à la question importante de la comptabilisation des contrats de change », alors que vous ne l'avez pas fait, ne doit pas être négligé.

Lorsque l'information est disponible, il faut donc prendre en considération les forces et les faiblesses des autres personnes ayant résolu le même cas. Lorsqu'un candidat offre une performance meilleure que la moyenne, c'est évidemment un signe positif et l'évaluation du cas ou d'une partie du cas s'en trouve avantagée. Par contre, si le candidat ne peut atteindre la même qualité d'analyse que la moyenne, cela risque naturellement de le pénaliser. Cet état de fait peut signifier qu'il ne voit pas les problèmes ou enjeux majeurs de la même manière que les autres, que ceux qu'il relève ne sont pas remarqués par les autres, qu'il n'a pas compris le travail à faire ou le rôle à jouer, ou encore, qu'il doit parfaire ses connaissances. Quoi qu'il en soit, il faut minimiser cette faiblesse que représente le fait d'être à part de l'ensemble des candidats ayant écrit le cas.

En ce qui concerne les examens professionnels, on sait que le guide d'évaluation est habituellement finalisé après la lecture d'un certain nombre de copies réelles de candidats. Autrement dit, l'essentiel du guide est préparé à l'avance, mais quelques modifications sont permises au tout début du processus d'évaluation. Il va de soi que la performance de l'ensemble des candidats au même cas influence jusqu'à un certain point le guide d'évaluation. En effet, la réponse fournie à un cas est également une question de relativité, c'est-à-dire qu'elle se compare à la moyenne d'un groupe, d'où la nécessité de tenir compte de la solution proposée et des commentaires adjacents.

Persévérer malgré les embûches

Certains candidats accordent trop d'importance au fait de réussir un cas. Au risque que mon commentaire paraisse un peu bizarre, ils ont une approche beaucoup trop personnelle. N'oubliez pas que le résultat obtenu à un cas n'a absolument rien à voir avec la valeur d'une personne. La réussite d'une simulation ne veut pas dire qu'on a tout compris et qu'on n'a plus besoin de simuler de cas. Il faut éviter l'excès d'optimisme.

En contrepartie, un mauvais résultat ne signifie pas qu'on ne connaît rien et que l'on ne sera jamais capable de réussir un cas. C'est un excès de pessimisme. En fait, il faut un juste milieu et voir son résultat comme un message constructif, avec le plus d'objectivité possible. Un bon résultat signifie que tout va de mieux en mieux, mais qu'il faut garder le rythme et travailler sur d'autres cas. Un mauvais résultat signifie qu'il y a des efforts à faire pour améliorer sa performance et qu'une analyse détaillée des cas suivants est toujours aussi indispensable.

À mon avis, le niveau de performance obtenu pour une compétence donnée n'est pas un élément si important en soi. Je m'explique. La rédaction de cas est un processus d'apprentissage continu, en dents de scie. L'amélioration de la performance ne suit pas toujours une ligne ascendante. Il y a des hauts et des bas! Ainsi, le fait d'avoir répondu aux exigences minimales de passage ou d'avoir réalisé une performance au-dessus de la moyenne, pour une compétence ou un cas, ne signifie pas que la partie est gagnée et qu'on réussira dorénavant toutes les simulations. Chaque cas est distinct et chaque individu présente des forces et des faiblesses particulières. Aussi, la liste des sujets à traiter influe différemment sur la performance de chacun. Il se peut, par exemple, qu'un candidat soit à son aise quand il s'agit de discuter d'un projet d'investissement, mais que la détermination de la valeur d'une entreprise lui pose davantage de difficultés. L'inverse peut être vrai pour un confrère.

POINT DE VUE

La courbe d'apprentissage de la résolution de cas n'est pas la même pour tous. Quelques candidats semblent connaître une progression constante et régulière d'un cas à l'autre. Pour la majorité, cette progression se fait plutôt par à-coups, de façon irrégulière. Une série de résultats similaires sera soudainement suivie d'une certaine amélioration, puis d'une moins bonne performance dans un ou deux cas, venant malheureusement ébranler votre idée du progrès. Toutefois, croyez-moi sur parole, les acquis des simulations antérieures finissent toujours par se matérialiser. Le candidat obtient alors des résultats constants, du moins jusqu'à la prochaine dégringolade... Il faut donc être persévérant et se rappeler que les obstacles sont là pour être franchis.

Je remarque bien souvent qu'un candidat travaillera davantage sur les cas qui ont été faibles. Le fait de ne pas réussir deux ou trois cas d'affilée stimule souvent le candidat à consacrer davantage d'efforts à l'analyse de ses cas. Ceux qui ont été bien réussis sont donc analysés moins longtemps, voire négligés. Dans cette perspective, on pourrait presque conclure qu'il est préférable de moins bien réussir ses cas puisqu'on les travaille alors davantage! Il faut contrecarrer cette tendance naturelle à tenir les choses pour acquises et consacrer le temps nécessaire à l'analyse de tous les cas, bien ou mal réussis, sans exception. Ils contiennent tous bon nombre d'informations utiles qui vous aideront à améliorer vos performances futures. Le fait de simuler un autre cas ne correspond pas à faire un exercice de plus sur la manière de calculer la valeur actualisée des avantages futurs, par exemple. Il n'y a pas deux cas identiques : chacun contient ses surprises et ses nouveautés.

> **Le candidat doit analyser tous les cas simulés,
> qu'ils aient été bien réussis ou non.**

En fait, rappelez-vous ceci : Il y a toujours place à l'amélioration en rédaction de cas. C'est un processus qui peut constamment être bonifié... même pour un candidat ayant réussi ses examens professionnels. Connaissez-vous des candidats qui atteignent le niveau d'évaluation supérieur dans toutes les compétences d'un cas? Personnellement, après plus de 25 ans d'implication dans la préparation et la correction de cas et d'examens professionnels, j'en ai rarement vu. Je vous assure que la perfection est rare, même chez les voltigeurs de haut calibre! La performance peut s'améliorer d'un cas à l'autre, mais elle ne sera jamais absolument parfaite. Cet état de fait cause certes de l'incertitude, mais vous pouvez y voir un remarquable défi.

Analyser sa copie sous plusieurs facettes

Une fois que vous avez évalué votre réponse à un cas, vous devez l'examiner et l'analyser sous différents aspects. Vous trouverez aux pages suivantes une liste non exhaustive de diverses questions que vous devez vous poser. Entre autres, il faut analyser les circonstances où les idées écrites sur votre copie ont été ou n'ont pas été prises en considération dans l'évaluation.

> La tâche de solutionner un cas est une activité fort différente de celles des autres cours universitaires. Un cas est multidisciplinaire, exige le développement logique d'idées et requiert une démarche d'analyse intégrée. Pour ces raisons, la réussite d'un cas est loin d'être assurée, d'où la nécessité de faire constamment des efforts. Je tiens à vous rappeler qu'un étudiant ayant obtenu de bons résultats dans ses études en comptabilité ne réussit pas nécessairement ses cas, du moins les premiers. Être bien instruit sur les diverses matières étudiées ne suffit pas. Lorsque j'enseigne, je mentionne d'emblée ce qui suit : « La capacité de résoudre un cas ne va pas nécessairement dans le même sens que les résultats obtenus dans les cours unidisciplinaires. » Pour des raisons parfois inconnues, certains étudiants sont plus doués que d'autres pour comprendre la demande, relever les indices clés du cas, mettre le doigt sur l'axe de la demande ou distinguer les sujets importants des autres.

Par ailleurs, il est fort révélateur de calculer, de temps en temps, le nombre d'idées de sa propre réponse – pas le nombre de phrases ou de paragraphes –, mais bien le nombre d'idées. Voici la question que l'on peut se poser : Combien d'idées différentes, nouvelles et pertinentes ai-je écrites? Vous serez parfois surpris du nombre. Si, par exemple, la réponse est sept ou huit idées, vous comprendrez qu'il est difficile de réussir un court cas de 25 points. Bien sûr, je ne peux pas vous dire combien d'idées vous devez écrire pour réussir un tel cas. Il n'y a pas de standard. Cela dépend de la difficulté du cas et de la qualité des idées développées. Je peux vous dire qu'il faut, autant que possible, en maximiser le nombre. Il m'apparaît toutefois invraisemblable de penser réussir la simulation d'un court cas de 25 points (60 minutes) sans avoir présenté au moins une vingtaine d'idées nouvelles et pertinentes.

POINT DE VUE

À titre d'exercice, vous pouvez ajouter des idées à votre propre réponse, en utilisant, par exemple, une couleur différente. Autrement dit, vous pouvez compléter un calcul ou ajouter des arguments à la discussion. L'objectif est d'identifier ce qui manque à votre réponse pour arriver à une analyse suffisamment en profondeur d'un problème ou enjeu; analyse qui serait adéquate au niveau de passage. Bon nombre d'étudiants insèrent également dans leur réponse les commentaires que le professeur a faits en classe. Bien sûr, tous les ajouts apportés à la réponse d'une simulation peuvent aussi être écrits sur une photocopie du document original.

ANALYSE DE SA PERFORMANCE SOUS PLUSIEURS FACETTES

Questions à se poser	Exemples	Commentaires	Ce qu'il faut faire...
Où sont situées les idées prises en compte par le correcteur?	Les idées écrites au début de chacun des sujets, comme dans le premier tiers de la réponse, ne sont pas prises en compte dans l'évaluation.	Cela peut signifier que le candidat résume inutilement le cas ou prend trop de temps avant d'arriver à l'essentiel de l'analyse.	– Donner des idées nouvelles et pertinentes d'entrée de jeu. – Se rappeler que le correcteur connaît très bien le cas.
Est-ce que les sujets importants ont été discutés en premier?	Il y a peu d'idées prises en compte dans l'évaluation des premiers sujets traités dans la réponse. La section « Généralités » est trop détaillée.	Cela peut signifier que le candidat ne repère pas correctement les sujets importants. Il analyse trop en profondeur ceux de moindre importance ou s'avance trop tôt sur le développement des sujets à venir.	– Prendre le temps d'évaluer l'ordre d'importance des problèmes ou enjeux à traiter. – Faire un plan de réponse. – S'en tenir à l'essentiel dans la section « Aperçu ».
Est-ce que l'analyse quantitative est adéquate?	L'analyse quantitative est tellement détaillée que le candidat n'a pas eu le temps d'approfondir son analyse qualitative.	Le candidat n'a pas réparti correctement son temps entre les calculs et le texte. Le niveau de profondeur des calculs excède le niveau requis pour une réponse adéquate.	– Apprendre à planifier le temps nécessaire aux calculs dans le plan de réponse. – S'assurer que l'analyse quantitative s'inscrit dans la résolution des problèmes ou enjeux.
Y a-t-il des aspects du guide d'évaluation qui ont été négligés?	Problème de contrôle interne non abordé. Aucune idée adéquate dans la section sur le financement.	Cela peut signifier que le candidat n'élabore pas correctement le plan de réponse et néglige une partie du travail à faire. Le temps de lecture est peut-être trop long.	– Mieux planifier le temps de rédaction. – Suivre le plan de réponse. – Prendre note des sujets à réviser.
Dans quelle(s) section(s) se trouvent les idées retenues dans l'évaluation?	Aucune idée n'a été retenue dans les deux derniers sujets. Les idées écrites à la fin de l'analyse ne sont pas considérées.	Cela peut signifier que le candidat s'attarde sur des aspects ou des sujets peu importants ou discute d'éléments non pertinents.	– Ajuster la profondeur de l'analyse selon l'importance des sujets. – S'assurer de répondre au travail à faire et de respecter le mandat.

Questions à se poser	Exemples	Commentaires	Ce qu'il faut faire...
Combien y a-t-il d'idées de « conc » ou de « rec »?	Plusieurs analyses sont intéressantes, mais elles ne débouchent pas sur un commentaire global ou sur une action concrète, ou encore, les recommandations sont trop vagues.	Le candidat est peut-être gêné de prendre position ou de s'affirmer en mentionnant ce qui doit être fait. Il faut avoir confiance en ses idées et faire usage du « donc »!	– Présenter une conclusion ou une recommandation à la fin de chaque problème ou enjeu discuté. – Commencer toute recommandation par un verbe à l'infinitif.
Est-ce que je dépasse le nombre d'idées nécessaires sur certains sujets?	La discussion présentée est complète et tient compte de tous les aspects, dans ses moindres détails. L'analyse est quasi parfaite.	Le candidat semble être un perfectionniste qui ne peut changer de sujet tant qu'il n'a pas discuté en profondeur de tous les aspects.	– Apprendre à « décrocher » d'un sujet même s'il n'est pas parfaitement résolu. (Remarque : Il faut parfois sacrifier un ou deux pions pour clamer « échec et mat » un peu plus tard.)
À quel endroit de la phrase ou du paragraphe est située l'idée prise en compte?	Les idées adéquates sont situées vers la fin des phrases ou des paragraphes.	Cela peut signifier que le candidat présente une introduction trop longue, se perd dans les détails inutiles, se répète ou va trop en profondeur.	– Exprimer les idées clairement et succinctement. – Aller droit au but en exposant une idée par phrase.
Est-ce que je néglige les idées les plus faciles?	Le candidat oublie les idées faciles et s'attaque toujours aux éléments complexes. Malgré la présence d'idées de qualité, il ne réussit pas à atteindre le niveau de passage.	Cela peut signifier que le candidat passe outre certaines étapes ou qu'il écrit est trop simple ou inutile pour son interlocuteur.	– Apprendre à viser le bon niveau de langage, comme si on s'adressait à un exécutant. – Expliquer davantage les idées quand le lecteur du rapport est un non-initié.
Combien y a-t-il d'arguments présentés dans l'analyse?	Le candidat présente une liste de points à considérer, mais il ne mentionne pas s'il s'agit d'un avantage ou d'un inconvénient.	Le candidat doit démontrer sa capacité à réaliser une analyse structurée qui prend en compte les deux aspects d'une situation. Le « sens » d'un argument doit être compréhensible à la lecture.	– Présenter de manière structurée la liste des « pour » et la liste des « contre » avant d'en arriver à une conclusion ou à une recommandation justifiée. – Équilibrer l'argumentation entre les avantages et les inconvénients.

Questions à se poser	Exemples	Commentaires	Ce qu'il faut faire...
Est-ce que je traite d'un nombre suffisant de problèmes ou enjeux?	Le candidat réussit bien les sujets discutés, mais la réponse est trop courte et pas assez diversifiée.	Il se peut que le temps de lecture soit trop long, que le candidat soit trop perfectionniste ou qu'il oublie tout simplement qu'il y a un temps limite à toute simulation.	– Respecter le plan de réponse préétabli. – Discuter de tous les sujets principaux et d'une majorité des autres.
Combien y a-t-il d'annotations « +/– » ou de « W »?	Plusieurs idées « +/– » claires, faibles ou « +/– » exactes ne sont pas prises en compte dans l'évaluation. Le sens de l'idée n'est pas complet.	Le candidat doit déterminer ce qui manque pour que l'idée soit retenue. Est-ce un lien au cas? Est-ce une plus grande précision?	– Clarifier les idées écrites qui doivent être directes, concrètes, précises, intégrées et complètes. – Évaluer si l'ajout d'un « car? » ou d'un « donc? » fait une différence.
Quels sont les éléments particuliers du cas qui ont été manqués.	L'un des points critiques du cas, telle la présence d'une contrainte à la production, n'a pas été considéré dans la réponse.	Il se peut que le candidat lise l'énoncé du cas trop rapidement. Ses annotations ne lui permettent peut-être pas de bien cibler les indices importants du cas.	– Prendre le temps de lire attentivement le cas, jusqu'à la dernière ligne! – Revoir l'utilité des annotations. – Relire le cas pour ressortir les endroits où les indices importants sont mentionnés.
Combien y a-t-il d'idées qui se répètent (« R »)?	Les idées importantes sont répétées deux fois, par le biais de synonymes ou dans des paragraphes différents. Le même argument revient à la fois dans l'analyse et dans la recommandation.	Cela peut signifier que le candidat craint de ne pas être compris la première fois. Il doit étudier le niveau de précision requis par le guide d'évaluation.	– Éviter de se répéter en offrant des idées, certes pertinentes, mais nouvelles et différentes. – Adopter le style de rédaction suivant : une idée → une phrase → un paragraphe.
Est-ce que ma réponse tient compte de tous les aspects demandés?	Le candidat oublie une partie du travail à faire, ne présente pas sa réponse en deux rapports tel que demandé ou ne répond pas à la partie *b*).	Cela peut signifier un manque de rigueur dans la rédaction de sa réponse. Il ne tient pas suffisamment compte de son plan de réponse ni des instructions de la question.	– Présenter une meilleure couverture de tous les sujets demandés. – Gérer son temps avec efficience et répondre à toutes les parties demandées, car il y a une valeur maximale à chacune d'entre elles.

Faire ressortir les points *À RETENIR* **et les points** *À AMÉLIORER*

Pour chacun des cas simulés, je suggère de prendre le temps de faire ressortir les points forts et les points faibles. Personnellement, je commence par les points forts, pour leur aspect motivant. Tout d'abord, parce qu'il y en a toujours, mais que l'on oublie trop souvent de les prendre en considération, surtout lorsque le résultat obtenu à la simulation est faible. Deuxièmement, le fait de bien cerner ses forces, qui sont personnelles et spécifiques à chaque cas simulé, nous rappelle de les préserver. C'est aussi une bonne idée d'identifier les éléments qui se sont améliorés depuis la dernière simulation.

Voici plusieurs exemples de points forts *À RETENIR*.

- Conclusions logiques et justifiées qui découlent de l'analyse;
- Quelques (ou plusieurs) bons liens d'intégration aux indices du cas;
- Sujets importants bien établis et discutés avec davantage de profondeur;
- Calculs clairs et cohérents, bien présentés en annexe;
- Excellente application des connaissances aux particularités du cas;
- Problème implicite du manque de trésorerie bien établi dès le départ;
- Bonne compréhension du travail à faire (ou du rôle à jouer);
- Rapport bien structuré, développement logique et ordonné des divers sujets;
- Pas de détails inutiles sur les sujets de moindre importance;
- Discussion orientée sur l'axe de la demande;
- Particularités du secteur des ressources naturelles prises en compte dans la réponse.

**Faire ressortir les forces et les faiblesses
fait partie intégrante de l'apprentissage par cas.**

Énumérer les faiblesses relevées

Il faut également énumérer les faiblesses relevées lors de l'analyse de sa réponse; particulièrement celles qui vous empêche d'accéder au niveau de passage. Habituellement, celles-ci sont en plus grand nombre que les forces, surtout lors des premières simulations. Cela est tout à fait normal et il faut, je le rappelle, envisager ce processus d'apprentissage continu de manière constructive. Je vous suggère de rédiger votre liste de faiblesses sous forme de choses à faire lors de la prochaine simulation. Ceci, parce qu'il faut pratiquer la rédaction de cas. Il n'est pas suffisant de « savoir quoi faire », il faut être « capable de le faire ».

Voici plusieurs exemples de points faibles *À AMÉLIORER*.

- Éviter de résumer ou de répéter inutilement l'énoncé du cas;

- Mieux équilibrer la discussion entre les sujets importants et ceux de moindre importance;

- Faire attention aux indices du cas, comme ceux concernant l'éthique du contrôleur qui a subitement quitté son poste;

- Présenter moins de détails superflus dans la liste des arguments;

- Éviter une approche trop théorique, comme celle sur le coût de revient;

- Inscrire plus régulièrement un titre ou un sous-titre afin de situer la discussion;

- Établir correctement l'ordonnancement des sujets, tel que retraiter l'état des résultats avant de commenter la performance financière de la société;

- S'en tenir au travail à faire, car l'analyse du rendement du directeur n'était pas demandée;

- Élaborer des recommandations plus précises, sous forme d'actions à entreprendre;

- Raccourcir la section « Aperçu » qui est beaucoup trop longue;

- Faire attention aux termes du travail à faire : un contrôle interne, ce n'est pas la même chose qu'une mesure de performance!

L'exercice consistant à faire ressortir les points forts et les points faibles peut parfois être effectué par quelqu'un d'autre que le candidat qui a simulé. Ainsi, si la copie est corrigée par un confrère ou un professeur, il est facile de lui demander de dresser la liste des forces et des faiblesses. Dans ces circonstances, un correcteur différent et objectif peut souligner certains aspects que le candidat n'avait pas remarqués lui-même.

Lorsqu'un candidat obtient un bon résultat à sa simulation, il est normal qu'il soit fier de sa performance. Malgré cela, et même avec un résultat quasi parfait, il pourra toujours trouver des points à améliorer… Si cela peut vous rassurer, laissez-moi vous dire que je suis parfaitement capable de déceler des points faibles dans une réponse ayant obtenu le niveau de passage à toutes les compétences. Il y a peut-être trop d'idées « +/– » claires, faibles ou « +/– » exactes, des sujets négligés ou des liens qui n'ont pas été faits. Ce que je veux dire, c'est que l'obtention d'une excellente évaluation n'exonère pas le candidat d'analyser sa réponse.

L'amélioration de toute faiblesse actuelle pourra être bénéfique lors des cas suivants où le résultat obtenu ne sera peut-être pas aussi bon. Ainsi, par exemple, un candidat peut avoir oublié de considérer l'impact de la hausse du taux d'intérêt sur le risque de la mission d'audit. Cela n'est pas si grave s'il s'agissait d'un aspect de moindre importance. Toutefois, cela pourrait faire la différence dans le prochain cas.

Le sens de l'humour est certes un atout quand il s'agit d'évaluer sa performance.

Les exemples d'éléments *À RETENIR* et *À AMÉLIORER* présentés ci-dessus sont rédigés sous la forme de commentaires qu'un professeur pourrait écrire. Toutefois, certains candidats en profitent pour se lancer des défis à eux-mêmes. Ils utilisent un langage plus personnalisé et plus accrocheur et ils expriment alors leurs bons coups ou les points *À RETENIR* de la façon suivante : « Super, tu as vu l'enjeu du manque d'indépendance, et tu as même suggéré la mise en place d'une sauvegarde. », « Tu as finalement réussi à placer tes sujets en ordre; il était temps! », « Enfin, Enfin, Enfin, tu ne répètes pas trois fois chaque idée. » (ou presque!)

Pour ce qui est de leurs erreurs ou des points *À AMÉLIORER*, une petite dose de sarcasme peut être stimulante : « Que fais-tu là? Donner des procédures d'audit quand tu n'es même pas l'auditeur! », « Ce n'était pas très brillant de parler de financement sans avoir calculé combien d'argent tu as besoin! », « Arrête de résumer le cas… deux pages sans aucune idée nouvelle? C'est trop! » « Hé! N'oublie pas… de faire les calculs nets d'impôts! »

En mettant un peu d'humour dans ce processus rigoureux, le candidat peut évaluer sa performance avec un peu plus de détachement, tout en ne perdant pas de vue les objectifs d'apprentissage de la simulation de cas.

Corriger la réponse d'un candidat

En dernier lieu, je désire fournir quelques conseils à toute personne qui corrige la réponse d'un candidat. Naturellement, nombre de commentaires précédemment émis dans la présente partie sont utiles. À mon avis, certaines qualités sont essentielles pour qu'une correction rencontre pleinement l'objectif d'aider le candidat à s'améliorer.

Un correcteur se doit d'être :

- *objectif.* Il corrige les mots qu'il lit, sans en ajouter ni en enlever. Il ne peut donc pas présumer de ce que le candidat a voulu dire. Un correcteur n'évalue pas la compétence d'un candidat, mais la performance d'une réponse à un cas. L'idéal est de réaliser une correction anonyme. À ce moment-là, le fait de connaître le candidat ou de savoir que c'est habituellement le meilleur du groupe, par exemple, ne peut influer sur la correction.

  Le plus difficile est de ne pas se laisser influencer par la ou les copies précédentes. Par exemple, suite à la lecture de trois copies faibles, le correcteur ne doit pas « se laisser aller » à la générosité dès que la quatrième démontre une meilleure performance, et *vice versa*.

- *constructif.* Les commentaires émis par les correcteurs sont très importants pour les candidats et, outre l'évaluation du cas, on ne doit pas perdre de vue le processus d'apprentissage. Ainsi, il ne faut pas seulement dire au candidat qu'il n'a pas obtenu tel ou tel critère d'évaluation. Il faut lui dire pourquoi, lorsque ce n'est pas évident, et lui suggérer des solutions, lorsque c'est possible. Lui dire par exemple, que « La discussion manque de profondeur. » ne l'aide pas beaucoup. Il faut plutôt lui dire : « Il manque une ou deux bonnes idées favorisant le projet. » Les commentaires sont d'autant plus pertinents lorsqu'ils expliquent au candidat pourquoi il n'obtient pas le niveau de passage. Autre exemple de commentaire : « La réponse aurait été plus facile à suivre si la section comptabilité avait été présentée distinctement de la section audit. » Inspirez-vous des exemples fournis aux pages 126, 200 et 201 du présent volume.

- *constant.* La façon d'appliquer les critères de correction doit demeurer stable pour que chaque candidat puisse se comparer aux autres. Dans la pratique, il arrive qu'un correcteur soit naturellement un peu plus sévère ou un peu plus généreux que d'autres. Jusqu'à un certain point, ce n'est pas vraiment grave si cela est constant pour toutes les réponses qu'il évalue. Naturellement, si plus d'un correcteur corrige le même cas, ces derniers doivent s'entendre sur la façon d'appliquer le guide d'évaluation.

- *encourageant.* Il y a toujours de l'espoir! Dans la majorité des situations, on peut toujours faire ressortir des points forts. Certes, les faiblesses sont souvent très nombreuses, mais je vous suggère de mentionner aussi ce qui va bien. Inspirez-vous de la liste d'exemples fournis à la page 220. De simples petits mots, tels que « TB » pour « Très Bien », « presque » ou « mieux que la dernière fois » suffisent la plupart du temps.

  Rappelez-vous aussi qu'il faut faire preuve de considération dans les commentaires émis. Des commentaires tels que « Tu ne comprends rien à la comptabilité de gestion! » ou « Je n'avais jamais vu quelqu'un manquer autant son analyse de rentabilité! » ne servent à rien – à moins que ce soit un stimulant entre amis!

℮ *efficient.* On sait qu'un candidat apprécie recevoir rapidement l'évaluation d'un cas qu'il a simulé afin de pouvoir finaliser son analyse dès que possible. Dans l'objectif d'accélérer la correction ou de lui laisser davantage de temps pour faire des commentaires écrits, le correcteur peut :

→ utiliser des annotations. À cet effet, les annotations fournies à la page 201 sont claires, courtes et connues. Un « R », par exemple, n'est pas long à écrire, et cela sensibilisera le candidat à faire attention à la répétition inutile des mêmes idées. De même, on peut entourer un « si » ou placer un « ? » à côté d'une abréviation incompréhensible.

→ faire référence à une liste de commentaires préétablis. Dans cette situation, la liste est remise à l'ensemble des candidats. Lorsque, par exemple, le commentaire #4 suivant : « ...n'a pas tenu compte des faits du cas dans la détermination des procédures d'audit » s'applique, le candidat retrouvera tout simplement la référence #4 à l'endroit concerné sur sa réponse. Naturellement, il doit également recevoir tout commentaire spécifique à sa situation.

℮ *créatif.* Il y a plusieurs façons d'aider un candidat et rien ne vous empêche d'en imaginer de nouvelles. Il est intéressant de pouvoir diversifier les façons de faire. Par exemple, il arrive que des correcteurs évaluent la réponse d'une simulation en interaction directe avec le candidat présent durant l'exercice. Le correcteur peut donc verbalement commenter ce qu'il comprend et expliquer de quelle façon il applique les critères d'évaluation. Cela permet au candidat de poser d'intéressantes questions sur le processus, ou encore, de comprendre pourquoi sa propre évaluation diffère de celle du correcteur.

De même, il est certainement possible de corriger directement à l'écran une réponse rédigée à l'ordinateur. La remise de la correction au candidat sera plus rapide, et l'écriture du correcteur est automatiquement facile à lire. Le correcteur peut également surligner en jaune toute partie de la réponse qu'il juge inutile. Finalement, afin d'aider le candidat, il peut reformuler les idées d'un paragraphe afin de montrer comment rédiger d'une manière plus efficiente.

Partie 5
Analyse de l'ensemble des cas

Notes de synthèse sur un cas
Analyse comparative des cas simulés
Fiches-info par contexte
Fiches-info par sujet

226 Dans les parties précédentes de ce volume, j'ai discuté de la lecture, de la rédaction, de la présentation et de l'analyse d'un cas individuel. Je vous invite maintenant à préparer des notes de synthèse sur chacun des cas simulés. Par la suite, lorsque vous aurez quelques simulations à votre actif, je vous suggère de prendre du recul et d'effectuer une analyse comparative des cas simulés. Ceci, dans l'objectif de pouvoir ressortir tout élément pouvant vous guider dans la rédaction du cas suivant. Nous reviendrons sur cet exercice un peu plus loin.

Notes de synthèse sur un cas

Lorsque vous en êtes à la toute fin de l'analyse d'un cas, vous devez trouver un moyen pour vous rappeler l'essentiel de ce que vous avez appris. Puisque la simulation de cas peut s'étendre sur une longue période, voire plusieurs mois ou années, il faut synthétiser l'information. L'objectif est de faire ressortir les éléments particuliers et déterminants d'un cas afin de pouvoir éventuellement effectuer une analyse comparative de l'ensemble des cas simulés.

Voici quelques suggestions qui peuvent être utiles à la préparation de notes de synthèse sur chacun des cas simulés.

Créer des fiches sur chaque cas

Il m'apparaît nettement profitable de préparer des notes de synthèse en guise de conclusion à l'analyse d'un cas. Ces notes doivent être claires, précises et relever l'essentiel ou les éléments clés à retenir du cas simulé. Au fil de leur analyse, plusieurs candidats griffonnent leurs observations sur la solution proposée, sur le guide d'évaluation ou sur leur propre réponse. Je comprends cette façon de faire, mais il faut se rappeler que ces observations doivent être facilement accessibles pour fins d'analyse ou de discussion. Voilà pourquoi il faut cumuler des notes sur chaque cas de manière pratique, et les conserver dans un dossier distinct. Lorsque vous en aurez besoin, vous pourrez ainsi retracer rapidement l'information recherchée.

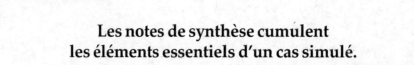

**Les notes de synthèse cumulent
les éléments essentiels d'un cas simulé.**

Je vous suggère de séparer les notes de synthèse en deux parties intitulées « Informations sur un cas » et « Performance à un cas simulé ». La première partie caractérise le cas afin de faciliter tout retour éventuel à un cas simulé. La deuxième partie vous est personnelle puisqu'elle permet d'assurer le suivi de votre apprentissage dans la résolution de cas. Regardons de quelle manière préparer les notes de synthèse pour chacune de ces parties.

POINT DE VUE

La façon de conserver les notes de synthèse sur un cas simulé est propre à chacun. Certains amassent leurs notes ou observations dans des cahiers alors que d'autres préfèrent les feuilles mobiles, qu'ils conservent dans des cartables à anneaux. Personnellement, je préfère la deuxième méthode à cause de la flexibilité de classement de l'information qu'elle permet. Naturellement, l'usage d'un traitement de texte facilite grandement la création et le classement de ces notes de synthèse.

Informations sur un cas

Les observations que l'on note au sujet du cas lui-même sont cumulées dans une fiche que j'intitule « Informations sur un cas ». Cette fiche rappelle les paramètres du cas : travail à faire, rôle, axe de la demande, contexte et structure de la solution. Ces informations permettent de classer rapidement chacun des cas que vous avez simulé. Il vous sera facile, par exemple, de recenser tous les cas traitant de la comptabilisation d'un contrat de location, ou encore, de placer ensemble les cas où la société connaît des difficultés financières. De plus, toute particularité du cas, qu'elle soit reliée à l'énoncé, à la solution proposée ou au guide d'évaluation, devrait être relevée.

Aux pages suivantes, vous trouverez deux exemples de la fiche Informations sur un cas.

Comme l'illustrent les exemples présentés, les informations devraient être concentrées sur une ou deux pages au maximum afin de permettre un retour rapide sur ce qui est essentiel. Ne perdez jamais de vue qu'il faut ressortir les aspects les plus importants. Soyez succinct! Dans la partie supérieure, vous remarquerez la date de la simulation et la référence du cas (nom, année, provenance ou numéro). Par la suite, un bref rappel de votre performance à chacune des compétences de cette simulation est présenté, de même que celle de l'ensemble des candidats (si connue).

Le **travail à faire** est une répétition des phrases du cas qui spécifient la demande, dans le cadre du **rôle** à jouer. Il est préférable d'utiliser les mots exacts de l'énoncé du cas afin d'établir un résumé objectif de leur signification et mieux préciser l'interprétation. L'axe de la demande est le fil conducteur des problèmes ou enjeux importants. Rappelons que ce guide à la rédaction s'exprime en termes concrets et précis. À l'aide de ces éléments, le cadre du cas est clairement établi.

Le **contexte** du cas rappelle les particularités, propres à la simulation, qui influent sur l'analyse et les recommandations. Il peut s'agir d'un facteur clé de succès, des objectifs de la direction, d'une politique de l'entreprise, d'une contrainte, d'un changement de statut, etc.

La **structure de la solution** (ou **Objet**) reprend les principaux problèmes ou enjeux du cas, placés par ordre d'importance. C'est bien souvent un rappel de la liste des titres et sous-titres de la solution proposée. On peut également signaler les interrelations entre les divers sujets, par des flèches par exemple.

Date de la simulation : 26/11/X4   **Cas :** ISA SMILE (84 minutes)

Mon évaluation :*   **Autres candidats :**

Mesure de la performance :   { 48 % « compétence minime »

    « en voie de la compétence »   64 % « inférieur à « compétent »

Audit : « compétent »   { 23 % « compétence minime »

    44 % « en voie vers la compétence »

Fiscalité : « non traité »   24 % « compétent » et plus

Travail à faire :

Discussion de l'implication des questions comptables sur le ratio d'endettement et des conséquences sur l'audit de fin de période.

Rôle : Auditeur externe

Axe de la demande : ratio d'endettement (capitaux empruntés (court et long terme)/ capitaux propres). L'impact de toute question comptable sur ce ratio doit être discuté.

Contexte :

La banque ne renouvellera pas son prêt si le ratio excède 1,35.

La comptabilisation des nouvelles opérations de la période risque d'augmenter le ratio d'endettement au-delà de la limite imposée.

Structure de la solution (Objet) :

→ produits différés (reportés);

→ comptabilisation à l'actif des frais encourus dans la phase de développement;

    → détermination de la période d'amortissement;

→ comptabilisation d'un contrat de location;

→ changement de l'amortissement dégressif à linéaire pour les équipements.

Autres observations :

Il est inutile de s'attarder sur la présentation des produits à l'état des résultats, car cela n'influe pas sur le ratio d'endettement. (Attention à l'axe de la demande!)

Il faut respecter les normes comptables, car les états financiers sont audités. Mais, certains choix avantagent ISA SMILE (ex.: amortissement linéaire au lieu de dégressif). Il est important de tenir compte de l'objectif du client qui est de respecter le ratio afin d'éviter que la banque rappelle son prêt.

L'impact fiscal doit être pris en compte, car les ajustements sur le ratio (par l'entremise des capitaux propres) doivent être calculés nets d'impôts.

* se référer à la page 186 au sujet de l'approche d'évaluation retenue.

Date de la simulation :

20 avril 20X6

Mon évaluation :*

information financière : « niveau 2 »

gestion financière : « niveau 4 »

résolution de problèmes : « niveau 3 »

Cas :

Organisme à l'œuvre (25 points)

Autres candidats :

non disponible

Travail à faire :

Discussion sur la comptabilisation des apports et promesses d'apports.

Questions de gestion générale et informations nécessaires à la prise de décisions.

Rôle : membre du conseil d'administration (trésorier) d'un organisme sans but lucratif

Axe de la demande : budget de trésorerie

Contexte :

L'organisme va regrouper ses activités avec un organisme voisin d'ici six mois.

La gestion de la trésorerie est cruciale, car les subventions de l'État (aide gouvernementale) sont appelées à diminuer.

Structure de la solution (Objet) :

comptabilité :   apports affectés

inscription des promesses d'apports, en fonction de l'assurance raisonnable quant à leur réception

gestion :   flux de trésorerie

sollicitation de fonds auprès de grandes sociétés

Autres observations :

Puisqu'il s'agit d'un aspect indispensable à la survie de l'organisme, il faut justifier la nécessité de mieux gérer la trésorerie. (N. B. nécessaire au niveau de passage)

En donnant des conseils pour une sollicitation plus efficace de fonds, il faut tenir compte du fait que deux organismes seront bientôt regroupés.

Puisqu'elle comprend un estimé des sommes nettes à recevoir, la discussion sur la comptabilisation des apports doit précéder la préparation d'un budget de trésorerie.

Il faut trouver des solutions originales et inédites afin de mitiger l'impact de la baisse anticipée des subventions de l'État (aide gouvernementale).

* se référer à la page 186 au sujet de l'approche d'évaluation retenue.

230   Finalement, la dernière section permet l'écriture de toute **autre observation** découlant de votre analyse personnelle du cas (énoncé, solution proposée, guide d'évaluation, commentaires des correcteurs). Ces observations, que vous jugez pertinentes à retenir, peuvent faciliter votre prochaine simulation. La liste de ce que comprend cette section peut devenir assez longue. Cela varie d'un cas à l'autre. Entre autres, on peut y placer le rappel d'un critère important qui bloque l'accès au niveau de passage (ex.: justification de la nécessité de gérer la trésorerie), ou encore, on peut y mentionner les implications d'une particularité du cas sur la solution (ex. : regroupement avec un autre organisme d'ici six mois). Il est certain que cette dernière section contient plus d'éléments que les exemples que je vous ai présentés. Cela peut facilement occuper en son entier la deuxième page de la fiche Informations sur un cas, particulièrement s'il s'agit d'un long cas.

POINT DE VUE

Les rubriques en caractères gras de la fiche « Informations sur un cas » sont les mêmes pour tous les cas. C'est donc une bonne idée de préparer le cadre général de ces fiches à l'avance et de le remplir au fur et à mesure de l'analyse de vos simulations. Vous êtes alors certain de ne rien oublier et de pouvoir éventuellement compter sur une information comparative. J'ai également observé que certains candidats cumulent leurs notes de synthèse sur deux pages *recto verso*; cela facilite leur classement.

Remarque : Vous pourrez également appliquer ces conseils à la fiche Performance à un cas simulé présentée ci-après.

Il est pratique de préparer à l'avance le cadre des notes de synthèse à remplir pour chacun des cas.

Performance à un cas simulé

Les observations qui concernent votre performance personnelle sont cumulées dans une fiche que j'intitule « Performance à un cas simulé ». Le compte rendu de votre performance vous permettra de synthétiser l'évaluation de votre réponse, de constater votre progression au fil du temps et de fixer des objectifs d'apprentissage pour les prochaines simulations. Ces notes de synthèse sont complétées pour chaque cas simulé.

Aux pages suivantes, vous trouverez deux exemples de la fiche Performance à un cas simulé. Vous remarquerez que chacune des rubriques à prendre en considération est en caractère gras, formant ainsi un cadre à remplir.

Extrait d'une fiche Performance à un cas simulé - exemple A

Date de la simulation : 26/11/X4   **Cas :** ISA SMILE (84 minutes)

Mon évaluation :*

    Mesure de la performance :

       « en voie de la compétence »

    Audit : « compétent »

    Fiscalité : « non traité »

Autres candidats :

{   48 % « compétence minime »

    64 % inférieur à « compétent »

{   23 % « compétence minime »

    44 % « en voie vers la compétence »

    24 % « compétent » et plus

Notions à réviser :

———→   critères de la comptabilisation à l'actif des frais de développement

———→   traitement fiscal d'un contrat de location

Idées faciles oubliées :

———→   conclusion sur la durée de l'amortissement des frais comptabilisés à l'actif!

———→   impact des produits différés (reportés) sur les impôts exigibles de la période

Difficultés rencontrées :

———→   perte de temps à déterminer l'importance de chacune des questions comptables

———→   pas vu que le traitement fiscal influe sur le ratio via les capitaux propres

Questions en suspens :

Pourquoi la clause restrictive de la banque n'influe pas sur le seuil de signification?

Points À RETENIR :

———→   J'ai bien identifié tous les sujets importants.

———→   Calculs structurés de manière efficiente; pas de perte de temps!

———→   Bons liens aux indices du cas dans le choix de la méthode d'amortissement.

Points À AMÉLIORER :

———→   mieux cibler les procédures d'audit en fonction des risques relevés.

———→   faire un lien entre le ratio d'endettement retraité et le risque de l'audit.

———→   ne pas expliquer les calculs dans le texte et répéter les mêmes explications en note à l'annexe.

Autres observations (s'il y a lieu) :

La fiscalité est un problème implicite, car cela influe sur le ratio d'endettement.

* se référer à la page 186 au sujet de l'approche d'évaluation retenue.

Analyse de l'ensemble des cas

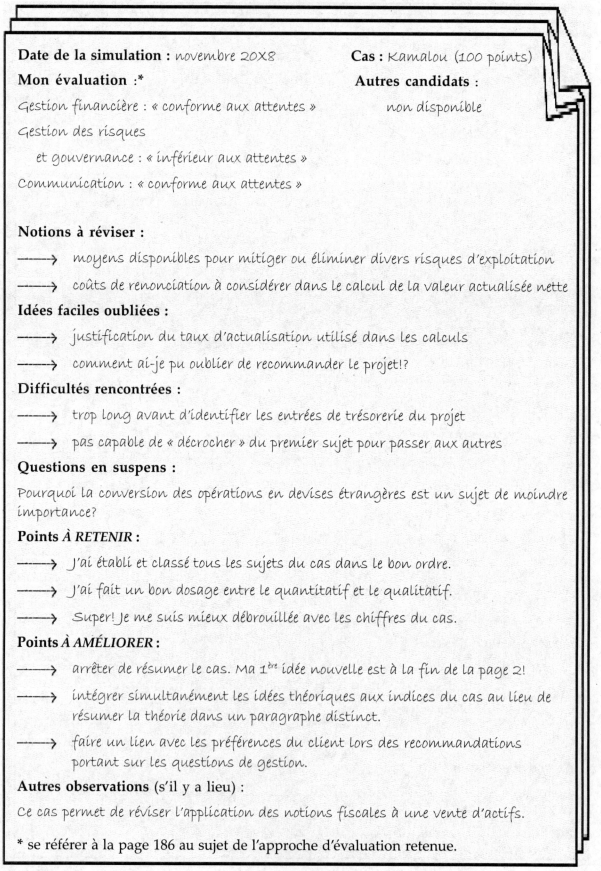

Date de la simulation : novembre 20X8   **Cas :** Kamalou (100 points)

Mon évaluation :*   **Autres candidats :**

Gestion financière : « conforme aux attentes »   non disponible

Gestion des risques

    et gouvernance : « inférieur aux attentes »

Communication : « conforme aux attentes »

Notions à réviser :

——→   moyens disponibles pour mitiger ou éliminer divers risques d'exploitation

——→   coûts de renonciation à considérer dans le calcul de la valeur actualisée nette

Idées faciles oubliées :

——→   justification du taux d'actualisation utilisé dans les calculs

——→   comment ai-je pu oublier de recommander le projet!?

Difficultés rencontrées :

——→   trop long avant d'identifier les entrées de trésorerie du projet

——→   pas capable de « décrocher » du premier sujet pour passer aux autres

Questions en suspens :

Pourquoi la conversion des opérations en devises étrangères est un sujet de moindre importance?

Points *À RETENIR* :

——→   J'ai établi et classé tous les sujets du cas dans le bon ordre.

——→   J'ai fait un bon dosage entre le quantitatif et le qualitatif.

——→   Super! Je me suis mieux débrouillée avec les chiffres du cas.

Points *À AMÉLIORER* :

——→   arrêter de résumer le cas. Ma 1ère idée nouvelle est à la fin de la page 2!

——→   intégrer simultanément les idées théoriques aux indices du cas au lieu de résumer la théorie dans un paragraphe distinct.

——→   faire un lien avec les préférences du client lors des recommandations portant sur les questions de gestion.

Autres observations (s'il y a lieu) :

Ce cas permet de réviser l'application des notions fiscales à une vente d'actifs.

* se référer à la page 186 au sujet de l'approche d'évaluation retenue.

Comme l'illustrent les exemples présentés, les informations sont habituellement concentrées sur une page – rarement deux. Encore une fois, ne perdez pas de vue l'essentiel en demeurant succinct. Dans la partie supérieure, vous constaterez que les informations de base concernant le cas y sont répétées : date de la simulation, référence du cas, rappel de votre performance et de la performance de l'ensemble des autres candidats (si connue). Éventuellement, ces informations pourront vous être utiles afin d'évaluer la progression de votre apprentissage au fil du temps.

Vous devez noter quelles sont les **notions à réviser**, car il arrive souvent que le fait de ne pas maîtriser pleinement certains concepts théoriques nuise à la résolution adéquate des problèmes ou enjeux. Il faut en prendre note afin de ne pas oublier de parfaire ses connaissances. En listant les **idées faciles oubliées**, elles se rappelleront plus facilement à vous lors d'une prochaine simulation comprenant un aspect semblable.

Les **difficultés rencontrées** en cours de rédaction doivent être exprimées en des termes clairs. Il faut faire l'effort de les verbaliser. Certes, il n'est pas toujours facile de se rendre compte, par exemple, qu'on a eu de la difficulté à commencer un calcul et que cela nous a fait perdre un temps précieux. Vous ne saurez peut-être pas clairement comment vous y prendre pour solutionner vos difficultés, mais le fait de les reconnaître est déjà un bon début. En fait, suite à la simulation d'un cas, posez-vous toujours la question suivante : « Où ai-je rencontré le plus de difficultés? »

Il arrive, de temps en temps, qu'un candidat se retrouve face à des éléments de la solution proposée ou du guide d'évaluation qu'il ne comprend tout simplement pas. Ce sont des **questions en suspens.** Lorsque vous jugez que cela est important, je vous suggère d'en prendre note afin de pouvoir éventuellement partager vos interrogations avec quelqu'un d'autre ou de pouvoir y revenir un peu plus tard.

Finalement, les **points *À RETENIR*** et les **points *À AMÉLIORER*** doivent tous deux être présents sur cette fiche. Vous devez être conscient des éléments positifs à maintenir et signaler les aspects qu'il vous faudra travailler à court et à moyen terme. J'ai précédemment avancé, à la partie 4, bon nombre d'exemples à cet effet. Vous le savez déjà, il vous faudra faire des exercices ou trouver des trucs pour minimiser, voire éliminer, les faiblesses relevées.

POINT DE VUE

Même si elles sont préparées en même temps, les notes de synthèse contenant des « Informations sur un cas » ou un compte rendu de la « Performance à un cas simulé » ne sont habituellement pas classées ensemble. Cela explique pourquoi les rubriques de base – date de la simulation, référence du cas, résultats obtenus – sont répétées sur les deux fiches.

Les notes sur la « Performance à un cas simulé » sont personnelles au candidat et sont classées par ordre chronologique afin de suivre l'évolution de l'apprentissage. Quant aux « Informations sur un cas », elles sont plutôt classées par catégorie, d'après le type de cas simulé, et leur contenu est beaucoup plus neutre.

Se fixer des objectifs d'apprentissage

À la suite de chacune de vos simulations, vous devez vous fixer des objectifs d'apprentissage. Ceux-ci découlent des points précédemment déterminés comme étant *À AMÉLIORER* ou découlent de toute difficulté rencontrée en cours de rédaction. À cette étape, il faut être réaliste. On ne peut pas avancer sur tous les fronts en même temps, surtout lors des premières simulations, pour lesquelles la liste des points à améliorer est plutôt longue… Suite à la simulation d'un cas, je vous suggère de déterminer vos objectifs d'apprentissage en considérant ce qui a le plus pénalisé votre performance au cas.

Dans la détermination de ces objectifs, il faut être conscient que les faiblesses que vous désirez minimiser n'ont pas toutes la même importance. Ainsi, le fait de comprendre exactement ce que le travail à faire implique me paraît plus important que de diminuer la longueur de ses phrases. Il faudra éventuellement travailler sur ce dernier aspect, mais chaque chose en son temps. Par expérience, il semble que l'idéal est d'établir tout au plus trois objectifs à la fois. Cela permet une meilleure concentration des efforts.

Il faut être réaliste dans la détermination des points *À AMÉLIORER*.

Personnellement, j'essaie toujours d'adopter une approche positive. Je me dis que si je désire corriger mes faiblesses, je dois me croire capable de les surmonter. Supposons, par exemple, que le principal point faible est de ne pas déterminer adéquatement l'importance des sujets. Il faut alors prendre le temps d'énoncer, de manière positive, le but recherché : « Chaque fois que je simule un cas, je place adéquatement les sujets par ordre d'importance. » Je vous suggère aussi d'écrire cet objectif et de le placer bien en vue afin de le relire régulièrement. Vous trouverez certainement un espace sur le mur en face de votre bureau de travail pour tous ces petits papiers dont vous avez besoin! Et, rappelez-vous que « Vouloir, c'est Pouvoir. »

POINT DE VUE

Parfois, des candidats me font le commentaire suivant : « On dirait qu'une faiblesse que je croyais réglée revient un peu plus tard. » Par exemple, un candidat qui avait appris à présenter des recommandations plus concrètes peut avoir oublié, sans raison apparente, d'en faire lors de sa simulation la plus récente. Bien qu'il me soit difficile d'expliquer ce phénomène, je peux vous dire que cela survient régulièrement. À mon avis, il y a tellement d'éléments dont il faut tenir compte dans la rédaction d'un cas (classer les sujets par ordre d'importance, intégrer ses idées au cas, jouer son rôle, répondre à la demande, tenir compte des objectifs du client, ne pas se répéter, et j'en passe…) qu'il est facile d'oublier un aspect. En l'inscrivant de nouveau dans la liste des points À AMÉLIORER, on y pensera plus rapidement et plus facilement lors de la prochaine simulation.

Il n'est pas toujours facile de corriger ses faiblesses, et certains candidats ont recours à divers trucs, parfois originaux. Chacun doit trouver la meilleure façon de favoriser son apprentissage. Je vous présente, ci-après, des exemples véritables inspirés de commentaires émis par des candidats qui existent réellement. Ces exemples peuvent vous inciter à faire preuve d'originalité!

- J'inscris mes objectifs d'apprentissage sur une feuille à part et je me permets de les lire deux ou trois fois pendant que je simule un cas.

- J'ai peur des chiffres et je n'en fais pas même quand c'est clair qu'on en a besoin. Lorsque je fais cette erreur en simulant un cas, je me prive de tennis pendant trois jours! Pour moi, c'est pire que de faire des calculs alors je n'ai pas le choix d'en faire...

- Je me fais deux pancartes par semaine. J'inscris mes trois meilleures réussites sur la première et mes trois plus mauvaises sur la deuxième. Je les affiche devant mon bureau de travail et je les relis plusieurs fois par jour. Cela finit par me rentrer dans la tête!

- J'oubliais toujours d'écrire mes recommandations. À un moment donné, je me suis dit que j'aurais un dessert de moins à chaque oubli. J'ai fait beaucoup plus de recommandations par la suite!

Je rencontre souvent des candidats qui ont l'impression de ne plus être capables de réussir un cas dans les jours qui précèdent un examen officiel. Ce comportement tout à fait normal est, à mon avis, essentiellement causé par la nervosité. Il se peut, aussi, qu'on soit fatigué ou qu'on en ait assez de faire des simulations lorsque le jour J approche. Si cela vous arrive, je vous suggère de cesser vos simulations ou de les espacer. En fait, la plupart des professeurs, dont moi-même, suggérons aux candidats de ne pas simuler de nouveaux cas dans la semaine qui précède l'écriture d'un examen professionnel. Je vous dirais, par expérience, qu'il ne faut pas s'en faire outre mesure puisque ce qui a été bien appris n'est jamais très loin et revient normalement à l'esprit au bon moment.

Il est indispensable de savoir diminuer sa nervosité pendant un examen officiel afin de ne pas perdre tous ses moyens. Si votre niveau de « stress » devient trop élevé, il faut trouver des façons de vous détendre. Se mettre des bouchons dans les oreilles, apporter un objet fétiche (eh oui!), choisir une place dans la salle d'examen où on se sent bien, écouter de la musique juste avant, etc., peuvent être envisagés. Chaque individu a sa propre personnalité et doit donc déterminer, au fil des simulations, ce qui lui convient le mieux.

Analyse de l'ensemble des cas

Dès qu'il a quelques simulations à son actif, il est normal qu'un candidat désire évaluer s'il fait des progrès. D'emblée, il faut savoir que ce n'est pas vraiment évident de statuer sur une quelconque amélioration. L'évaluation par compétences rend cette tâche difficile puisqu'un long moment peut s'écouler avant qu'un candidat réussisse à atteindre le niveau de passage (seuil de réussite). De plus, chaque cas est unique. Le prochain cas peut grandement surprendre par sa mise en contexte ou par la façon dont les problèmes ou enjeux sont amenés. Il n'est donc pas rare d'observer une progression pendant quelques simulations, suivie d'une période de stagnation. La rédaction de cas est un processus un peu plus compliqué que l'apprentissage de l'aspect technique d'un sujet, tel le calcul d'un gain ou d'une perte de change. La réussite ultime d'une simulation de cas requiert un bon entraînement, qui comprend la pratique de cas et l'évaluation objective de chacune de ses performances.

> **Évaluer sa progression en rédaction de cas
> n'est pas chose facile,
> car il est difficile de statuer sur son amélioration,
> même après quelques simulations.**

POINT DE VUE

Il arrive couramment qu'un candidat constate une baisse de sa performance lorsqu'il simule plusieurs cas d'affilés. Si cela vous arrive, je vous suggère tout simplement de cesser pendant quelques jours de simuler. C'est un peu comme s'entraîner pour un marathon. On ne court pas nécessairement tous les jours; en sautant une journée, la course du lendemain est souvent meilleure. Il faut laisser à votre cerveau le temps d'absorber ce que les derniers cas lui ont appris, même si ce processus est en partie inconscient ou se poursuit pendant votre sommeil!

Je vous suggère de revenir régulièrement sur le contenu de vos notes sur la Performance à un cas simulé afin d'évaluer votre progression. D'une part, l'atteinte – même partielle – de vos objectifs d'apprentissage mérite d'être soulignée. N'oubliez pas de *Comptabiliser vos succès*. D'autre part, cela vous permet également de relever toute répétition des mêmes erreurs. Si, par exemple, un candidat ne traite jamais de l'ensemble des problèmes ou enjeux importants, il doit absolument y remédier.

Comptabilisez vos succès

Après plusieurs simulations, la comparaison des diverses performances obtenues permet au candidat d'identifier les contextes, les rôles ou les sujets pour lesquels il éprouve davantage de difficultés. Ainsi, il se peut qu'un candidat se rende compte que le résultat qu'il obtient pour un cas n'est jamais très bon lorsqu'il y a une évaluation d'entreprise à faire. Une telle constatation soulève l'urgence de corriger cette faiblesse, en révisant d'abord les notions et concepts théoriques, puis en s'entraînant à les appliquer. Je vous suggère alors de réécrire ou de réviser la partie qui portait sur ce sujet dans les cas simulés précédemment.

La comparaison des notes de synthèse entre elles permet au candidat d'en faire ressortir les similitudes.

Par exemple, un candidat peut se rendre compte qu'il a de la difficulté avec tous les cas dont le contexte se situe au sein d'un organisme sans but lucratif. S'il constate ce fait, le candidat doit prendre le temps de faire ressortir les caractéristiques, les implications, le type de problèmes ou enjeux, etc., particuliers à ces organismes. Il doit affronter toutes les faiblesses relevées afin de pouvoir les neutraliser à moyen terme. Pour ma part, je me fais la remarque suivante : « Je ne peux pas me permettre de passer outre les faiblesses que je constate, car il y en a sûrement que je ne vois même pas! »

Il y a une différence entre la façon dont les candidats imaginent leur progression et la façon dont cela se passe en réalité. La performance à des simulations de cas ne s'améliore pas de manière régulière et continue. C'est normal. Certes, à moyen terme, on s'attend à une amélioration de ses résultats, mais il est difficile de s'en rendre compte à court terme. Il faut accepter cette situation. Ainsi, un candidat peut atteindre – confortablement de surcroît – le niveau de passage dans deux cas de suite pour la compétence « certification », puis obtenir un niveau inférieur au suivant. Cela ne veut certainement pas dire qu'il a tout à coup oublié les concepts d'audit et qu'il ne peut plus résoudre les problèmes ou enjeux de cette compétence.

Fait non négligeable, l'évaluation par compétences signifie qu'on doit évaluer sa performance en fonction du niveau atteint. Or, le nombre de niveaux n'est pas très élevé et on sait que la plupart des candidats se retrouvent autour du niveau de passage. En conséquence, dans l'apprentissage par cas, un candidat peut demeurer constamment au niveau juste en dessous de ce seuil de réussite pour la compétence « fiscalité », par exemple. Et ce, jusqu'à un examen officiel. Il faut admettre qu'il est plus difficile de rester motivé en ces circonstances.

En guise d'encouragement, certains candidats préparent un graphique illustrant l'évolution de leurs performances. Ainsi, pour un cas donné, ils vont calculer le ratio suivant :

$$\frac{\text{nombre de compétences au niveau de passage}}{\text{nombre total de compétences du cas}}$$

Par la suite, le ratio obtenu (axe des « y ») est placé dans un graphique relevant chacun des cas simulés (axe des « x »), par ordre chronologique.

238   Ou encore, pour une compétence donnée – qui leur occasionne davantage de difficultés –, certains candidats vont signaler le niveau atteint à chacun des cas comprenant une telle compétence. Outre le niveau obtenu, ils y ajoutent des commentaires afin de qualifier leur performance, tels que « *bien réussi* », « *de justesse* », « *presque* », « *à peine abordé* », etc. Naturellement, on peut faire de même pour certains aspects d'une compétence (ex.: planification fiscale d'une compétence « fiscalité ») ou pour un sujet (ex.: comptabilisation des immobilisations incorporelles).

POINT DE VUE

Voici, à titre d'exemple, le témoignage d'un candidat :

« Pour chaque cas simulé, je faisais le suivi de ma performance à chacune des compétences à l'aide d'un logiciel (Excel). Je pouvais ainsi faire le triage des données par compétence. Je mettais particulièrement en évidence les situations où je me situais sous la moyenne ou sous le niveau de passage. Cela m'a énormément aidé, car j'ai pu identifier les compétences qui m'occasionnaient davantage de difficultés, et voir l'amélioration dans le temps. J'ai donc pu redoubler d'efforts sur les points critiques. Avant de faire cela, je voyais que mes résultats étaient globalement adéquats, mais je ne voyais pas clairement les endroits où j'avais des faiblesses. »

D'autres candidats conçoivent un tableau, parfois de dimensions imposantes, où la première colonne comporte une liste de questions auxquelles il faut répondre ou une liste d'objectifs d'apprentissage. Chacune des colonnes suivantes correspond à un cas simulé. Au fil des simulations, le candidat indique simplement « *OUI* », « *+/–* », « *NON* », etc. pour indiquer l'atteinte de chacun des objectifs énumérés. Lorsque l'analyse de cas est faite sérieusement, on devrait remarquer une tendance à l'amélioration, du moins à moyen terme.

À la page suivante, vous trouverez deux extraits de tableaux que des candidats ont préparés afin de pouvoir suivre l'évolution de leur performance.

POINT DE VUE

Certains candidats simulent de nouveau le même cas en recréant la même situation (énoncé du cas non annoté, temps limité, etc.), soit parce qu'ils ont totalement manqué une simulation, soit parce qu'ils veulent voir s'ils peuvent maintenant élaborer une réponse quasi parfaite. Je peux comprendre qu'on veuille faire un tel exercice, mais cela doit rester occasionnel. L'objectif doit être précisé à l'avance. Ainsi, on peut vouloir réviser la façon de planifier une mission d'examen ou vouloir s'exercer à générer des flux de trésorerie dans un temps restreint.

Je comprends aussi qu'un candidat soit obligé de resimuler des cas déjà faits lorsqu'il reprend un cours ou un examen professionnel, ou encore, lorsque le nombre de cas en réserve s'amenuise. Toutefois, plusieurs mois se sont habituellement écoulés entre les deux simulations, ce qui réduit les inconvénients.

EXTRAIT DU TABLEAU « RÉSULTATS PAR COMPÉTENCE » – COMPÉTENCE « MESURE DE LA PERFORMANCE »

Cas*	0-1	2	3	4-5	Observations	Objectifs de travail
BUMP (12/07/X0)		✓			- manque de temps pour traiter de tous les sujets importants. - présentation inadéquate de ma solution; difficulté à présenter mes idées de manière structurée.	- prendre le temps de faire un plan de réponse. - faire les choses en ordre : 1- poser les hypothèses, 2- faire les calculs, 3- compléter l'analyse qualitative.
BEAT 08/08/X0			✓		- biais du directeur pas assez considéré. - texte imprécis qui ne prend pas vraiment position quant au traitement comptable à adopter.	- utiliser les éléments de l'Aperçu tout au long de la solution. - présenter plus clairement mes recommandations. Les commencer par un verbe à l'infinitif!

* se référer à la page 186 au sujet de l'approche d'évaluation retenue.

EXTRAIT DU TABLEAU « SUIVI DES OBJECTIFS D'APPRENTISSAGE »

Objectifs d'apprentissage	cas NIP 25/06/X0	cas BUMP 12/07/X0	cas GPS 24/07/X0	cas BEAT 08/08/X0	cas MAX 27/08/X0
Identifier tous les problèmes ou enjeux importants	non	non (1/2)	presque	bien fait	presque (2/3)
Présenter un juste équilibre entre l'analyse qualitative et l'analyse quantitative	N/A	presque	non	N/A	parfait!
Répartir adéquatement le temps entre les divers aspects ou sujets	non	+/-	presque	SUPER!	OK

Analyse de l'ensemble des cas

Analyse comparative des cas simulés

Lorsque vous avez complété quelques simulations, cela vous donne l'expérience requise pour effectuer une analyse comparative des cas simulés. Dans une approche analytique, vous devez prendre du recul et observer ce que l'analyse de l'ensemble des cas peut vous apprendre. L'objectif est de préciser les caractéristiques, les éléments clés ou les règles de conduite, souvent implicites, à retenir. Ces constatations ou observations découlent essentiellement d'un processus comparatif, pouvant également surgir à toute étape de l'analyse d'un cas. Rappelez-vous que tout exercice d'analyse doit ultimement vous permettre de cibler davantage ce qu'on attend de vous dans la rédaction du prochain cas.

POINT DE VUE

Je tiens à faire une remarque importante au sujet de tout le processus d'analyse comparative des simulations décrit dans les pages qui suivent. Nous sommes d'accord pour dire que c'est un exercice indispensable à la maximisation de la réussite des cas. Toutefois, il ne faut jamais perdre de vue qu'il s'agit d'analyses effectuées à partir des cas passés. C'est un exercice de compréhension du matériel disponible jusqu'à présent, mais nul ne peut prédire ce que sera le prochain cas.

**L'analyse des cas passés
permet de mieux réussir les cas futurs.
Par contre, rien ne garantit
que le futur sera le reflet du passé.**

POINT DE VUE

Vous remarquerez que je privilégie grandement la préparation de tableaux dans le cadre de l'analyse de l'ensemble des cas. Cette approche dynamique offre plusieurs avantages. La nécessité de structurer vos observations dans un tableau entraîne une réflexion planifiée, qui abouti sur la présentation d'une information concise. En effet, l'utilisation de tableaux exige l'établissement clair des liens de « cause à effet », ainsi que l'identification des similitudes et des différences. Par ailleurs, il est plus facile et plus intéressant d'étudier ou de réviser un tableau qu'un texte.

**L'approche comparative est très
utile dans l'apprentissage par cas.**

Dans l'analyse comparative des cas que vous avez simulés, vous devrez régulièrement retourner à vos notes de synthèse Informations sur un cas afin de pouvoir identifier les éléments sur lesquels vous devez vous questionner. Le but des exercices qui seront expliqués dans les pages qui suivent est de vous permettre de définir et de comprendre plus rapidement ce qui caractérise le processus de résolution des cas. Afin de réaliser cet objectif, une bonne maîtrise des cas analysés précédemment (énoncé du cas, solution proposée, guide d'évaluation, commentaires des correcteurs) est certainement un atout. Il faut également avoir rencontré plus d'une fois le même rôle, la même demande ou le même problème ou enjeu à traiter.

Éventuellement, les observations qui découleront de toute analyse comparative seront consignées de manière à faciliter votre étude. Nous reviendrons un peu plus loin sur les fiches-info que je vous suggère alors de créer.

Voici les principaux éléments à considérer dans l'analyse comparative des cas simulés.

Faire ressortir les similitudes et expliquer les différences entre les cas

Le premier exercice que je vous suggère est de faire ressortir les similitudes et d'expliquer les différences. Il faut donc comparer les cas simulés jusqu'ici, le plus souvent deux par deux. Afin de mieux illustrer mes propos, la discussion qui suit sera structurée comme suit :

> 1. Analyse comparative des différents rôles
>
> 2. Analyse comparative des diverses demandes

1. Analyse comparative des différents rôles

Tout d'abord, il faut s'interroger sur la manière dont le rôle à jouer influe sur les attitudes à adopter en cours de rédaction. À la partie 1, nous avons discuté de l'influence du rôle sur la manière d'utiliser un indice du cas. Vous serez certainement d'accord pour dire que l'angle avec lequel on examine un problème ou enjeu n'est pas le même si on est auditeur, conseiller en gestion ou fiscaliste. Toutefois, la différence d'attitude compte tenu du rôle à jouer n'est pas toujours aussi évidente que celle entre les rôles que je viens tout juste de lister. En fait, dans un rôle d'auditeur externe, par exemple, les circonstances dans lesquelles le candidat joue ce rôle peuvent varier considérablement d'un cas à l'autre. Un auditeur externe peut être tout simplement celui qui audite les états financiers, mais il peut également être appelé à émettre un rapport sur le respect de dispositions réglementaires, par exemple. Bien qu'à la base, on ait accordé un rôle d'auditeur au candidat, il y a des nuances – parfois assez subtiles – entre les mandats accordés.

Pour ces raisons, il faut examiner et comparer les divers rôles rencontrés au fil de vos simulations. Tout d'abord, je vous suggère de relever les similitudes, c'est-à-dire ce qui est sensiblement commun à tous les rôles de conseiller en gestion ou de fiscaliste, par exemple.

Voici des exemples de similitudes entre divers rôles.

Rôle à jouer	Similitudes dans les attitudes à adopter
Conseiller en gestion	– Il faut penser « affaires », c'est-à-dire aux flux de trésorerie, au prix de revient réel ou standard, à la contribution marginale, etc. – On doit déterminer les besoins ou les préférences des intervenants, les incertitudes ou les risques, ainsi que les contraintes à considérer. – Les normes comptables sont peu utiles, sauf lorsqu'elles ont une influence indirecte sur une situation de gestion (ex.: impact de la comptabilisation d'un contrat de location sur le ratio d'endettement).
Auditeur externe (ou interne)	– Les normes comptables et les normes d'audit, ainsi que le code déontologique, sont la référence de base et doivent, à moins d'avis contraire, être suivis. – Les questions de gestion ne sont généralement pas abordées, à moins qu'une demande soit expressément établie (ex.: louer ou acheter l'équipement). Ce n'est pas le rôle principal d'un auditeur de gérer l'entreprise.
Fiscaliste	– Les règles fiscales sont la référence de base. Plus particulièrement, il faut porter attention au « moment » où les sommes sont imposables ou déductibles. – On ne discute généralement pas des méthodes comptables, à moins que leur choix ait un impact au niveau fiscal (ex.: comptabilisation des produits d'un contrat qui s'étend sur plusieurs périodes).
Spécialiste (à qui on demande d'arbitrer un différend quant au calcul des redevances d'un auteur) **ou** **Spécialiste** (à qui on demande d'évaluer les dommages subis suite à un retard de construction)	– Les clauses du contrat sont la référence de base; clauses qui peuvent suivre les normes comptables ou tout autre mode de calcul prédéterminé. On doit donc être ouvert à l'usage d'autres règles (ex.: comptabilité de trésorerie, coût standard, juste valeur) et le démontrer comme tel dans la résolution du cas. – S'il n'y a pas de clause précise ou s'il y en a une qui est vague, il faut tout d'abord regarder si l'une des clauses actuelles peut être utilisée. Par exemple, si le contrat mentionne qu'aucune provision pour retours sur ventes ne doit être prise en compte, on en déduira qu'il en est de même pour les escomptes sur ventes. – Dans d'autres circonstances, il faut exercer son jugement professionnel et chercher « l'esprit » du contrat afin de définir une base de référence. Par exemple, puisque l'objectif est d'évaluer les dommages subis par le report du début des activités, les coûts déjà encourus de la publicité pour annoncer l'ouverture du restaurant peuvent être réclamés.
Conseiller externe en informatique ou Contrôleur (à qui on confie l'analyse du système informatique)	– Il s'occupe des procédures de contrôle interne liées au cadre informatique et ne traitera donc pas, de prime abord, des contrôles à l'extérieur de ce cadre, telle la séparation des fonctions. – Parfois, on lui demande d'évaluer les étapes de l'implantation d'un système informatique. Néanmoins, on ne s'attend pas à ce qu'il soit un spécialiste (informaticien), mais un comptable possédant une certaine connaissance de base en la matière.

Dans le tableau précédent, je fais référence au rôle à jouer en le considérant de manière relativement distincte. Or, je sais bien que plusieurs aspects différents peuvent être abordés dans un même cas. Par exemple, à titre de contrôleur, vous aurez peut-être à discuter de fiscalité. De même, le conseiller en gestion peut devoir analyser aussi les procédures de contrôle interne. Il faut savoir faire la distinction et adopter les attitudes nécessaires à la résolution adéquate de chaque partie demandée. Il arrive régulièrement que le rôle à jouer, en partie ou en totalité, soit un peu plus inhabituel que ceux décrits précédemment. Cela peut prendre diverses formes et les auteurs de cas font preuve d'imagination lorsqu'il s'agit de tester vos aptitudes dans de nouveaux types de mandat. Chaque cas a ses propres paramètres et il faut, bien sûr, « jouer le jeu » en s'ajustant correctement à chaque demande.

> La préparation d'un examen professionnel est un travail qui s'étend sur plusieurs mois. Outre le personnel affecté à temps plein à cette tâche, des membres externes aux Ordres professionnels font partie d'un Jury d'examen ou d'un Jury d'évaluation pour une période de deux ou trois ans. Toutes ces personnes concernées dans le processus doivent choisir le ou les cas qui feront partie du prochain examen. Elles ont le temps requis pour examiner et approuver des cas originaux qui offrent des contextes nouveaux ou exigent la discussion de sujets sous un angle différent.

Je vous suggère également de prendre le temps de faire ressortir les différences entre les rôles. Certes, il est pertinent de faire ressortir les similitudes tel que vu ci-dessus, mais il faut dire que l'observation des différences vous permet d'approfondir davantage votre compréhension des diverses situations. Cette recherche vous amène à vous questionner et à identifier les éléments qui peuvent faire la différence dans la réussite d'un cas.

Voici des exemples de différences entre divers rôles.

LIENS ENTRE LE RÔLE À JOUER ET LES DIFFÉRENCES DANS LES ATTITUDES À ADOPTER

Rôle à jouer	Différences dans les attitudes à adopter
Membre du conseil d'administration cas **A :** à qui on a demandé de commenter les résultats financiers	– Il doit effectuer son analyse d'un point de vue externe, en tenant compte des diverses parties en présence, tels que les actionnaires, les créanciers, etc. – Il doit expliquer les termes utilisés aux autres membres (non-initiés) qui ne sont pas dans le domaine de la comptabilité ou qui n'ont pas d'expérience en gestion.
Contrôleur cas **B :** à qui on a demandé de commenter les résultats financiers	– Il doit effectuer son analyse d'un point de vue interne, en tenant compte des objectifs et préférences, telle l'amélioration de la rentabilité. Il fait ressortir l'évolution de la performance. – S'il s'adresse à des gens à l'interne, il n'a pas besoin d'expliquer certains termes comptables. On peut d'ailleurs supposer que ces derniers ont de l'expérience en gestion.

Auditeur **cas C :** qui évalue le travail d'un autre auditeur dans le cadre d'une poursuite	– La mention de l'assertion d'audit concernée est souvent utile, car cela appuie plus précisément la cause des déficiences relevées. – Il faut surtout se concentrer sur les éléments qui ont entraîné des erreurs importantes aux états financiers (ex.: le fait de ne pas avoir confirmé assez de débiteurs n'est pas très grave si le poste Clients est correctement comptabilisé). Les erreurs comptables sont donc plus importantes et davantage discutées que les fautes d'audit. Ici, l'objectif premier du mandat est de déterminer si l'information financière est erronée – états financiers significativement trompeurs.
Auditeur **cas D :** qui évalue le travail d'un autre auditeur dans le cadre d'un contrôle de qualité des dossiers du cabinet	– Le cabinet peut avoir établi des normes de qualité plus strictes; normes qui seraient alors clairement énoncées dans le cas. – Il faut surtout se concentrer sur les éléments qui représentent une responsabilité professionnelle pour le cabinet. Ainsi, les erreurs comptables sont encore un peu plus importantes que les fautes d'audit, mais la différence est moins grande que dans le cadre d'une poursuite. Ici, l'objectif premier du mandat est de s'assurer de la qualité du travail effectué.
Contrôleur **cas E :** qui joue le rôle d'un comptable interne	– Il se préoccupe des normes professionnelles dans le choix des méthodes comptables tout en tenant compte des objectifs de son employeur (ex.: progression du résultat (bénéfice)). – A priori, les normes d'audit ne lui sont pas utiles. Toutefois, il se peut qu'il ait à préparer des informations qui vont faciliter l'audit de fin de période. Il devra alors tenir compte des normes qui influent sur le travail de l'auditeur externe.
Contrôleur **cas F :** qui joue le rôle d'un responsable des contrôles internes	– Il s'attarde plus particulièrement sur les faiblesses au niveau du contrôle interne. Régulièrement, il doit dresser la liste des déficiences, puis faire au moins une recommandation pour chacune d'elles afin de mitiger ou d'éliminer les conséquences. – Il ne faut pas confondre « contrôle interne » et « gestion interne. » Sauf avis contraire, on fait référence au premier aspect seulement. Ainsi, l'approbation de la provision pour dépréciation des clients par une tierce personne est un contrôle interne. La gestion des clients, tel l'établissement des conditions de crédit, relève plutôt de la gestion interne.

Dans votre travail d'analyse concernant l'influence du rôle à jouer sur les attitudes à adopter en rédaction, il est certainement utile de tenir compte de l'axe de la demande. Le mettre en évidence vous aide à établir les paramètres du cas. En fait, l'identification claire et précise de cet axe vous permet de mieux cibler vos observations, compte tenu du rôle à jouer, dans le cadre du cas. En d'autres mots, votre analyse comparative des cas simulés sera certainement bonifiée par la considération de l'axe de la demande.

Bien que cela fasse partie intégrante de l'identification des similitudes et des différences dans les attitudes à adopter, voici quelques exemples de liens entre le rôle à jouer et l'axe de la demande.

Rôle à jouer	Axe de la demande
À titre de conseiller en gestion pour la société de capital de risque, on vous demande d'évaluer si le prêt demandé par l'entreprise devrait être accordé.	– flux de trésorerie (capacité de remboursement) – valeur des garanties disponibles
On vous nomme arbitre, et vous devez trancher des questions en litige.	– clauses contractuelles à respecter – solde ou montant concerné (ex.: redevances, primes, valeur de l'action) à calculer
Une acquisition d'entreprise est projetée, et vous êtes le responsable du dossier.	– prix d'achat (ou intervalle de prix) à déterminer – financement à obtenir
Le travail à faire est d'évaluer les systèmes des deux divisions et de suggérer des possibilités d'amélioration, s'il y a lieu.	– liste des avantages (utilités) de chacun – liste des inconvénients (avec impact) de chacun – recommandations d'amélioration justifiées
L'entreprise cherche du financement et demande à son contrôleur de l'aider.	– flux de trésorerie/valeurs des garanties – coût net des divers moyens de financement disponibles

2. Analyse comparative des diverses demandes

Il faut également examiner les liens entre l'énoncé d'un cas et les idées pertinentes de la solution proposée (ou du guide d'évaluation). Dans la partie 4, nous avons abordé en détail l'analyse d'un cas simulé. Ici, il faut en venir à faire une analyse plus globale, où plusieurs cas sont examinés dans un même temps. Cet exercice n'est pas toujours facile, car il requiert du candidat une très bonne compréhension des solutions aux cas précédemment simulés.

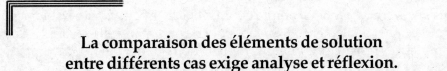

**La comparaison des éléments de solution
entre différents cas exige analyse et réflexion.**

Lorsque je désire faire ressortir les similitudes d'un cas à l'autre, j'exprime tout lien de cause à effet de la manière suivante : « Quand il y a…, il faut penser à (aux)… ». La reconnaissance de ce genre de lien vous permettra de déceler ce qui revient souvent afin de le retenir pour les prochaines simulations. Cela vous permettra également de déterminer plus rapidement l'impact du travail à faire ou de la demande, ou encore, des indices du cas, sur la rédaction de votre solution.

Voici plusieurs exemples de liens de ce genre.

EXEMPLES DE LIENS ENTRE L'ÉNONCÉ D'UN CAS ET LES IDÉES PERTINENTES DE LA SOLUTION

Quand il y a...,	il faut penser...
un investissement à évaluer	aux risques et opportunités de l'investissement.
des questions comptables à discuter	aux utilisateurs des états financiers.
un contrôle diligent à planifier	à établir le seuil de signification à un niveau très bas, c'est-à-dire à un niveau « dollar pour dollar ».
des coûts fixes élevés	au calcul du point mort.
un créancier qui menace de rappeler son prêt	à mettre en doute la continuité d'exploitation.
une entreprise en difficultés financières	aux flux de trésorerie.
des actionnaires sans contrôle	aux éléments qui pourraient leur porter préjudice (ex.: opérations entre personnes liées (apparentées)).
des soupçons ou preuves de fraude	à notre responsabilité à l'égard des parties en présence et envers notre profession.
une prime accordée au directeur	aux éléments qu'il peut contrôler.
une petite entreprise	à la difficulté de bien séparer les fonctions.
des états financiers personnels à dresser	à l'évaluation des actifs nets à la juste valeur.
une entreprise familiale	– aux opérations entre personnes liées (apparentées). – à l'incapacité de se fier au contrôle interne.

Vous vous êtes peut-être déjà rendu compte qu'une telle liste peut considérablement s'allonger. Pour s'y retrouver plus facilement, il est possible de la séparer en sections. Ainsi, les trois premiers exemples représentent un lien découlant de la demande du cas alors que tous les autres résultent d'indices du cas. Les trois derniers sont liés à la nature de l'entreprise. Il est également possible de préparer un tableau par catégorie de sujets (problèmes ou enjeux), de rôles ou de demandes. C'est à vous de déterminer quelle est la meilleure façon de classer l'information que vous accumulez au fil de vos simulations. Un candidat doit également tenir compte de ses propres faiblesses. Vous le savez déjà, il est indispensable de chercher constamment un moyen efficace de minimiser toute difficulté éprouvée lors de la résolution des cas.

Voici, à titre d'exemple, un tableau ayant pour sujet la fiscalité.

EXEMPLES DE LIENS À FAIRE (FISCALITÉ)

Quand il y a...,	il faut penser...
un décès d'un associé	aux diverses dates de production des déclarations et rapports aux autorités fiscales.
un transfert des actions à une société de gestion	aux dispositions de transfert en franchise d'impôt (roulement).
une filiale ou une division subissant des pertes	à l'utilisation des pertes par l'entreprise du groupe ayant des activités similaires.

La discussion précédente a porté sur la façon de faire ressortir les similitudes d'un cas à l'autre. Dans la continuité de cet exercice, il faut également relever toute différence afin d'expliquer pourquoi il en est ainsi. En d'autres mots, il faut comprendre pourquoi telle idée est pertinente alors que telle autre ne l'est pas, compte tenu du travail à faire ou de la demande. Premièrement, il faut remarquer cette différence, ce qui n'est pas toujours aisé et requiert de l'expérience en simulation. En effet, il faut avoir simulé un certain nombre de cas présentant des caractéristiques similaires. Deuxièmement, il faut bien analyser les raisons de la différence, et la réponse n'est pas toujours facile à trouver. Il s'agit parfois d'une légère nuance dans l'énoncé du cas, pouvant se trouver n'importe où dans le texte, parfois presque cachée à la fin d'une annexe. Finalement, il faut effectuer l'analyse en tenant constamment compte de la relation entre l'énoncé du cas et la solution proposée, voire le guide d'évaluation.

Voici des exemples de ces différences qui peuvent être relevées et de l'explication appropriée.

EXEMPLES D'EXPLICATIONS SUR LES DIFFÉRENCES RELEVÉES ENTRE LES CAS

	Différence relevée	Explication
Cas G :	On discute du projet d'investissement, puis de son financement.	Mention spécifique au cas H : « L'entreprise a décidé d'utiliser ses surplus investis dans des placements pour financer le projet d'investissement. »
Cas H :	On discute du projet d'investissement, mais pas de la question du financement.	
Cas I :	Il faut discuter des éléments propres à un premier mandat d'audit, telles la disponibilité des ressources, les compétences nécessaires, la communication avec l'auditeur précédent, etc.	Mention spécifique au cas J : « Avant de vous confier le mandat, l'associée chargée du dossier a pris le temps de régler tous les éléments additionnels à prendre en considération dans un audit initial. »
Cas J :	Il ne faut pas discuter des éléments propres à un premier mandat d'audit.	

Différence relevée	Explication
Cas K : Il faut mentionner l'imposition ou la déductibilité de chacune des questions comptables discutées.	Mention spécifique au cas K : « Le contrôleur interne s'interroge sur les conséquences fiscales associées aux nouvelles opérations comptables de la période. »
Cas L : Il ne faut pas discuter de fiscalité.	
Cas M : Il faut justifier le choix de la méthode retenue pour évaluer l'entreprise convoitée.	Mention spécifique au cas N : « Les deux parties se sont entendues pour que le prix d'achat soit égal à trois fois le résultat (bénéfice) normalisé moyen des deux dernières années. »
Cas N : Il n'est pas nécessaire de justifier d'autres méthodes, celle basée sur le résultat (bénéfice) normalisé passé est retenue.	
Cas O : Il faut discuter des clauses à renégocier dans le cadre du prochain renouvellement du bail.	Mention spécifique au cas P : « La signature du renouvellement du bail est imminente puisque le vice-président, finances a déjà réglé toutes les questions pertinentes avec le bailleur. »
Cas P : Il ne faut pas discuter du renouvellement du bail même si l'échéance approche.	
Cas Q : Il faut discuter de la comptabilisation des frais de développement.	Mention spécifique au cas R : « Les frais de développement n'ont pas encore été encourus. Ils concernent un projet qui prendra forme dans quelques mois. »
Cas R : Il n'est pas nécessaire de discuter de la comptabilisation des frais de développement.	

Faire ressortir les structures de réponse

Tout candidat qui simule régulièrement des cas pourra observer une certaine répétition dans la manière d'aborder la résolution de certains problèmes ou enjeux. Dans la section précédente, nous avons fait ressortir les similitudes et expliqué les différences reliées au rôle et à la demande. Regardons maintenant comment faire ressortir les structures de réponse. L'objectif de ce deuxième exercice est de vous permettre de déterminer plus rapidement la marche à suivre dans une situation donnée. En fait, pour être plus précis, il s'agit de faire ressortir les grandes lignes, ou encore, les grandes sections qui peuvent être discutées. Ce faisant, vous serez davantage en confiance et vous ne perdrez pas de précieuses minutes à chercher comment aborder votre réponse. Vous écrirez davantage d'idées nouvelles et pertinentes. Il s'avère donc profitable de prendre le temps d'examiner les solutions proposées – et les guides d'évaluation – afin d'y repérer les approches similaires.

Aux pages suivantes, vous trouverez quelques exemples de structures de réponse.

Sujet : Planification d'un mandat d'audit

Structure de réponse :   Appréciation des risques

Seuil de signification

Stratégie d'audit

Secteurs de risque importants et procédures connexes

Observations :

→   Les facteurs qui sont considérés dans l'appréciation des risques découlent directement de l'énoncé du cas. La plupart du temps, ces facteurs concernent des événements nouveaux, c'est-à-dire qui sont apparus au cours de la période, ou qui sont particuliers à l'entité.

Exemple : *Puisque les opérations au comptant sont beaucoup plus nombreuses, il se peut que la piste d'audit soit minime, voire inexistante. Donc, le risque est plus élevé.*

→   Il faut toujours terminer l'appréciation des risques par une conclusion claire et précise quant au niveau de risque du mandat d'audit.

Remarque : La plupart du temps, ce niveau est élevé, mais pas toujours...

→   La détermination d'un seuil de signification est influencée par la perception des besoins des utilisateurs des états financiers.

Exemple : *La possibilité que les états financiers servent maintenant aux autorités étrangères nous amène à établir le seuil de signification à un niveau plus bas que l'an dernier.*

→   La discussion sur la stratégie d'audit n'est habituellement pas très longue. À tous les coups, elle tient compte du contrôle interne dans l'entreprise. En fait, il faut chercher à relier la discussion de la stratégie aux indices du cas.

Exemple : *Nous allons utiliser une stratégie de corroboration étant donné le manque de contrôle apparent chez TIN.*

→   Les procédures d'audit pertinentes sont celles qui permettent la minimisation des risques relevés.

Exemple : *Comme la sous-évaluation est le risque principal, nous ferons une recherche exhaustive pour repérer les passifs non comptabilisés.*

POINT DE VUE

L'exemple A concerne la planification d'un mandat d'audit. Je suis bien consciente que tout étudiant qui simule, ne serait-ce que deux ou trois cas d'audit, découvrira facilement la structure que je vous présente. Je vous signale que mon but n'est pas de vous remettre une série de structures de réponse « prêtes-à-porter », mais plutôt de vous expliquer la manière de les construire. Il vous revient donc de faire le travail nécessaire. C'est, à mon avis, la seule façon de les mémoriser.

Sujet : Évaluation des procédures de contrôle interne

Structure de réponse :   Déficience (ou Problème)   « P »

                                 Conséquences de la déficience (ou Impact)   « I »

                                 Recommandation d'amélioration justifiée   « R »

Observations :

→   Habituellement, il n'y a pas d'option à envisager avant de recommander. On indique la déficience (et ses conséquences), puis on y remédie en tenant compte, le plus souvent possible, des particularités du cas : noms des personnes, pièces justificatives, montants.

→   Il faut expliquer la nature de la déficience, la plupart du temps en se référant au cas.

     Exemple : *Comme il n'y a pas de limite quant aux montants qu'il peut engager (P), le secrétaire a effectué d'importants achats sans l'autorisation des propriétaires (I).*

→   Il faut toujours recommander concrètement et précisément quelle amélioration devrait être mise en place. Qui? Quoi? Quand?

     Exemple : *Je recommande que tous les achats excédant une limite préétablie, disons de 1 000 $, soient approuvés par l'un des propriétaires (R).*

Remarque : La structure pourrait également être retenue afin de discuter des risques d'affaires, par exemple. Toutefois, il faut se garder d'utiliser cette structure pour tout problème ou enjeu. Un sujet de fiscalité, ce n'est pas une déficience.

Remarque : Il est souvent plus efficient d'adopter la structure de réponse qui suit au sujet des questions de moindre importance. Toutes les idées nécessaires à la solution sont quand même présentées, mais le texte définitif est plus court.

     Titre (identification de la déficience)

     Recommandation justifiée par un ou deux arguments (le « car » est en fait la conséquence de la déficience qui est maintenant éliminée).

POINT DE VUE

L'exemple B met en évidence un point important : il faut constamment relier la discussion aux indices du cas. Ainsi, la considération des diverses personnes nommées dans le cas peut et doit vous aider dans la formulation de vos recommandations. Aussi, la comparaison des diverses solutions entre elles vous permet parfois d'identifier d'autres secteurs d'application d'une même structure (ex.: discussion sur les risques d'affaires), ou encore, de trouver une façon plus efficiente de présenter votre discussion en d'autres circonstances (ex.: questions de moindre importance). Finalement, l'usage d'un code, telles les lettres P-I-R, vous aide à ne pas oublier un aspect en cours de rédaction.

Sujet : Doute sur la continuité d'exploitation

Structure de réponse :   Identification du problème à l'aide d'indices du cas

Conclusion quant au doute sur la continuité d'exploitation

Calcul des flux de trésorerie (lorsque données disponibles)

Aspects qualitatifs (ex.: impact sur l'audit)

Conclusion découlant de l'analyse

Observations :

→   L'enjeu de la continuité d'exploitation est habituellement implicite. Il y aura assurément quelques indices du cas permettant de le découvrir.

Exemple : L'entreprise a perdu son principal client, la capacité d'endettement est à son maximum et les fournisseurs exigent le paiement de la marchandise sur livraison.

→   La préparation d'un flux de trésorerie (généralement futur) est le meilleur outil pour évaluer la capacité d'une entreprise à continuer son exploitation. Il est souvent utile de séparer le calcul des flux de trésorerie en ses parties : activités opérationnelles (d'exploitation), activités d'investissement et activités de financement. Cela permet d'abord de voir si les activités ordinaires (courantes) génèrent un surplus de trésorerie, puis de voir si l'entreprise peut rembourser ses dettes venant à échéance.

→   Il est inutile d'actualiser les flux de trésorerie! On veut évaluer la viabilité sur plusieurs années, pas au temps 0!

→   Il faut tenir compte des aspects nouveaux et particuliers dans l'analyse quantitative et qualitative.

Exemple : L'entreprise vient de signer un contrat important, ou encore, un nouveau produit, déjà en demande, sera mis en marché d'ici quelques semaines.

→   Exemples de suggestions pour améliorer la trésorerie/la rentabilité :

– réduire/contrôler les coûts (ex.: geler les salaires);

– analyser différents secteurs, puis fermer ceux qui sont déficitaires;

– vendre les actifs superflus.

Remarque : La conclusion quant au fait que la continuité est en doute peut se présenter avec plus d'efficience, comme suit :

Étant donné que :

- l'entreprise a perdu son principal client

- la capacité d'endettement est à son maximum

- les fournisseurs exigent le paiement de la marchandise sur livraison

Je conclus que la continuité d'exploitation de BUG est en doute.

Analyse de l'ensemble des cas

Il faut prendre conscience de ceci : plus vous simulez, plus vous pouvez comparer les cas entre eux et plus vous êtes en mesure d'identifier les éléments communs. Tel qu'illustré par les exemples précédents, vous serez à même de faire ressortir les structures de réponse qui pourront vous guider lors des simulations suivantes.

Il va de soi que vous pouvez dès maintenant penser à d'autres situations où une structure de réponse relativement « standard » peut être établie. Leur nombre variera selon vos besoins, compte tenu du genre de cas que vous serez appelé à simuler. Afin de vous y aider, je vous en suggère une liste, bien sûr, non exhaustive.

Exemples de situations pouvant faire l'objet d'une structure de réponse

- Discussion d'une question comptable (ex.: comptabilisation des produits);

- Analyse d'un projet d'investissement (ex.: construction d'une nouvelle usine);

- Implantation d'un nouveau système informatique (ex.: révision des étapes d'implantation);

- Acquisition d'une entreprise (point de vue de l'acheteur; point de vue du vendeur);

- Évaluation d'un placement (ex.: acquisition d'actions de catégorie B);

- Planification d'un contrôle diligent (ex.: achat d'un concurrent);

- Établissement d'un plan de mise en œuvre.

POINT DE VUE

Dans tout le processus d'apprentissage par cas, vous devez exercer votre jugement professionnel. On sait que les structures de réponse que vous aurez construites seront très utiles pour rédiger les prochaines simulations. Toutefois, cela ne doit pas devenir un automatisme appliqué indistinctement à tous les cas sans tenir compte des circonstances particulières. D'ailleurs, les Ordres professionnels mentionnent régulièrement que des candidats appliquent systématiquement des structures de réponse alors que ce n'est pas toujours approprié.

Par exemple, il se peut que votre supérieur immédiat ait déjà apprécié le risque de la mission d'audit et qu'il vous demande de continuer la planification du mandat à sa place. Dans ces circonstances, vous comprenez que vous devrez sauter cette étape – à moins que des informations additionnelles soient apparues depuis l'évaluation faite par votre supérieur. De même, dans votre structure de réponse concernant l'acquisition d'une entreprise, vous aurez probablement constaté qu'une des étapes est d'envisager le choix d'acheter les actifs ou les actions. Néanmoins, il sera inutile de discuter des avantages de procéder à l'achat des actifs si les deux parties ont déjà convenu de procéder par l'échange d'actions.

Autrement dit, vous n'êtes jamais obligé d'utiliser une structure de réponse dans sa totalité. Elle vous sert simplement de point de départ et de guide en cours de rédaction; il ne faut pas s'en servir aveuglément. À vous de choisir ce qui convient. Ce n'est pas parce que le menu est varié que vous êtes obligé de commander tous les plats.

Au fur et à mesure de l'avancement de votre analyse comparative des cas simulés, vous pourrez – parfois sans vous y attendre – exprimer des observations qui faciliteront votre compréhension des solutions proposées. Bien que ces observations n'aboutissent pas sur la construction d'une structure de réponse proprement dite, elles doivent être retenues. D'un point de vue pratique, chaque observation peut être clairement signalée, suivie par des explications sur son application, qui sont complétées par des exemples concrets.

Voici des exemples d'observations que l'analyse de l'ensemble des cas permet de faire ressortir.

Observation : On constate régulièrement la présence d'une conclusion globale de type synthèse.

Application : Pendant la rédaction d'un cas, il arrive qu'on puisse énoncer une conclusion qui relève un point commun à plusieurs sujets analysés individuellement. Il ne s'agit pas d'un résumé de l'analyse d'un problème ou enjeu. Il s'agit plutôt de généraliser l'impact d'une série de faits particuliers, après avoir pris du recul face à l'analyse.

Exemples :

→ Toutes les méthodes comptables choisies par le contrôleur augmentent le ratio du fonds de roulement.

→ Toutes les opérations entre personnes liées (apparentées) faites depuis deux ans ont le même objectif, soit de sortir l'argent de l'entreprise.

→ Étant donné toutes ces déficiences du contrôle interne, les états financiers peuvent contenir des erreurs importantes.

Observation : Certains types de problèmes ou enjeux exigent moins de profondeur dans la discussion. On peut alors adopter un style d'écriture plus télégraphique qu'à l'accoutumée (sans sujet ni verbe).

Application : Il en est souvent ainsi des sujets portant sur les procédures de contrôle interne, les procédures de contrôle informatique et la fiscalité. La plupart du temps, il n'y a qu'une option à envisager par aspect discuté, ce qui facilite la présentation succincte et directe de l'idée.

L'observation s'applique également lorsqu'il s'agit d'une « liste » :

→ d'éléments de risque;

→ d'avantages et d'inconvénients;

→ de facteurs à considérer (ex.: lacunes dans la gouvernance d'entreprise);

→ d'indices du cas justifiant un problème implicite;

→ d'informations supplémentaires à obtenir;

→ de raisons justifiant le même énoncé (ex.: conclusion globale);

→ de commentaires sur un projet de contrat.

**La comparaison des éléments de solution
entre eux fait ressortir nombre d'observations utiles.**

Observation : En audit, il faut répondre à la question « Comment? »

Application : Les idées émises doivent être concrètes et exprimer une action à entreprendre, dans un langage qui sera compris par un exécutant.

La procédure énoncée commence habituellement par un verbe à l'infinitif. Autant que faire se peut, on évitera le mot « auditer », qui est un peu trop vague et général. D'autres termes – lire, confirmer, passer en revue, déterminer si, évaluer, calculer, examiner, discuter avec, etc. – sont plus efficaces pour pousser le candidat à préciser l'idée.

Exemple : Il faut auditer les placements.

Cette idée est trop vague. Il faut plutôt écrire : « retracer le coût des placements achetés afin de... » ou « obtenir la juste valeur des titres en fin de période afin de... ».

Il arrive régulièrement qu'on soit capable de formuler rapidement une série d'observations qui n'ont pas besoin de plus d'explications. Tout comme les exemples précédents, celles-ci résultent de l'analyse globale des solutions proposées, des guides d'évaluation ou des deux à la fois. Il s'agit d'observations ou de constatations directes et succinctes, qui se résument en peu de phrases. Je vous en offre, ci-dessous, quelques exemples.

- Il faut tenir compte des interrelations entre les problèmes ou enjeux. Chacun d'entre eux n'est pas totalement indépendant des autres, même si leur analyse est présentée en sections distinctes.

- Lorsqu'il y a une analyse de sensibilité, elle est courte, directe et va droit au but. Il n'y a qu'un ou deux changements au calcul, tel l'usage d'un taux d'actualisation différent.

- Il ne faut pas traiter en profondeur de sujets en dehors de nos compétences de comptable. Nous possédons peut-être quelques notions de base, mais nous ne sommes ni avocat, ni expert en environnement, ni expert en système informatique, etc.

- Les calculs présentés en annexe sont clairs, aérés et découlent d'un objectif de travail précédemment établi. Une référence à ces calculs doit figurer dans le texte de la réponse.

- Il arrive que le cas requiert qu'on dresse la liste des options ou actions possibles. Le *statu quo* est rarement une option à envisager. De toute façon, elle ne sera probablement pas retenue.

Vous pourrez, au fil de vos simulations, constater la véracité des observations précédentes, tout en complétant cette liste. Après tout, c'est l'analyse comparative de nombreux cas, pratiquée pendant plusieurs années, qui me permet d'écrire le présent volume.

Fiches-info par contexte

Jusqu'ici, nous avons discuté de la façon d'analyser la solution proposée et le guide d'évaluation de chaque cas que vous simulez. Nous venons aussi tout juste de voir des exercices qui vous permettent de procéder à une évaluation comparative de l'ensemble des cas simulés. Dans la présente section, mon objectif est de vous expliquer comment vous pouvez regrouper toute cette information que vous détenez d'une manière qui en facilite l'usage. Puisque « la mémoire est une faculté qui oublie », il faut s'assurer de retenir l'essentiel de vos diverses analyses. Voilà pourquoi je vous suggère de créer ce que j'appelle des fiches-info par contexte; fiches qui seront constamment bonifiées au fil de vos simulations.

POINT DE VUE

Il faut comprendre que tous les exercices décrits dans les pages précédentes font partie intégrante de la construction des fiches-info par contexte. Ainsi, dans l'objectif de créer ces fiches-info, le candidat regroupe ensemble les observations qui découlent de son analyse comparative des rôles et des demandes, tout en considérant les structures de réponse qu'il a établies.

Créer des fiches-info

Dès qu'un candidat acquiert de l'expérience en simulation de cas, il peut dès lors songer à créer plusieurs fiches-info; une par contexte. Il faut comprendre que ces fiches vont lui servir pendant plusieurs mois et pas seulement pendant une session d'études. Pour ce faire, le candidat cumule sur une même fiche toutes ses observations sur le contexte « Entreprise en phase de démarrage », par exemple. La fiche se construit donc au fil des simulations qui utilisent ce contexte comme cadre général et qui proviennent de différentes sources (cours, examen professionnel, etc.). En réalité, on pourrait dire que les fiches-info ne sont jamais terminées, car toute nouvelle simulation peut apporter de nouvelles idées.

Les fiches-info par contexte renferment une série d'observations que le candidat peut présenter de la manière qu'il le désire. Il va de soi que l'usage d'un traitement de texte facilite le classement des nombreuses informations qu'elles contiennent. Effectivement, cela facilite la tâche du candidat qui revient régulièrement ajouter des observations ou les relire pour fins d'apprentissage. Voici une liste d'éléments que peut contenir une fiche-info par contexte, accompagnée d'exemples d'observations pour une fiche intitulée « Entreprise en phase de démarrage ».

- La fiche contient une liste des cas simulés qui utilisent le contexte comme toile de fond. Habituellement, le candidat y inscrit le nom du cas ou sa source afin de pouvoir facilement y retourner pour des éclaircissements supplémentaires. En fait, la référence devrait être la même que celle utilisée dans les notes de synthèse Informations sur un cas et Performance à un cas simulé.

  Exemple : NEW, NOVEL, X3-Q3

- Toute référence aux normes, règlements, lois, principes, etc. sous-jacents au contexte à l'étude.

  Exemple : Les règles fiscales au sujet des pertes de démarrage à reporter.

❧ Toute similitude ou différence entre les cas simulés, que ce soit au niveau du rôle, du travail à faire ou de l'axe de la demande. En fait, cela vaut la peine de noter tout paramètre du cas qui vous permet de mieux cibler le contenu de la solution proposée (et du guide d'évaluation).

Exemple : Dans tous les cas recensés, la viabilité est l'axe de la demande. En conséquence, la préparation d'un flux de trésorerie prévisionnel est un enjeu afin d'établir la survie.

Exemple : Dans NOVEL, puisque la nouvelle entreprise a déjà été formée en société en nom collectif, il est inutile d'envisager une autre possibilité.

Exemple : Dans NEW, il ne fallait pas discuter de l'établissement des méthodes comptables, car nous avions un rôle de conseiller en gestion, que le projet était en phase de démarrage, et que la direction désirait confier cette tâche à un auditeur externe. Dans NOVEL, cela faisait directement partie de la demande.

❧ Identifier toute structure de réponse. (N. B. souvent placée au début de la fiche)

Exemple : Analyse de la viabilité

Obtention du financement

Questions de gestion liées au démarrage

Détermination des méthodes comptables

Impact sur l'audit de fin de période

❧ Des observations quant au contenu d'une solution, observations prenant la forme suivante : « Quand il y a..., il faut penser à... ».

Exemple : Quand il y a un financement sous forme d'actions convertibles, il faut penser à l'impact éventuel sur le contrôle des actionnaires actuels.

❧ Des exemples concrets pouvant appuyer une discussion.

Exemple : faire une liste « d'informations qu'un créancier peut demander » afin d'accorder le financement nécessaire au démarrage de l'entreprise.

❧ Un rappel des éléments plus difficiles à traiter dans les cas.

Exemple : Discussion à savoir quels frais de démarrage peuvent être comptabilisés à l'actif.

❧ Tout truc susceptible d'améliorer l'efficience de rédaction.

Exemple : Lorsque plusieurs éléments composent les frais de démarrage, il est préférable de regrouper ensemble ceux qui font l'objet d'une même analyse (ex.: coût des brevets et coût d'enregistrement de la marque de commerce).

❧ Toute autre observation utile.

Exemple : Il est normal de constater un déficit de trésorerie au début de l'exploitation d'une nouvelle entreprise.

Aux pages suivantes, vous trouverez deux exemples de fiches-info par contexte : « Déclaration de pertes suite à un sinistre » et « Situations de fraude ».

Ces fiches contiennent bon nombre d'exemples d'observations qu'un candidat peut faire au sujet des contextes en titre; elles ne sont certes pas exhaustives. D'une part, il faut comprendre que le contenu de ces fiches dépend des cas simulés. D'autre part, il dépend aussi de ce que le candidat a pu observer de ses diverses analyses. Naturellement, un travail d'analyse sérieux et rigoureux trouve sa pleine utilité dans la pertinence des observations qui en découlent.

Contexte : Déclaration de pertes auprès d'un assureur

Structure de réponse :   Clarification de la mission (délai, références, etc.)
Type de rapport dont l'assureur a besoin
Analyse des principaux éléments de la déclaration
Planification de la mission
Conclusion découlant de l'analyse

Observations :

→   Quand il s'agit d'un rapport spécial, il faut penser au type de rapport à produire. Se référer aux normes professionnelles concernant l'émission d'un rapport sur le respect de dispositions contractuelles.

→   Les normes comptables ne sont pas la base de référence à suivre. Il faut se référer aux clauses du contrat. Autant que possible, il faut relier toute discussion à l'une des clauses.

Exemple : *La clause 3A mentionne que l'indemnisation des stocks est fondée sur la moins élevée des deux valeurs suivantes au moment du sinistre : valeur de réalisation nette et coût de remplacement. La valeur d'acquisition n'est donc pas une information pertinente.*

→   Se rappeler que « l'esprit » d'une police d'assurance est de « remplacer les biens perdus ». Il n'est habituellement pas permis à une entreprise de « faire des profits » grâce à la réclamation présentée à l'assureur. De plus, il faut se rappeler que l'entreprise a « l'obligation de prendre les mesures nécessaires pour limiter les dommages. »

Exemple : *On peut réclamer le coût des stocks perdus, mais pas le prix de vente habituel aux clients. L'assureur ne paie pas de profit!*

→   Attention! Il faut envisager plus d'une possibilité quant au montant à réclamer, mais seulement lorsque les clauses du contrat d'assurances ne sont pas clairement définies.

Exemple : *prendre le coût de reconstruction ou le coût de remplacement.*

Par contre, il est inutile de tergiverser lorsque le contrat est clair. Dans cette situation, il est préférable d'énoncer directement la recommandation justifiée. Exemple : *Tous les coûts de nettoyage sont remboursés selon 7i.*

→   Les éléments à discuter n'ont pas tous la même importance! Dans le cas DOUM, trois des six éléments sont d'un montant élevé. Il fallait discuter des trois pour atteindre le niveau de passage! Erreur fatale! J'en ai juste 2!

→   Conclusion globale : mentionner que le montant réclamé est inférieur au montant calculé par le comptable interne.

→   Le seuil de signification est très bas, relié aux besoins de l'utilisateur principal : l'assureur. On peut suggérer un seuil à 1 $. On utilise essentiellement une stratégie de corroboration.

→   Structure de réponse similaire à l'approche d'une mission d'enquête sur une fraude : risques, seuil de signification (1 $), stratégie (corroboration) et procédures. N. B. Il faut habituellement discuter du type de rapport.

Analyse de l'ensemble des cas

Contexte : Situations de fraude

Observations :

cas SWING : on se rend compte de l'existence de la fraude au cours du mandat d'audit des états financiers.

→ S'il est présent, le risque de fraude augmente le risque d'audit et requiert la mise en œuvre de procédures d'audit supplémentaires. Il faut évaluer si la fraude entraîne des anomalies significatives dans les états financiers. L'auditeur peut en venir à remettre en cause la possibilité de poursuivre la mission.

→ Ne pas craindre d'affirmer qu'il y a possibilité d'une fraude, lorsque les indices sont là!

→ Quand il y a des indices de fraude, il faut penser à recommander au client d'agir rapidement pour éviter d'autres pertes.

→ Axe de la demande : impact sur la mission d'audit

→ La responsabilité première pour la prévention et la détection des fraudes incombe aux responsables de la gouvernance et à la direction. La direction n'a pas remis de déclaration écrite attestant qu'elle a mis en place les contrôles nécessaires pour prévenir et détecter les fraudes. Il s'agit d'une omission importante dans l'audit de la période précédente.

→ Attention! Puisqu'il s'agit d'une société publique, il faut informer le conseil d'administration ou le comité d'audit selon les circonstances.

→ Si le client désire qu'on enquête davantage sur la fraude, il s'agit d'un mandat distinct de l'audit des états financiers.

cas BULL : on reçoit une mission distincte, soit de déterminer l'ampleur de la fraude.

→ Le seuil de signification est habituellement à 1 $. C'est différent du cas SWING où on se rendait compte de la fraude en cours d'audit. À ce moment-là, l'estimé des sommes perdues fait partie du cumul des anomalies détectées.

→ Axe de la demande : montant de la fraude

→ Retenir une stratégie de corroboration, car on ne peut pas vraiment se fier au contrôle interne! Regarder l'intégralité des événements (100 %) concernés par la fraude.

Exemple : *passer en revue toutes les factures du mois de mars.*

Remarque : Il est indispensable de démontrer la compréhension de cette notion au niveau de passage.

→ Structure de réponse similaire à l'audit habituel des états financiers : risques, seuil de signification (1 $), stratégie (corroboration) et procédures.

N. B. Il faut habituellement discuter du type de rapport.

Exemples d'indices du cas qui peuvent être des facteurs de risque de fraude :

– Le chef comptable veut tout contrôler et ne prend jamais de vacances.

– Les contrôles sur les opérations au comptant sont quasi inexistants.

Il existe, vous l'aurez certainement compris, plusieurs situations qui peuvent vous amener à créer des fiches-info par contexte. Tout au long de la durée de vos études en comptabilité, vous simulerez beaucoup de cas, d'une grande diversité. J'ai questionné plusieurs candidats afin de vous présenter ci-dessous une liste, non exhaustive, de fiches-info pouvant être créées.

Exemples de situations pouvant faire l'objet d'une fiche-info par contexte

- Arbitrage entre deux parties;
- Passage d'une mission d'examen à une mission d'audit;
- Évaluation de la performance (division, directeur);
- Premier appel public à l'épargne;
- Évaluation du travail d'un autre auditeur;
- Organismes sans but lucratif;
- Rapport à faire pour un créancier;
- Rachat des actions d'un actionnaire;
- Société en nom collectif.

Avec toute mon expérience dans l'apprentissage par cas, je désire vous rappeler que tout nouveau cas peut vous surprendre. Autrement dit, un candidat bien intentionné, ayant beaucoup travaillé ses simulations et construit de très bonnes fiches-info par contexte peut se retrouver démuni devant le cas suivant. D'une part – et je vous le rappelle pour que ce soit bien retenu –, rien ne garantit que le prochain cas soit dans la même ligne que les précédents. Le contexte, et même un problème ou enjeu, peut paraître similaire, mais il ne faut rien prendre pour acquis. Il est assez rare de pouvoir appliquer ce que l'on sait d'un cas tel quel à un autre. Par exemple, même si l'obtention d'un financement adéquat est un élément pertinent dans les trois cas précédents portant sur une entreprise en phase de démarrage, ce ne sera pas automatiquement pertinent au quatrième. Certes, il est « plus probable qu'improbable » que ce le soit, mais qui sait? Peut-être que la nouvelle entreprise a déjà reçu des acomptes, d'un montant important, pour des contrats signés avec l'État. En conséquence, nul besoin pour elle d'obtenir du financement.

> **Il ne faut pas imposer un sujet dans une réponse sous prétexte qu'il est habituellement toujours là.**

Finalement, je désire souligner le fait qu'un candidat peut créer toute fiche qu'il juge utile. Il n'a certes pas l'obligation de se confiner à des contextes. En fait, dès qu'une difficulté se pointe, la création d'une fiche est souvent le meilleur moyen pour aider à la surmonter. Récemment, j'ai rencontré des candidats qui m'ont fourni les exemples de fiches-info qui suivent :

- « Éléments à discuter dans l'Aperçu. »

  Exemple : objectifs d'un contrôle diligent.

- « Liste de critères qui bloquent (blocages) l'obtention du niveau de passage. »

  Exemple : impossible d'obtenir le niveau de passage sans avoir quantifier les ajustements à apporter aux états financiers.

- « Attention à ce que tu fais! »

  Exemple : Le rapport s'adresse à la cliente. Il ne faut pas lui dire qu'elle ne pense qu'à ses propres intérêts!

- « Implication des biais, objectifs, contraintes, conflits, etc. sur la solution. »

  Exemple : il faut tenir compte des besoins du client dans la détermination du type de rapport à préparer.

- « Erreurs fatales! »

  Exemple : ne pas prendre en considération les résultats des activités préliminaires dans la planification de l'audit.

Planifier des rencontres avec d'autres candidats

Il m'apparaît bénéfique de planifier des rencontres avec d'autres candidats qui ont un parcours semblable au vôtre afin de discuter des différents cas que vous avez simulés. Cette discussion peut se faire en groupe de deux à cinq personnes où chacun peut améliorer et compléter ses propres analyses en échangeant avec les autres.

Pour un cas pris individuellement, il est souvent révélateur de comparer sa fiche « Informations sur un cas » à celle d'autres candidats. Le fait de connaître la perception qu'a une autre personne du même cas permet la confirmation ou la bonification de vos observations personnelles. Ainsi, un confrère peut avoir noté le fait que le guide d'évaluation ignore totalement un sujet de moindre importance. Cela peut également vous permettre de répondre à la rubrique « Questions en suspens ».

Les rencontres de groupe me paraissent particulièrement utiles quand on pense aux fiches-info par contexte. Bon nombre de candidats trouvent fort intéressant de comparer le contenu de la fiche « Entreprise en phase de démarrage », par exemple, avec d'autres candidats. Un tel exercice de « remue-méninges » est d'autant plus enrichissant que les personnes concernées ont généralement simulé les mêmes cas.

Les rencontres de groupe favorisent le partage d'idées.

Lorsque vous êtes en groupe, il est également possible de profiter de l'occasion pour échanger sur des contextes, situations ou sujets pour lesquels vous avez peu d'informations. La tendance est de créer des fiches-info pour des situations qui se rencontrent plus ou moins régulièrement dans les cas. Ne revenons pas sur ce point. Toutefois, il faut comprendre qu'une situation que vous n'avez jamais rencontrée peut très bien se retrouver dans le prochain cas. Il est donc utile de s'imaginer des scénarios inédits (« Et si... ») et de se questionner sur ce qu'ils impliquent. C'est d'ailleurs un exercice particulièrement plaisant à faire en groupe. Cela vous aidera aussi à minimiser les impacts de toute nouveauté dans une simulation puisque vous aurez travaillé la capacité d'être prêt à tout!

Voici des exemples de scénarios possible.

@ Le secteur des entreprises à tarifs réglementés fait rarement l'objet d'un cas. Quelles en seraient les particularités?

@ Comment exécuter un mandat dans lequel nous sommes le représentant de l'État venu auditer si les dépenses réclamées afin d'obtenir une subvention (aide gouvernementale) sont adéquates?

@ Dans les cas, le risque de la mission d'audit est habituellement élevé. Comment réagir si le risque d'audit est beaucoup plus faible que l'an dernier?

@ Les créanciers d'une entreprise en difficulté financière viennent tout juste d'accepter une proposition concordataire. Quel en serait l'impact sur la comptabilité, l'audit et la fiscalité de la société?

Il est certainement très tentant de se simplifier la vie en photocopiant tout simplement les fiches des autres candidats. Vous ne serez certainement pas surpris d'apprendre que je ne suis pas d'accord avec ce moyen d'obtenir l'information recherchée. À mon avis, vous devez vous-même cumuler ces notes et observations qui construisent vos fiches afin d'en retirer pleinement tous les bénéfices. Tout cela résulte, avant tout, d'un processus de réflexion individuel qui me paraît indispensable à l'amélioration de votre performance. Certes, il est toujours intéressant, à point nommé, de comparer son propre matériel à celui d'un autre pour compléter ses connaissances. Toutefois, cet exercice demande qu'on ait d'abord fait soi-même un minimum d'effort. Partager? Oui! Reproduire? Non!

Il faut tout d'abord faire le travail individuellement avant de planifier une rencontre de groupe.

Compte tenu des propos précédents, vous comprendrez pourquoi je ne fournis pas davantage d'exemples dans le présent volume. En fait, je me suis constamment gardée de vous donner des références directes à des cas connus ou à des examens professionnels. Certes, quantité d'exemples illustrent mes propos, mais ils servent avant tout de guide à votre démarche d'apprentissage, qui demeure fondamentalement individuelle. Ils ne la remplacent pas.

Fiches-info par sujet

Nous savons que les objectifs d'apprentissage par cas sont multiples. En tant que candidat, vous devez exercer votre jugement professionnel afin, entre autres, de déterminer correctement l'ordre d'importance des problèmes ou enjeux, de pouvoir fournir des conclusions ou recommandations adéquates et d'intégrer vos idées au contexte particulier du cas. Il ne faut certainement pas perdre de vue que la maîtrise des connaissances acquises dans le cadre de votre formation de comptable fait partie intégrante du processus.

Je sais très bien que rédiger un cas, c'est simuler ce qui se passe dans la pratique. Si je peux m'exprimer ainsi : c'est comme faire semblant d'interagir dans le monde réel afin d'en saisir le maximum de particularités. Il s'agit de mises en situation; de simulations. Tout cela est fondamentalement adéquat. Toutefois, il faut être conscient que les cas demeurent essentiellement un outil pédagogique à saveur académique. Entre autres objectifs, ils servent de prétexte à l'évaluation de vos connaissances. Certes, le cas fournit un contexte exigeant une résolution intégrée et multidisciplinaire, mais cela n'exempte pas le candidat de s'assurer qu'il possède les connaissances requises. Toute technique de rédaction, aussi sophistiquée soit-elle, ne peut compenser une faiblesse à ce niveau.

La maîtrise des connaissances est indispensable à la réussite d'un cas.

Voici ce qu'il faut considérer dans la préparation de fiches-info par sujet.

Créer des fiches-info

Dès qu'un candidat commence à simuler des cas, il peut dès lors songer à créer plusieurs fiches-info; une par sujet. Tel que discuté ci-dessus, les notions et concepts théoriques utilisés dans la résolution d'un cas doivent être bien compris et bien appliqués. Par exemple, il serait inapproprié d'évaluer un dirigeant selon le profit s'il dirige un centre de revenus. Même si votre recommandation est exprimée de manière claire et précise, elle est tout de même inadéquate. Je vous suggère donc de préparer des fiches-info sur les sujets qui reviennent régulièrement dans les cas, qui sont complexes, qui sont « en vogue », qui vous paraissent plus difficiles ou pour lesquels peu d'écrits existent à l'heure actuelle. Cela dépend aussi des forces et faiblesses de chacun.

En d'autres mots, le choix des sujets qui feront l'objet d'une fiche dépend des circonstances. Si, par exemple, vous remarquez que le sujet « éventualités » est une question comptable souvent abordée dans les cas, je vous suggère de créer une fiche. Aussi, si vous avez de la difficulté à maîtriser le sujet « audit d'estimations comptables », c'est une bonne idée de résumer les notions qui s'y rapportent. Il est important de comprendre qu'il n'est pas nécessaire de construire des fiches-info pour tous les sujets rencontrés. Ce serait sûrement intéressant, mais cela consommerait beaucoup trop de temps. Vous devez faire preuve de discernement dans la détermination du nombre de fiches à créer.

Une fiche-info par sujet, c'est tout simplement un résumé des notions et concepts sur un sujet donné, dans quel que domaine que ce soit. Cela permet de synthétiser l'information et de regrouper vos observations en lieu et place des textes et volumes de référence qui fournissent nombre d'explications sur le sujet. D'une part, la création de fiches-info par sujet amène le candidat à mieux comprendre les notions et, d'autre part, cela lui fournit un moyen de venir rapidement rafraîchir ses connaissances au besoin.

POINT DE VUE

Des candidats me demandent souvent quel est le bon moment pour construire des fiches-info par sujet. L'idéal serait de faire des résumés sur les questions clés de fiscalité, par exemple, au fur et à mesure que l'on assiste à ses cours de fiscalité. Toutefois, pour diverses raisons, la plupart des candidats réalisent qu'ils en ont besoin lorsqu'ils commencent à simuler des cas multidisciplinaires. À ce moment-là, ils doivent humblement admettre qu'ils ont oublié plusieurs choses. Certes, on ne repart pas à la case départ lorsqu'on retourne à un sujet étudié plusieurs mois auparavant; mais on ne se souvient pas de tout non plus. Il faut donc admettre que le fait de ne pas se rappeler les notions et les concepts théoriques importants d'un sujet entrave considérablement la capacité de résoudre un cas. Pour ces raisons, la plupart des candidats créent des fiches-info par sujet au fur et à mesure que la simulation de cas en soulève la nécessité.

Le contenu d'une fiche-info par sujet peut varier considérablement d'un candidat à l'autre. Certains n'y inscrivent que de courtes phrases sans beaucoup d'explications. Cela leur suffit. D'autres font de longs résumés qui, à la limite, sont presque aussi longs que les textes originaux de référence. Je n'argumenterai pas longtemps sur les différentes façons de faire, car cela varie grandement d'un individu à l'autre. Une fiche-sujet sur les « centres de responsabilité », par exemple, peut tenir sur une demie-page pour l'un et remplir trois pages pour l'autre. L'important est que chacun y trouve son compte.

Idéalement, une fiche-info doit contenir les éléments suivants :

- une brève référence aux textes et volumes qui expliquent les notions. C'est également une bonne idée d'identifier un ou deux problèmes unidisciplinaire qui résume bien le sujet – question de pouvoir réviser les notions d'un point de vue technique, si nécessaire (ex.: calcul des impôts différés (futurs)).

- la liste des concepts théoriques.

- le résumé proprement dit de la théorie sur le sujet.

- des exemples concrets d'application des notions théoriques à un cas.

POINT DE VUE

Il faut comprendre que le but premier d'une fiche-info par sujet est de résumer les notions et concepts « de base ». Nul besoin de se perdre dans les détails et d'étudier en profondeur toutes les situations d'exception. Par exemple, dans une analyse financière, on sait bien qu'il existe quelques ratios qu'il est indispensable de connaître. Il faut donc apprendre à se concentrer sur l'essentiel d'un sujet et volontairement laisser tomber certains aspects de celui-ci. Connaissez-vous le ratio de l'intervalle défensif? Non? Vous êtes sûr? Aucune importance! Rappelez-vous ceci : à la veille d'un examen professionnel, il vaut généralement mieux connaître la base de tous les sujets au programme que de maîtriser en profondeur la moitié d'entre eux. Et, ceci est mon dernier avis aux perfectionnistes qui lisent ce volume!

Voici de plus amples explications sur le contenu des fiches-info par sujet.

Faire ressortir les concepts théoriques

À un moment ou un autre, il m'apparaît essentiel de faire ressortir les concepts théoriques d'un sujet. Que le résumé d'un sujet soit court ou long, cela ne me dérange pas vraiment. Toutefois, il m'apparaît nécessaire, voire indispensable, que les concepts théoriques soient clairement soulignés. Ces concepts s'expriment de manière succincte et précise par quelques mots seulement – rarement des phrases – autour desquels une discussion peut se faire. En effet, ce sont les concepts théoriques – normes, règlements, lois, principes, etc. – qui font essentiellement l'objet d'un problème ou enjeu dans les cas. Voilà pourquoi il faut les faire ressortir.

À mon avis, toutes les fiches-info par sujet doivent mettre en évidence, en quelques tirets, les concepts théoriques de base. Je les place d'ailleurs toujours au début de la fiche, qu'ils soient déterminés en faisant le résumé des notions ou qu'ils soient découverts en faisant l'analyse d'un cas particulier.

Voici, à titre d'exemple, la liste des concepts théoriques de deux sujets.

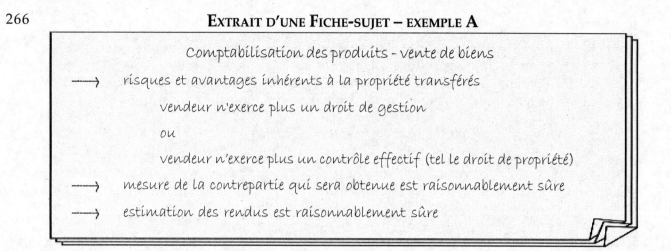

EXTRAIT D'UNE FICHE-SUJET – EXEMPLE A

Comptabilisation des produits - vente de biens

⟶ risques et avantages inhérents à la propriété transférés

    vendeur n'exerce plus un droit de gestion

    ou

    vendeur n'exerce plus un contrôle effectif (tel le droit de propriété)

⟶ mesure de la contrepartie qui sera obtenue est raisonnablement sûre

⟶ estimation des rendus est raisonnablement sûre

EXTRAIT D'UNE FICHE-SUJET – EXEMPLE B

Composantes du contrôle interne

⟶ objectifs :

    information financière fiable

    prévention et détection des erreurs et des fraudes

    protection des actifs

⟶ autorisation des opérations

⟶ séparation des fonctions

    3 aspects : autorisation, contrôle de l'actif, enregistrement

⟶ contrôles physiques

⟶ traitement de l'information

⟶ documentation et rapports

⟶ équilibre coûts/avantages de l'implantation d'un contrôle

POINT DE VUE

La très grande majorité des candidats utilise un traitement de texte pour construire leurs fiches-info par sujet, pour des raisons évidentes. Toutefois, certains candidats recopient les concepts théoriques (ou seulement des mots-clés) sur de petites fiches (3 X 5 po). Puisque ces concepts théoriques rappellent l'essentiel des sujets, il est plus facile de les mémoriser.

Construire divers tableaux

Il n'est pas dans mon objectif de vous fournir des exemples de résumés des notions sur un sujet donné. À ce point de vos études en comptabilité, vous avez certainement réalisé plusieurs fois l'exercice. Toutefois, outre le fait de faire ressortir les concepts théoriques – tel que décrit à la section précédente –, et le fait de bonifier vos fiches à l'aide d'exemples concrets, – tel qu'il sera discuté à la section suivante –, je désire insister sur la création de tableaux. Lorsqu'il est possible de structurer l'information de manière à faciliter votre compréhension des notions, n'hésitez surtout pas. À mon avis, il est plus facile d'étudier ou réviser un tableau qu'un texte.

L'utilisation de tableaux nous oblige à établir clairement les liens en cause ainsi que les similitudes et les différences. La comparaison est en effet un moyen très utile de mettre en évidence les notions d'un sujet. Il existe, par exemple, diverses méthodes d'évaluation d'une entreprise, divers types de rapports spéciaux d'audit et diverses catégories d'amortissement fiscal. De même, il est régulièrement possible de pouvoir structurer le résumé des notions sous la forme d'une énumération. Par exemple, on peut remarquer qu'il existe plusieurs critères pour évaluer la performance d'un dirigeant, plusieurs éléments additionnels à prendre en considération lors d'un audit initial et plusieurs critères pour définir s'il s'agit d'un employé ou d'un travailleur autonome au sens fiscal.

Toute fiche ou tableau aidant le candidat à minimiser ses faiblesses est pertinent.

À la page suivante, vous trouverez quelques exemples de tableaux qui peuvent être préparés.

Bonifier vos fiches-info par sujet au fil des simulations

Lorsque vous simulez, vous êtes appelés à traiter d'un bon nombre de problèmes ou enjeux pour lesquels vous avez créé ou allez créer une fiche-info. Pendant le processus d'analyse de cas, vous devez donc en tenir compte. D'un côté, vos fiches peuvent vous aider à mieux comprendre la discussion d'une solution proposée. Vous pourrez également identifier les idées pertinentes d'un même sujet qui reviennent régulièrement d'un cas à l'autre. Par exemple, le concept de la « détermination des avantages économiques futurs » dans le cadre de la comptabilisation des immobilisations incorporelles est souvent en cause.

D'un autre côté, la solution proposée peut certainement contribuer à bonifier vos fiches par sujet. Cela peut vous permettre de mieux identifier les concepts théoriques. Aussi, avantage non négligeable, cela vous permet d'obtenir des exemples concrets de l'application de la théorie à la pratique; exemples que vous pouvez inscrire sur vos fiches-info. Finalement, vous pouvez prendre note des contextes où certaines notions sont particulièrement utiles.

Exemples de tableaux pouvant être construits

forme d'entreprise particularités	société par actions	société en nom collectif	entreprise individuelle	coentreprise
définition				
modalités de formation				
droits et responsabilités des propriétaires				
existence d'une entité morale				
types de transfert aux propriétaires				
traitement fiscal ex.: double/simple imposition				
etc.				

traitement fiscal de base	exceptions (ex. si parties liées)

traitement comptable – d'un produit – d'une charge	traitement fiscal – Quand est-ce imposable? – Quand est-ce déductible?

mission d'audit	mission d'examen

société ouverte normes comptables internationales	entreprise à capital fermé normes comptables

Voici l'exemple d'une fiche-info bonifiée par l'analyse de différents cas (référence entre parenthèses).

EXTRAIT D'UNE FICHE-INFO SUR LES PROCÉDURES D'AUDIT

Assertion d'audit	Exemples concrets de procédures d'audit (cas)
existence	- examiner les rapports produits par les consignataires pour déterminer si le solde des stocks en consignation est plausible. (NIP) - obtenir les quantités achetées ainsi que les quantités consommées pour calculer le stock qui manque. (CP)
évaluation	- examiner des contrats de vente récents pour nous faire une idée de la valeur de réalisation nette. (MAX) - nous renseigner auprès de la direction et des installateurs au sujet de la désuétude technique de ces pièces pour... (PS) - calculer le taux réel de rotation des articles et le comparer à celui des années antérieures puisque... (MAX) - comparer les factures d'achat aux prix de vente ultérieurs, car... - repérer les articles désuets ou à rotation lente lors du dénombrement afin de... (MAX)
droits et obligations	- identifier, lors du dénombrement, les articles vendus par mise de côté en contrepartie d'un acompte afin de... (NIP) - examiner les documents relatifs aux stocks en transit pour...
séparation des périodes	- passer en revue les rapports de vente produits par les consignataires, car... (NIP)

Investir temps et efforts

La résolution de cas n'est pas un apprentissage qui se fait rapidement. Cela requiert du temps et, permettez-moi de vous le mentionner, de l'humilité. Les résultats satisfaisants se font souvent attendre et surviennent parfois tout juste avant un examen officiel – pour ne pas dire à l'examen lui-même! En conséquence, il faut y mettre des efforts, simuler régulièrement de nouveaux cas, être patient et ne pas se décourager par les résultats obtenus. Tout arrive à point à qui sait... persévérer! L'analyse des cas, pris individuellement ou dans leur ensemble, exige un travail rigoureux, mais indispensable à l'amélioration. Ne perdez pas de vue le fait que l'apprentissage par cas s'échelonne sur une période de plusieurs mois. Autrement dit, il ne vous est pas demandé, dès la fin de la lecture de la présente partie, de construire toute une série de fiches-info par sujet. Il en est de même des fiches-info par contexte.

Un jour à la fois!

Plusieurs candidats se demandent s'ils doivent se rencontrer en groupe afin d'échanger au sujet de leurs fiches-info par sujet. Certes, ce n'est pas interdit, mais ce serait d'une utilité limitée. On sait que la forme ainsi que l'étendue du résumé des notions sur un sujet résulte d'un travail personnel. Cela dépend de la manière propre à chacun d'apprendre. Aussi, le choix des fiches-info peut différer d'une personne à l'autre. Finalement, à mon avis, la rétention du contenu d'une fiche-info par sujet se fera plus rapidement si le candidat a lui-même construit ses fiches.

Toutefois, le partage des concepts théoriques identifiés peut amener des discussions enrichissantes. Il en est également de même pour certains tableaux. Naturellement, toute forme de photocopillage des fiches-info par sujet, sans avoir d'abord fourni un effort individuel, est à éviter.

Conserver précieusement fiches et tableaux

Les fiches et tableaux que vous préparez sont d'excellentes références, régulièrement mises à jour, lues et relues. L'information colligée est complétée au fur et à mesure que l'expérience en simulation de cas est acquise. Ces outils d'apprentissage continu servent à vous rappeler quels sont les éléments essentiels à retenir de vos simulations de cas. Je ne peux trop insister sur le fait que le cartable ou le fichier informatique comprenant l'ensemble des analyses est très important. C'est votre actif le plus précieux... à conserver sous votre oreiller!

Toutes ces fiches et tableaux amassés avec le temps sont particulièrement utiles dans la période qui précède un examen officiel. Les fiches-info par contexte et par sujet sont bien souvent les derniers documents que vous lirez. Elles offrent un portrait clair et succinct des caractéristiques et des implications de l'ensemble des situations étudiées ou d'un sujet donné. Ces fiches-info rafraîchiront rapidement votre mémoire.

Vous n'aurez certainement pas de difficultés à trouver des sujets pour vos fiches-info. Dans notre vaste domaine d'étude, cela ne manque pas. À titre d'exemple, je vous souligne quelques sujets faisant fréquemment l'objet de problèmes ou enjeux dans les cas : « gestion des liquidités », « règles déontologiques sur l'indépendance », « dépréciation d'actifs à long terme », « implications fiscales de la vente d'une entreprise » et « constatation des produits lorsque les travaux s'étendent sur une longue période ».

Il m'arrive de constater que des candidats préparent des fiches-info qu'ils ne relisent jamais. Certes, une partie de l'apprentissage se fait en même temps que la construction des fiches. Toutefois, relire régulièrement les fiches vient donner tout son sens au processus. Certains candidats désirent attendre d'avoir plusieurs heures de libre pour effectuer cette lecture, le plus près possible d'un examen officiel. Personnellement, je vous suggère plutôt de planifier plus régulièrement cet exercice. Par exemple, un candidat peut prévoir trois périodes de vingt minutes par semaine. Lorsqu'il a terminé la lecture des fiches-info qu'il a en main, il recommence tout simplement. Relire régulièrement les points déterminants d'un contexte ou d'un sujet est un excellent moyen de s'en rappeler au moment voulu.

Conclusion

En guise de conclusion à ce volume, je vous présente des exemples de questions qui me sont posées par des candidats se dirigeant vers un examen professionnel. Vous allez peut-être vous reconnaître! Je vous résume la réponse que je fournis normalement à ces questions, mais vous serez en mesure de constater qu'il est vraiment difficile de répondre à certaines d'entre elles.

Mme Deslauriers, j'ai beaucoup de difficulté à trouver les « bonnes » procédures d'audit. En fait, j'en trouve, mais ce ne sont jamais celles de la solution proposée!

- Il faut habituellement qu'une procédure soit liée à la question comptable afin de permettre à l'auditeur de mieux appuyer sa recommandation. Par exemple, on se demande si les produits doivent être constatés cette année ou l'an prochain. Une procédure appropriée sera de « lire au contrat quand les services seront rendus ». Bien que ce soit une procédure d'audit, le fait de « retracer le dépôt » ne répondra pas à la question qui se pose ici, à savoir « quand » constater les produits.

- Pour ne pas oublier de fournir des procédures sur chacune des questions comptables, tu peux les rédiger au fur et à mesure de la discussion. Cela ne t'empêchera pas de les regrouper au même endroit dans la section « audit ».

- Remplir la phrase suivante est un truc qui peut t'aider : « s'assurer de… en… » (ex.: s'assurer de l'existence du stock en faisant ouvrir certains barils). Rappelle-toi, toutefois, que le premier « … » concerne l'objectif de la procédure et que le deuxième « … » est la procédure elle-même.

- Penser aux assertions est un bon truc. L'existence, l'exhaustivité et l'évaluation sont fréquemment au cœur de la discussion. L'identification de l'assertion qui pose problème aide grandement à préciser la procédure. « Quel est le secteur de risque? » est une question clé.

Je me répète beaucoup. J'ai de bonnes idées, mais comme je les dis deux ou trois fois, mes résultats demeurent faibles.

- Il faut prendre un peu plus de temps avant d'écrire et t'assurer d'émettre l'idée précise et complète la première fois.

- Tu dois mettre des titres et sous-titres précis qui sépareront bien les sujets. Les idées se rapportant à un même problème ou enjeu doivent se retrouver sous la même rubrique. Si tu penses à une idée sur un sujet précédemment traité, il faut revenir en arrière et l'ajouter au bon endroit. De cette façon, tu éviteras plus facilement les répétitions.

Pas facile avec la fiscalité, je l'oublie ou je ne sais pas comment écrire mes idées.

- En fiscalité, il faut essentiellement identifier « quand » ce sera imposable ou déductible de manière claire et succincte. Si cela fait partie de la demande, il est clair que le guide d'évaluation en tiendra compte. Il ne faut pas négliger volontairement un sujet demandé.

J'ai de la difficulté à structurer la lecture d'un cas. Je crois que je perds trop de temps à faire des annotations et construire mon aide-mémoire.

- ꙩ Tout d'abord, il faut comprendre que les annotations, ainsi que l'aide-mémoire, sont là pour ton usage personnel. Cela doit être fait de manière succincte et abrégée. Il en est de même pour les feuilles de brouillon.

- ꙩ Il faut naturellement éviter de répéter les mêmes informations à la fois à titre d'annotation et dans l'aide-mémoire. Pour un court cas, par exemple, il suffit généralement d'annoter l'énoncé du cas, puis de faire un plan de réponse.

- ꙩ Dans un aide-mémoire, il faut principalement s'attarder sur les problèmes ou enjeux importants ou de moindre importance. L'objectif n'est pas de résumer l'énoncé du cas ou de débuter sa réponse. Il faut plutôt rassembler au même endroit les informations (et leurs références) sur un sujet donné. Ceci, afin de pouvoir compter rapidement sur une information complète lorsque vient le temps d'analyser un problème ou enjeu. Par exemple, il est pratique de relever tous les endroits de l'énoncé du cas qui donnent des indices pouvant t'aider à justifier les ajustements aux prévisions financières préparées par le client.

Je n'écris que les idées complexes ou difficiles.

- ꙩ Il faut rédiger la réponse comme si elle s'adressait à un exécutant, soit quelqu'un qui vient de terminer une année d'études en comptabilité. Cela t'aidera à mieux définir le niveau d'explications nécessaires, car la personne à qui tu t'adresses doit savoir « quoi faire ». Tu ne t'adresses certes pas à un expert qui en connaît autant ou davantage que toi.

La compétence « information financière » est celle avec laquelle je me sens le moins à l'aise. Avez-vous un truc pour moi?

- ꙩ Tu peux recenser tous les cas publiés depuis trois ans dont le guide d'évaluation contient cette compétence. Après avoir fait imprimer cette partie de chacun des cas, place-les l'une à la suite de l'autre, tous cas confondus. Ensuite, essaie d'en dégager les similitudes, les différences, les termes utilisés dans les critères d'évaluation, les éléments indispensables pour passer d'un niveau à l'autre, les critères nécessaires au niveau de passage, etc. Si possible, essaie de faire ressortir une structure de réponse pour les contextes similaires.

Souvent, je ne sais pas quoi écrire. Je manque constamment d'idées.

- ꙩ Il faut penser à faire une liste d'idées susceptibles d'être pertinentes pour un problème ou enjeu donné. C'est dans ces situations que la préparation de fiches-info par sujet est particulièrement utile.

- ꙩ De plus, les concepts théoriques de base, tels que les normes, règlements, lois et principes, peuvent souvent être appelés à la rescousse. Ainsi, se remémorer les divers éléments à considérer dans la conversion des comptes d'un établissement étranger peut t'aider à déterminer lequel doit être discuté dans un cas donné. Finalement, rappelle-toi ces trois questions : « Pourquoi? », « Quel est l'impact? » et « Comment? ». N'oublie surtout pas ces deux conjonctions fort utiles : « CAR » et « DONC ».

Suis-je obligée de discuter de deux possibilités lorsque je désire discuter d'une question comptable? Et, s'il y a plusieurs conditions à rencontrer, comme pour la comptabilisation à l'actif des dépenses encourues au cours de la phase de développement, suis-je obligée de toutes les discuter?

◎ D'emblée, je me dois de faire une mise en garde. Il n'y a pas de règle automatique quant au nombre de possibilités à envisager. Chaque cas est distinct, et il faut exercer son jugement professionnel en tout temps. Tu n'es jamais « obligée de… ». Lorsque le traitement comptable est clair, il est inutile d'envisager une autre possibilité – qui serait sans doute difficile à justifier. Ainsi, par exemple, nul besoin de tergiverser sur le type de contrat de location lorsque l'accès à la propriété du bien au terme du bail est prévu. Toutefois, en règle générale, il faut expliquer au client pourquoi le traitement comptable qu'il a choisi est inadéquat.

◎ Lorsqu'il existe plusieurs conditions à rencontrer, comme pour les frais de développement, il ne faut pas nécessairement toutes les discuter, ni arrêter sa discussion dès que l'une d'entre elle n'est pas remplie. En fait, il faut considérer les indices du cas. Par exemple, si on remarque trois indices importants au sujet de trois conditions, il est adéquat de parler des trois. S'il n'y a aucun indice sur l'une des conditions, on passe généralement outre. De toute façon, la discussion serait strictement théorique et donc peu utile.

Les questions comptables ne sont pas toujours faciles pour moi. Je n'arrive pas à générer d'idées sur les sujets que je ne connais pas beaucoup.

◎ Lorsqu'il s'agit d'un élément inhabituel jamais rencontré auparavant, il faut chercher le genre d'opération comptable connue auquel il ressemble. Par exemple, les « frais de recherche d'un trésor au fond de la mer » s'apparentent aux frais de recherche et développement d'un nouveau produit.

◎ Quand il est difficile de déterminer la nature de l'opération comptable, je m'interroge sur l'écriture de journal en utilisant le poste Caisse, au débit ou au crédit. Cela m'aide à préciser quel est l'aspect à discuter. Disons qu'une entreprise a reçu deux millions à titre de subvention de l'État (aide gouvernementale). Comme la Caisse est au débit, le questionnement se situe donc au crédit. Produit? Produit différé (reporté)?

◎ Il faut penser aux fondements conceptuels des états financiers. Ainsi, le processus de rattachement des charges aux produits est une notion importante, ainsi que celle de la séparation des périodes. De même, la prudence et la prééminence de la substance sur l'apparence (la forme) sont des caractéristiques de l'information financière à ne pas oublier. Finalement, tout concept comptable fondamental peut être utile. Par exemple, le paiement d'un dédommagement négocié à l'amiable peut être comptabilisé à l'actif s'il existe des « avantages économiques futurs ».

Je souhaite à tous une grande réussite
et Merci d'apprécier mon travail et vos simulations de cas.